用文字照亮每个人的精神夜空

微信 | 微博 | 豆瓣　领读文化

往事和近事

[增订本]

葛剑雄 著

湖南人民出版社·长沙

本作品中文简体版权由湖南人民出版社所有。
未经许可，不得翻印。

图书在版编目（CIP）数据

往事和近事 / 葛剑雄著 . -- 增订本 . -- 长沙：湖南人民出版社，2024.9
ISBN 978-7-5561-3544-8

Ⅰ.①往… Ⅱ.①葛… Ⅲ.①中国历史－文集 Ⅳ.① K207-53

中国国家版本馆 CIP 数据核字（2024）第091509号

往事和近事（增订本）
WANGSHI HE JINSHI（ZENGDING BEN）

著　　者：葛剑雄
出版统筹：陈　实
监　　制：傅钦伟
选题策划：北京领读文化
特别策划：梁由之
产品经理：领　读-孙　浩　田　千　吴　静
责任编辑：陈　实　张玉洁
责任校对：夏丽芬
装帧设计：凌　瑛

出版发行：湖南人民出版社有限责任公司［http://www.hnppp.com］
地　　址：长沙市营盘东路3号　　邮编：410005　　电话：0731-82683313
印　　刷：深圳市彩之美实业有限公司
版　　次：2024年9月第1版　　　　　　　印　　次：2024年9月第1次印刷
开　　本：880 mm × 1230 mm　　1/32　　印　　张：11
字　　数：231千字
书　　号：ISBN 978-7-5561-3544-8
定　　价：69.80元

营销电话：0731-82683348（如发现印装质量问题请与出版社调换）

序

自从我的第一本专著《西汉人口地理》在1986年问世以来，大大小小的书陆续出了几种，却没有想到过要出这样一本并非学术专著和学术论文集的书。承《读书》编辑部好意，促使我选出近年来发表过的或将要发表的二十几篇文章汇编为这本集子。在即将出版之际，似乎还应该写上几句话，作一开场白，我想还是将它们的来历略为作些说明吧。

这些文章内容很杂，只能大致分为五组：第一组是几篇与我的专业中国历史地理和我近年来的研究方向之一中国历史上的统一分裂有关的文章，大致按题目的大小排列；第二组的九篇是读历史书后写的札记或感想，按涉及的事件或人物的先后为序；第三组是对季龙（谭其骧）先师和杨联陞老师的回忆和怀念；第四组的内容是对近年来的热门话题——教育、人才、知识分子、人文精神——发表的一些意见；最后一组谈的是人口、移民与环境，也是世人瞩目的问题。这些文章中，最早的一篇是1989年发表的，其余大多是这两三年间发表在《读书》《东方》和上海一些刊物上的，也有几篇是尚未发表的。选编时仅在个别地方作了一些文字改动，这样做自然是为了让读者能看到它们的原貌，另一方面也是因为我感到它们依然代表着我现在的看法、观点和感情。

我的专业是中国历史地理，近十多年来的研究集中在人口史、移民

I

史和历史人口地理方面，还参加了几项国家科研和文化项目的工作。作为一名大学教师，指导研究生也是我的本业。这些"业"，我倾全部精力犹恐不足，是很难有"余"的，何况我是三十三岁才开始学业的，所以多年来已很少有什么业余的时间了，在1989年前我基本上没有写过论文和专著以外的文字。1989年，我写的一本小册子《普天之下：统一分裂与中国政治》由吉林教育出版社出版了。两年后，我又写成了《统一与分裂：中国历史的启示》。这两本书的印数远在我其他学术专著之上，在海内外读者中引起的反应之大也出乎我的意料，我所了解的读者至少包括理工科大学生、公司职员、农村知识青年、港台和海外华人，美国、日本、韩国的学者，还有一位挚友——当时读初中一年级的儿子。我想，一个重要的原因，就是我的写法注意了适应非专业的、年轻的读者的需要。这促使我考虑一个问题：怎样使我们花费了大量时间和精力取得的科研成果、写成的学术专著发挥更大的作用？为什么不能让这些成果在为专业人员利用的同时也为广大读者所知所用呢？

因此，我对移民史和人口史两个项目的成果作了这样的计划：一套二三百万字的多卷专著、一本三五十万字的专著、一本十来万字的普及性小册子；专著已基本完成，小册子正在进行。此外，我还不时将自己读书和研究中的一些心得体会写成供大众阅读的文字，这就是本书中多数文章的来历。《读书》等刊物不断增加的订户给这些文章带来了越来越多的读者，使我听到了不少在校园和书斋中听不到的意见，这又刺激了我新的写作欲望。而脉望兄的不断诱导或"催逼"，最终使欲望变成事实。

文章自然是有感而发的，只是我的视角往往出于历史，是从历史看现实。这或许是一种优势，或许正是一种局限，反正已经写出来，不妨由读者们评说。友人曾戏问我是不是要搞影射史学，我断然否认。也有人要从我的文章中寻找有何微言大义，我觉得即使他们能发现，也未必是我写文章时想到过的。如果把历史比为镜子，所谓影射史学就是在镜子上抹上颜色，或者破坏镜子的平面，使人们照不到自己的原貌。而我想做的，是擦去蒙在镜子上的灰尘，使镜子更加洁净，至于照出来的尊容如何，跟我是毫不相干的。从这一意义上说，历史恰似一个齐全的字库，智者可以找到一切需要的文字，随心所欲地写出文章；愚者只能望之兴叹，反而会责怪字数太多，一旦发现了自己不想看到的文字，不免要怀疑编造者的别有用心。

就在几天前，我收到一本由钱谷融、陈子善先生主编的《中国现代散文精品文库·等蓝色沉入黑暗》，其中竟收了我怀念季龙先师的《悠悠长水》一文。我想，编者看中的绝不是我的文笔，而是文中所记先师的嘉言懿行。在收入本书的文章中，除了直接记述先师言行的几篇外，还有几篇也是在先师的教诲或启示下写成的。《中国历史地图集》出版后，评论的文章不止一篇，但先师认为对《图集》编绘的理论根据仍阐发不深，鼓励我另写一篇，这就是《中国历史疆域的再现》一文的来历。1990年我们在上海举行庆祝先师八十寿辰的学术讨论会，我的报告就是这篇文章。《古来北京知多少》一文最初是我的一则读书笔记，由于我发现的几则称北京的例子是先师原来为《中国历史大辞典·历史地理分册》所写"北京"一条所无，他在赞许之余就将它推荐到《中国历史大辞典通讯》上发表，又命我写成补白，刊于由他主编的《历史地理》上。先师对冯道的评价使我重新翻阅了有关史料，改变了原来的看法，以后写成《乱世的两难选择：冯道其人其事》。我曾向先师禀告对骊靬县得名的分析，得到他的肯定，使我在写《天涯何处罗马城》时有了更大的把握。遗憾的是，他没有能看到这两篇文章，更没有能看到本书的出版。

开始编集子时就在考虑用什么名字，拟了一个"往事和近事"，并不十分满意，却又想不到更好的。不过，这个名字有个很大的好处，用个时髦的词就是"模糊"——从古至今，又有什么事不属于往事和近事？或问：既以往事和近事并列，两者区别何在？答曰：这只是就笔者写文章时而言，已成历史的是往事，还在进行的即近事，介乎两者之间的不就是往事和近事吗？

不知读者诸君以为然否？

1995年8月31日

目 录

001　中国历史疆域的再现
012　炎黄子孙之我见
024　长城的价值
030　天堑何曾限南北
037　古来北京知多少

044　天涯何处罗马城
056　永恒的矛盾：追求与现实之间
073　汉魏故事：禅让的真相
093　江陵焚书一千四百四十周年祭
108　乱世的两难选择：冯道其人其事
122　十一世纪初的天书封禅运动
143　重读《明史·海瑞传》
152　要是世界上只有中文
169　世界上不止有中文

177	悠悠长水
190	"开风气者"与"为师者"
219	浩劫中的忘我追求
	——纪念季龙(谭其骧)先师八十四周年诞辰
223	长水琐忆
228	最忆康桥风雪时
233	科举、考试与人才
241	知识分子的历史地位和主人意识
248	人文精神与市场经济
252	国以人兴,教以育人
257	纳税人的义务和权利——社会公正的基础
264	正确认识国情
273	中国人口:二十一世纪的忧思和希望
281	移民·移民文化·上海文化
298	从移民史看民工潮
310	我们应该怎样纪念"七七"

314	环境保护的人道原则和乐观精神
323	《天下泰山》序（附《天下泰山》分篇引言）
329	文化自信与文明互鉴
332	2018年版编后记
334	新版编后记

中国历史疆域的再现

自从班固编纂成第一部断代史以后,传统的史书都是以中央王朝或某一政权为体系的,反映在地图绘制上也是如此。直到清末民初,杨守敬等编绘出版《历代舆地图》,也只反映历代中原王朝,而不包括边疆地区的非汉族政权,尽管这些地区早已是清朝版图的一部分。20世纪以来,特别是从50年代开始,中国的史学家大多已经注意到并在实际上打破旧的王朝体系,但如何确立新的体系的问题并没有真正解决。

如何理解和确定历史上的中国及其疆域范围,就是其中一个长期聚讼纷纭的问题。一种意见是以今天的中国领土为历史上中国的疆域。根据这种说法,凡是在今天中国范围内的一切政权和民族的疆域区划都属于历史上的中国,否则就不算中国。但是最大的矛盾是:今天的中国领土比19世纪40年代前的清朝已经减少数百多万平方公里,其中包括一二千年前就已受中原王朝行政管辖的地区。如果根据这一原则画地图,连一幅清朝的疆域图都画不完全。同样,历史上不少中原王朝的领土也无法复原。这种观点还会引出一种奇怪的逻辑:似乎汉唐时中原王朝与朝鲜、越南的关系一概均为"国际关系",而置这两国当时曾经是中原王朝正式行政区域的历史事实于不顾。另一方面，历史上在今天中国境内一些实际独立于中原王朝的政权或自治地区却又不得不解释为中原王朝的一部分，似乎中国的疆域自古以来就是那么大，二三千年来一成不变。

另一种意见是以历史上的中原王朝及传统史家承认的地区性政权为历史上的中国。对中国今天一些边疆地区，为了证明它们历史上是中国的一部分，就只能寻找它们对中原王朝的"归属"关系，不管是名义上的臣服，或者是打着"朝贡"旗号的贸易，甚至是中原统治者或学者一厢情愿的宣称，都列之为"历史证据"。而且为了突出自古以来，不得不求助于一些早已被证明并非信史的"文献记载"。尽管如此，还有的地方连这样的"证据"都找不到，于是就会感到理不直，气不壮。

这两种意见的侧重点和具体内容虽然不同，但都没有摆脱以中原王朝为中心的影响，不承认历史上中原之外的非汉族政权的存在以及它们的合理性和重要性，因而不符合中国历史的实际。

20世纪50年代末，当决定编绘一部反映各族人民共同缔造中国历史，包括边疆的和非汉族政权范围在内的《中国历史地图集》时，如何确定历史上的中国的范围，就成了无法回避的首要问题。如果说在编写论著时还能有所取舍或详略的话，绘制地图就不能有丝毫含糊。

《图集》最终确定的原则是："18世纪50年代清朝完成统一之后，19世纪40年代帝国主义入侵以前的中国版图，是几千年来历史发展所形成的中国的范围。历史时期所有在这个范围之内活动的民族，都是中国史上的民族，他们所建立的政权，都是历史上中国的一部分。"又确定:"有些政权的辖境可能在有些时期一部分在这个范围以内,一部分在这个范围以外,那就以它的政治中心为转移,中心在范围内则作中国政权处理,在范围外则作邻国处理。"(《中国历史地图集》总编例。谭其骧主编,共八册,中国地图出版社1982年版。以下简称《图集》)对中原王朝超越这一范围的疆域,同样保持其完整。

根据这样的原则,中国历史上各个民族所建立的政权,无论是在中原地区,还是在边疆,都得到了反映。分裂时期自不必说,即使在传统的"统一"时期,也画出了境内同时存在的各个政权,如西汉时的匈奴,东汉时的鲜卑,唐时的突厥、回鹘、吐蕃、渤海、南诏,明时的亦力把里、鞑靼、瓦剌。有些民族还没有明确的疆域或政区,有的虽曾有过却已无法查考,也在各时期的总图中画出了它们的地点和大致范围,如:西汉时的鲜卑、乌桓、夫余、肃慎、以羌,东汉时的挹娄、沃沮、高句丽,唐时的靺鞨、室韦、葛逻禄、黠戛斯,明时的叶尔羌、土鲁番、鞑靼土默特部。对上述第一类政权,同样选择它们历史上稳定的、有代表性的或最大的疆域入图,如:吐蕃即以公元820年(唐元和十五年)为标准年代,显示了它北至天山山脉,南至喜马拉雅山南麓,东到陇东、四川盆地西缘,西至帕米尔高原这样广阔的领土。同时对中原王朝的版图也作了完整的描绘,如:西汉的郡县东至朝鲜半岛中部,南至今越南南部;唐朝的辖境一度北至贝加尔湖以北,西至咸海;元朝的岭北行省直抵北冰洋,辽阳行省东临鄂霍次克海。都未受今国界的局限。对于历史上一度归属未定或不明确的地区,《图集》采用了不画界，用着色示意或为两不管地带，或为双方势力交错地带。还有一些地区，尽管一直没有建立地方政权（或者至今没有发现），却是由当地民族自己经营的，在很长的时期内没有归属于中原王朝或其他的政权，如17世纪以前的台湾，《图集》也如实作了反映。

细心的读者还会发现，《图集》每册及每个图组都以"时期"划分，而不是以朝代；所以"时期"前的朝代名称只代表它的起讫时间，而不代表它的疆域。只是为了适应读者的习惯，才没有直接使用公元年份。

因此，《图集》在处理历史上的中国的范围以及在此范围内的各个政权、民族的关系时，充分反映了各民族共同创造历史，为今天的中国和中华民族的形成作出贡献的过程；既显示了汉族的主体地位和主导作用，也证实了少数民族对边疆的扩展和巩固的重要作用；揭示了统一逐步扩大，逐步巩固，开发逐步深入、逐步稳定的基本倾向。迄今为止，还没有哪一种论著能够如此完满地解决这些问题。《图集》所确立的有关历史上的中国的观念以及中原王朝、边疆政权、非汉族政权、地方政权、自治地区之间关系的原则，对于中国史、民族史、中外关系史、中国历史政治地理等学科的研究都具有指导意义。

《图集》的编绘始于20世纪50年代，定稿于60年代末至70年代初，修订并正式出版于80年代，尽管它是一项由学者们集体进行的科研项目，但不能不涉及政治立场、国家政策和国际关系，尤其是边界（包括历史上的）、民族这一类敏感问题。我们毫不讳言，只要还有国家和民族存在，维护本国、本民族的应有荣誉和利益是极其普通正常的行动，史学家也不例外。问题是应该怎样做，这种荣誉和利益又应该有什么前提。在这里笔者不想讨论过于复杂的史学理论，也不想对诸如政治与历史的关系或历史如何为政治服务一类争论发表意见，而只想把事情简化或集中到最根本的一点：在编绘《图集》时，作者应该如何显示或表达自己对祖国、对民族、对人民的热爱和忠诚？

在《图集》的内部试行本（1974年以中华地图学社名义出版）中有几个很典型的例子。

《图集》编绘中有一个"标准年代"的规定，即对某一时期某一政权的疆域政区，必须选择一个具体的年份或不太长的若干年间，图上的内容应以当年或当时的实际态势为准。但内部本的一些全图，各边疆地区所画疆域或政区往往不是同一个年代。最常用的做法是把一个政权尽管不是同时却都曾经占有的东南西北领土集中在一幅图上，拼凑成从未存在过的"极盛疆域"。

本来，根据《图集》对历史中国的定义，中原王朝与边疆政权间的界线是中国内部的界线，与政区界无异，但在实际处理时，却往往会扩大中原王朝的范围，特别是在有长城存在的时期，更绝对避免将边界与长城重合，如：西汉和明的北界都要划在长城以北，而置史书中以长城为界的明确记载于不顾。

《图集》的设色原则是：凡属历史上中国范围的用较深色，邻国用淡色，中国内部则同一政权用同样的颜色。内部本从秦时期开始，就将台湾岛画成与大陆上占有今福建的政权同色。但是直到明朝，无论是总图还是分幅图，都还没有注明台湾岛上有什么政区建置。

对比修订后的公开本，人们不难发现这三个例子的变化：1）每一幅总图本身都根据同一标准年代编绘，以显示该年的实际形势，一个时期可由不止一幅总图反映前后变化，但同一幅图严格按同一年代绘成；2）对确实以长城为边界的时期或地段即按实际画出，对中原王朝与边疆政权之间、汉族政权与非汉族政权之间的界线也完全根据历史事实绘制；3）台湾岛始终用与邻国不同、而与中国一致的较深色，但从秦至明均不与大陆同色，至清代设府后才与大陆用同一颜色。

这些改变似乎都是顺理成章的事，并不十分复杂，但实际上却牵涉一系列的问题。以台湾岛为例，人们已经习惯于强调它自古以来就是中国的领土，对《图集》内部本的画法习以为常，并不觉得有什么不妥，却没有很好地考虑"自古"究竟应该从什么时候算起，"中国"又是一个什么概念。相反，对任何即使是很正确的修正或改变都怀有恐惧，惟恐有悖于"爱国主义"，或者会引出什么"政治问题"。对十年"文革"记忆犹新的人更是心有余悸，不敢越雷池一步。其实，有关台湾岛的历史事实是很清楚的。一方面，台湾和大陆之间的人员来往、经济和文化的交流很早就已开始，另一方面，台湾一直是由当地的民族自治的，直到明朝后期才由大陆的"海盗"建立自己的政权，直到17世纪后期清朝才在台湾岛的西部设置隶属于福建省的台湾府，以后才将行政区逐步扩展到全岛。台湾当地的民族（我们称之为高山族）开发并治理了这个岛屿，而这个民族以后加入了中华民族的大家庭，它的历史当然是中国历史，这个岛屿当然就是历史上中国的一部分。而且在台湾归属于清朝之前，没有任何外国拥有过对它的主权，一度占有台湾部分土地的外国侵略者已被中国人民赶走。只要如实地反映这一段历史，就能证明台湾自古以来是中国领土，同时也说明了台湾人民对中国历史的贡献。反之，如果一定要归属于汉族的或中原的政权才算属于中国，那岂不是将汉族或中原当作中国的唯一代表了吗？

《图集》的实事求是精神还体现在对一些学术界有不同意见的问题的处理上。例如：对秦朝象郡的所在位置已经争论几十年，或以为大致在今中国广西，或以为在今越南境内。主编谭其骧先生赞成前者，《图集》就将秦象郡画在广西。一些人误以为这是受到当时中国和越南友好关系的影响，所以在越南挑起两国纷争以后就提出应该改用另一说，将象郡画到越南去。谭先生认为，学术观点不应受现实因素左右，既然广西说比较合理，目前又没有新的证据可以推翻此说，就不应改动。

当然，《图集》在反映历史真实方面也不是无懈可击的。例如：某些地段的边界的画法并不一定有确切的史料根据，将历代的羁縻州县一概画为王朝的政区并不符合实际，某些建置与标准年代不一致。但这些大多并不是编者主观的努力所能改变，像羁縻州县就非常复杂，其中一部分与正式政区的确并没有什么差异，另一部分则只是名义上的归属，但限于现有史料，要一一区分几乎是不可能的。另外，一些理论问题也有待解决，像中原一些由当地民族自治的小区域，有的只是接受了汉族政权的名义，有的连名义也没有，它们究竟属于什么类型的政权，与周围政权的关系如何，等等，如果相关研究有所进展，《图集》就能有所改进。

历代的疆域、政区和民族分布都是经常发生变化的，很少有历久不变的，所以文献记载一般只是着重记录了某一年代或时期的状况，很难反映变化的全过程。从《汉书·地理志》开始，全国性的总志或一朝的专志大多有一个断限，即以某一年或某几年的建置为准。但是实际上，由于原始资料残缺不全、作者判断失当等原因，这种断限往往并不严格，有时只是几个不同年代建置的混合物。杨守敬的《历代舆地图》从汉代开始各册都是按各史的《地理志》或补志绘制的，因而也存在这一缺点。

疆域政区的变化也没有引起学者的重视。如果说对不同朝代或政权之间的变化还比较注意的话，那么对同一朝代或政权间不同年代的变化就不太重视了，甚至一些专门家也未能例外。讲秦郡，会拘泥于《史记》所载三十六郡的初制。讲汉郡，又好像两百年间都是《汉书·地理志》列出的名目。讲唐朝的疆域，不仅会将不同年代所辖有的最大范围并在一起，而且根本不提这一疆域存在了多长时间。至于在运用历史疆域、政区、民族、地名资料时张冠李戴、同地异名、异地同名以及前后混淆，那就更普遍了。

正因为如此，《图集》实行严格的断限，每一图组确定了标准年代，规定"各时期尽可能按同一年代的政权疆界和政区建制画出，至少在同一政权的直辖区域内不容许出现不同年代的建制"。特别是经过修订后，总图中不按相同年代拼凑的错误得到了纠正，《图集》的总图和分幅图所显示的形势和建置都是严格按照历史上某一年代复原的。就科学性而言，《图集》的确超过了以往的同类地图或地图集。由于现存的《地理志》或补志都没有真正解决这个问题，所以在编绘过程中编者耗费了很大的精力，一一考订各个政区单位建置的起讫，对若干并不符合标准年代的建置却又无法复原的单位，也尽量作了说明，如第二册西汉冀州刺史部图下注："据钱大昕《侯国考》，南曲……七县元始二年时不应属广平国，乐乡……六县元始二年时不属信都国。但元始时属何郡无可考，姑仍按《汉书·地理志》画出。"

但是这样的办法又产生了新的问题。历史上疆域的盈缩、政区的变革、治所的迁移、地名的改易是随时在发生的。每一图组少则数十年，多则二三百年，只有一个年代的分幅图。因而如果不是在那一年发生的变化或存在的单位、地名，就不可能在图上找到，必然令不少读者失望。疆域政区上一些重大事件，由于发生在标准年代之外，就不大可能反映在图上，特别是发生在上一个标准年代之后而又消失在下一个标准年代之前的变化，在图上就会毫无踪影可寻。例如明永乐五年（1407年）在今越南置交趾布政使司，下辖十七府、四十七州、一百五十七县，至宣德二年（1427年）撤销。但由于此事介于上一个标准年代（元至顺元年，1330年）与下一个标准年代（明宣德八年，1433年）之间，所以不可能见于《图集》。

一个更大的矛盾是，由于史料方面的原因，《图集》一般只能选与正史《地理志》或补志所取的年份作为标准年代。但从历史研究的角度来看，这些年份就不一定有代表性，更难反映出该时期政治、经济、军事等方面的重大事件所造成的影响。而且《地理志》所载往往是一个朝代的极盛疆域，选择这些年代编成的疆域政区图必然会给多数读者造成一个中原王朝的疆域始终强盛广大的错觉，不了解历史上同样存在过的另一面。以东汉政权为例，《图集》为与《续汉书·郡国志》的断限一致，以永和五年（140年）为标准年代。从总图上看，东汉的疆域与西汉元始二年（2年）相似。但实际上，就在当年西北就发生战乱，西河、上郡、朔方三郡治所内迁，次年，安定、北地二郡又内迁；东汉设在西域的长史府也时断时续，远不如初期那样稳固；而东汉初年的实际控制区也比永和五年小得多，所以东汉的大部分年代的疆域比图上小不少。再以唐代为例，尽管总图已增加至三幅（总章二年，669年；开元二十九年，741年；元和十五年，820年），大致显示了唐朝的疆域由盛至衰的变化，但分幅图基本是以唐朝极盛的开元二十九年为标准年代的，因而经历了安史之乱以后这一百五十余年间的疆域收缩和政区变革就得不到反映。

当然，要用静态的平面地图来完整地反映疆域政区的动态发展和变化是不可能的，只能选取若干有代表性的片断。但在坚持标准年代的原则的同时，还是可以采取一些适当的办法，以弥补静态的不足，减少编绘的可能性与使用需要之间的矛盾。

办法之一是再增加些总图，如西汉前期、东汉后期、元前期（蒙古）、清前期等，有的只须画出变动最大的部分，不一定包括全境；二是增加些插图，如西汉初的诸侯国、明初的交趾布政使司等；三是增加必要的分幅图组，如恢复在"文革"中被无理删去的唐大中时期（847年—859年）图组以及东晋十六国、南朝宋齐梁、北朝东西魏北齐周、五代十国等的详图；四是增加说明政区分合置废、治所迁移、地名改变等内容的表格或说明，并将其中不见于图的地名同样编入索引，在不影响图面主体的情况下，也可将部分内容补入图中。以上办法中一、二两项，《图集》修订时已经采用，第三项是碍于现有条件未能实行，第四项似不难办到，所以《图集》的进一步完善是完全可以期待的。

原载《读书》1990年第5期

炎黄子孙之我见

近年来，"炎黄子孙"的使用频繁越来越高，已经由文人学者扩大到社会各界，由诗歌小说扩大到报刊上各类文章，甚至已进入领导的正式言论和官方文件，似乎成了"中华民族"和"中国人民"的同义词，而且大有取代这两个词的势头。与此同时，修整炎帝、黄帝的陵墓，举行隆重的祭典，颂扬炎黄二帝的文字，表达中国人尤其是海外华人如何崇仰炎黄二帝的报道也大量涌现。原因很简单，据说炎帝和黄帝是我们的两位共同祖先，当然也应该是台湾、香港、澳门以及世界上一切华人、华裔的共同祖先。既然十几亿中国人和华裔都是同一血统，似乎就理应是一家人了。人们以为提炎黄子孙就能促进国家的统一和人民的团结，至少能增进共同的感情。

但是，美好的愿望不能改变历史事实和国内外的现状，滥用炎黄子孙的提法更会造成不良后果，恰恰不利于国家的统一和民族的团结。

首先，这种提法不符合华夏（汉）民族形成和发展的历史。

稍有历史常识的人都了解，到目前为止还只有商文化的遗址得到了学术界的公认，夏文化遗址虽然已有了发现的报道，但还有待于科学的鉴定和深入的研究，比夏代更早的炎帝黄帝时代目前还找不到任何物证。根据现有的历史学、人类学、民族学知识分析，炎、黄二帝至多只是当时很多部落首领中的两位，他们的活动范围和影响力自然是有限的。

即使仅从文字记载看，也明确地说明了这只是一种传说，绝不是确切的历史记录。司马迁在《史记·五帝本纪》结尾不得不感叹："学者多称五帝，尚矣。然《尚书》独载尧以来，而百家言黄帝，其文不雅驯，荐绅先生难言之。"面对各种各样的传说，这位二千多年前的大史学家最后不得不取了《春秋》《国语》的说法，而"弗深考"，不再仔细考查事实究竟如何了。

根据《史记》的记载，我们这两位老祖宗原来是一对冤家。炎帝是天子，但实力衰退，统治不了诸侯；而黄帝却文武兼资，争取到了诸侯的支持，又动用了豺狼虎豹，与炎帝大战三次，将他彻底打败，自己做了天子。炎帝甘拜下风，成了黄帝的属臣，这两个部落也合二为一了。但《史记》和其他史书都提到了炎、黄二帝曾争取、统治过的诸侯，除非这众多诸侯的子孙后代都跑到地球的其他地方去了，或者统统断子绝孙，否则今天的中国人总该有一部分是他们的后代啊！

退一步说，即使早期的华夏族的成员都是炎黄的后代，那么史书上也还记载了大量非华夏部族的存在。考古发掘已经证明，数千处旧石器、新石器时代的文化遗址可分为多种类型。近年来在长江流域、东北地区等地的考古新发现更证明了中国文化的多元性。直到春秋时期，黄河中下游的中原地区还有不少非华夏的部族，更不用说在中原以外。这些部族只有少数迁移出了今天中国的范围，而大多数都逐渐融合在华夏族之中了。可以说，到秦始皇统一时的华夏族就已经是民族大融合的结果。

华夏即东汉以后的汉族在融合其他民族的过程中虽然也少不了残暴的压力和血腥的武力，但历来有一种积极的传统，那就是并不注重血统关系。任何异族只要接受华夏（汉）族文化，与华夏（汉）族认同，就可以成为汉族的一员。对异族的杰出人物，只要能为本族效力，统治者就会委以重任。移居到华夏（汉）族地区的其他民族，只要不违反法令，不与当地居民有利害冲突，一般不会受到强制同化的压力。所以虽然历史上汉族同其他民族间的战争和冲突相当频繁，但在汉族内部或汉族聚居区却从来没有发生过清查血统一类的行动。西汉时的金日䃅是被灭亡的匈奴休屠王的太子，却以"外国人"（金自称）的身份担任了接受武帝遗诏辅佐昭帝的顾命大臣，子孙成为西汉后期有声望的大族。对此，当时和以后任何最正统的汉族史学家也从未表示过不满或怀疑，这足以反映汉族对异族的接纳标准只视其"归化"的程度。流落在世界各地的犹太人无不受到歧视和迫害，因而长期保持着本民族的特性，为生存而抗争；唯独来到中国的犹太人却长期过着和平生活，以至逐渐失去了本民族的心态，终于融入了汉族。这也是一个极好的例证。

从秦汉以来，从北方进入黄河中下游的非汉族至少有匈奴、乌桓、鲜卑、羌、氐、羯、丁零、突厥、高丽、回纥（鹘）、契丹、党项、女真、蒙古、维吾尔、回、满等，还有阿拉伯、波斯、日本、东南亚、撒哈拉沙漠以南的非洲等地的各族的人口，其中相当大一部分陆续加入了汉族，有的整个民族都已融合在汉族之中了。

在南方，随着汉族的不断南迁，原来人数众多且族种庞杂的蛮、夷、越、僰、僚等族，有的已经完全消失，有的虽还作为一个民族存在，却已经缩到比原来小得多的地域，而今天南方各省区的汉人大多是他们的子孙。我们完全有理由说，在今天九亿八千多万汉人（1987年抽样调查数）中，地道的"炎黄子孙"反而是"少数民族"。即使是汉族，如果只认炎帝、黄帝这两位祖先也对不起自己真正的祖宗。

其次，这种提法不符合今天中华民族的实际。

今天的中华人民共和国拥有五十六个民族，汉族之外的五十五个民族约有八千六百万人口（1987年抽样调查数）。其中有的民族，尽管根据汉族的文献记载多少能和炎黄二帝及其后裔扯得上一点关系，实际上却往往是古代大汉族主义者一厢情愿的臆断，并无科学根据。有的民族，如藏族，历史上虽也不乏与汉族的交往，但基本上都是在相对稳定的地域范围内单一地发展繁衍下来的。还有些民族，如俄罗斯族、塔吉克族、乌孜别克族等，则无论从什么角度都是不可能与炎黄拉上血统关系的。难道这些民族的人民也应该承认自己是炎黄子孙吗？如果炎黄子孙不应该包括这些兄弟民族，而只是汉族的代名词，那么又岂能代替中国人民或中华民族？显然，这种提法不仅伤害了兄弟民族的感情，而且是违反《中华人民共和国宪法》规定的民族平等的原则的。

再次，这种提法并不利于统一大业和国际友好。

在国内，片面提炎黄子孙实际上是宣扬大汉族主义，只会助长狭隘的民族主义，给一小撮民族分裂主义者以可乘之机。既然中国人都是炎黄子孙,那么不是炎黄子孙的民族岂不就不是中国人?岂不就能名正言顺地分裂了吗?

在台湾,固然绝大多数人是大陆移民或移民后裔,或许可以称得上炎黄子孙,但同样存在着非汉族的兄弟民族。以其中被我们称为高山族的民族为例,目前大概还没有什么确切的证据说明他们是炎黄二帝的后代,相反倒很可能是来自东南亚。如果只用"炎黄子孙"来促进统一,那么结果会适得其反,这正是"台独"分子所大肆宣扬和企求的。

今天散居在世界各国的华裔,大多已经加入所在国的国籍,无论出于何种原因,也无论感情上如何理解,从事实上和法律上说,他们与中国人民的关系只能是朋友或亲戚,而不再是一家人;他们对中国的感情只能是友好或带着对祖先和故乡的情意,而绝不是爱国。要说爱国,他们应该爱他们所加入的国,也只有在遵守所在国法律的基础上,他们才能真正促进这些国家与中国的友好,为中国起到朋友的作用。我们当然并不反对他们自称炎黄子孙,但这里的"炎黄子孙"只有血统上和情感上的意义,与前面所提及的特殊含义完全是两回事。如果我们把炎黄子孙当作中国人民的代名词,华裔又怎么能够、怎么敢接受呢?在国际交往中滥用炎黄子孙或爱国一类名词,只能引起朋友的为难和反感,在华裔众多或本来就存在民族纠纷的国家只会产生不良后果。

中国历来对炎黄二帝的尊重既是一种优良的民族传统,也是一种大汉族主义的表现。统治者打着这块招牌来证明自己是受命于天的真龙天子,则更是一种不足挂齿的闹剧。辛亥革命前后,革命党人和独立各省一度使用黄帝纪年，一方面是对清朝帝制的否定，另一方面也多少反映了狭隘的民族情绪。就像一度提过的"驱逐鞑虏""种族革命"的口号很快为"五族共和"的纲领所取代一样，黄帝纪年也很快结束了它的使命。海外华人长期受到帝国主义的压迫侮辱，又得不到国内腐败政府的合法保护，对祖国、祖先有强烈的感情，但无须讳言，在这种特定条件下产生的感情有其片面的、消极的一面，尤其表现在狭隘的宗族观念、地方观念和民族观念上。在今天，这些观念更与现代文明社会和正常的国际交往格格不入，对此我们应该有自己明确的立场和态度，不必迁就迎合。如果因为是"炎黄子孙"就一定要拍手叫好，甚至把唐人街中黑暗腐朽的东西也当作"爱国爱乡"来宣扬，只能使我们失去大多数友好、文明、正直的华裔朋友。

世界上大概不存在绝对纯血统的民族，如果有的话，也必定很快退化以至灭绝。华夏（汉）族能由世界上最古老的民族之一发展到今天这样一个世界上人口最多的民族，靠的不是祖先的伟大或血统的优秀，而是大量吸收了其他民族，凝聚了各民族的精华。同样，中华民族的伟大力量来自她的各个民族，来自各民族自身的创造力和她们之间的凝聚力。这种凝聚力的基础是她们的共同利益和共同目标，而不是共同的血统或同一个祖先。

当然，我并不一概反对称炎黄子孙，炎黄二帝即使是传说人物，加以尊崇也未尝不可。再说公民有言论自由，谁愿意用什么名词，爱认哪个祖宗是不应受干涉的，海外华人爱怎么说更是他们的自由。但是，"炎黄子孙"不是中华民族或中国人民的代名词却是必须讲清楚的，官方言论和正式文件中更不应有任何含糊。

1989年7月5日

附　记

　　本文写于1988年，曾载于上海《解放日报》内部刊，1989年7月5日发表于《光明日报》史学版。9月6日，员力先生在该报发表《也谈"炎黄子孙"》一文，对拙文提出商榷，为此我写了《再谈"炎黄子孙"并答员力先生》作为答复。但该报在次年1月发表了陈连开先生《中华民族与炎黄子孙异同辨》一文后就结束了这场讨论，上述答文没有发表。别人告诉我，其他报刊上还发表过讨论拙文的文章，可惜这些报刊在发表前后都没有将这些文章寄给我，而我看的报刊又少，连看都没有看到，自然不会作答或表明态度。湖南某大学的学报还登过一篇批判拙文的文章，居然也没有通知我，大概并不想让我反批判吧！事后学生拿来给我看，除了几顶政治帽子外实在没有内容，看来此人连我的文章都看不懂，只是为了赶时髦而已，当然不值得一驳。

　　拙文居然会引起一番不小的争议，这是始料所不及的，因为我以为所依据的都是史学界公认的史实，在理论上和逻辑上都经得起驳难，似乎不应有什么异议。从此文发表后的情况和近年的实际看，显然我的想法实在是太天真了。所以我在将此文收入本集时，仅改正了几个错字，其余一仍其旧，好让读者了解引起这场争论的究竟是一篇何等样的文章。

　　员文的意见或许有一定的代表性，因此还是利用写附记的机会作一简单的答复。

我在文章中说:"面对各种各样的传说,这位二千多年前的大史学家最后不得不取了《春秋》《国语》的说法,而'弗深考',不再仔细考查事实究竟如何了。"员先生说我把意思完全弄反了,"弗深考"的不是司马迁而是指其他学者们没有深入考察。我反复读了《史记》原文,觉得未必是我弄错了,因为张守节所作的《正义》中也写着:"太史公言博考古文,择其言表见之不虚,甚章著矣,思念亦且不须更深考论。"说的也是司马迁认为"不须更深考论"。员先生又说司马迁写《五帝本纪》既有文献依据,又作实地考察,且经过一番筛选工作,所以他认为我说《五帝本纪》绝不是确切的历史记录"就未免太绝对化了"。其实,黄帝如果真的生活在五千年前,司马迁的时代就已在两千多年之后,实地考察是不会有什么结果的。黄帝时还没有文字,司马迁又找得到什么直接的"文献依据"?即使我不说得太绝对化,《五帝本纪》总不能当作信史吧!

员先生的第二点意见认为黄帝不是与炎帝,而是与炎帝的后裔作战,他的根据是唐朝人对《史记》的注释,而我的根据却是《史记》原文"炎帝欲侵陵诸侯""以与炎帝战于阪泉之野",分明写着是"炎帝"而不是什么"炎帝后裔"。由于炎帝本来是传说人物,历来就有不同说法,有以为即神农氏,有以为是神农氏之后,有以为是与黄帝同出一族,我不敢说我的写法一定对,但也不认为员先生的意见有多少道理。

不过,以上两点都不影响拙文的立论,就是把这些话都删去,拙文的论据照样是充分而坚强的。

至于员先生的其他意见就不能苟同了。

员文说:"自从黄帝打败了炎帝的后裔之后……一部分人向四方迁移,迁东的成为日后的东夷,迁西的成为日后的羌戎,迁南的成为日后的苗蛮,迁北的成为日后的狄貊,也就是所谓'东夷、西戎、南蛮、北狄'。"并且根据"文献记载",考证出满族也是炎帝后裔的一支"息慎"之后。

的确,在汉文史料中有不少非汉民族起源的记载,将"东夷、西戎、南蛮、北狄"都说成是炎帝的后裔就是其中之一。以此为依据,诚如员文所说,有好些少数民族"也可以与炎黄二帝及其后裔联系上"。但是判断一个民族的来源不能仅仅根据文献记载,更不能只根据汉文史料所作的片面记载。今天要确定一个民族是否与炎黄二帝及其后裔同源,至少应该对该民族历史时期的语言、文字、地域、经济生活、文化和心理素质等要素作一番考察和分析,绝对不可轻易相信文献记载中的某些说法。我们并不否定传统的汉文史籍中有关其他民族的记载具有重要的史料价值,尤其是因为对那些没有留下文字记载的民族来说,这是了解他们历史的唯一记载。但是同时也必须指出:由于汉族在经济、文化、政治等方面长期处于相对先进的地位,在他们的影响下,一些与汉族交往较多的民族,包括那些曾经被汉族政权统治或曾经征服过汉族政权的民族,也自觉或不自觉地接受了这些说法。所以我们今天应该本着实事求是的精神,恢复民族史的本来面目,而不是再重复那些在民族不平等状况下产生的陈说。

例如:《史记·匈奴列传》中的确有"匈奴,其先祖夏后氏之苗裔也"这样毫不含糊的记载，但是当今国内外的匈奴史学者大概没有人还相信这一说法，几种权威论著和工具书都没有提及匈奴与华夏族有过这种关系。而且即使从《史记》《汉书》有关记载看，汉朝人实际上也没有承认匈奴是他们的同种，是"炎黄子孙"。

说到满族的先祖是禹时的"息慎"，我不知道员先生是根据哪一种"文献记载"，汉族的还是满族的？遗憾的是，对这样一条重要的证据，员先生却没有说明出处，使我们无法判断它的可靠性究竟有多大。因为息慎是"东北夷"的一支，而"夷"又都是炎帝之后，所以满族也应是"炎黄子孙"，这样的推理无论如何是太牵强附会了。把满族的先祖扯到炎帝头上，无非是满族统治者为了证明他们理应君临中华而编造出来的神话，或者是汉族面对女真或满族统治的自我安慰。这种说法是经不起民族学的考察的，试问当代有关女真和满族的论著中有哪几种采用了？

员先生在文章中指责我"将历史的'女真'和'满'分成两个不同的民族也不确切"，其实拙文只是将历史上曾经进入黄河流域的民族习惯用的名称罗列出来而已，并不是作现代的民族学分类。不过，将女真与满族分开倒不是我的发明，孙进己的《东北民族源流》（黑龙江人民出版社1987年版）一书就指出，满族并不都是由金代的女真融合而成，"满族和金代的女真不同，它是一个新的民族共同体"。

员文的第四点意见是针对我说历史上汉族"对异族的杰出人物，只要能为本族效力，统治者就会委以重任"这段话，认为"统治者委以重任，并非着眼于为本族效力，而是为维护他们的共同统治效力，这才是问题的实质"，他的理论根据是"历史上的民族矛盾，在阶级社会里，其实质就是阶级矛盾"。我们自然不能否认民族矛盾与阶级矛盾的关系，但也应该承认，民族矛盾有其特殊内容，并非阶级矛盾所能全部涵盖。不能因为民族矛盾的实质是阶级矛盾就只研究阶级斗争的一般规律，不研究历史上民族斗争的具体内容。就拿拙文所涉及的问题来说，尽管各民族的统治者都压迫和剥削本民族和外民族的劳动人民，但在吸收异族的杰出人物加入本族统治集团这一点上，汉族和其他民族是有很大差异的，拙文正是在讨论这种差异。汉武帝任用金日䃅，并没有什么"共同统治"的需要，纯粹是吸收异族人才；而金氏之成为汉朝的功臣，也并非因为剥削了本族的劳动人民，完全是对汉族劳动人民统治有方的结果。同样，犹太人在世界各地与在中国的不同遭遇是无法用阶级矛盾来解释的，否则他们的结局应该完全一样，因为外国和中国那时都是阶级社会，都有统治阶级和劳动人民。

员先生的意见显然不单是对拙文的批评，也涉及我们对待民族历史和民族史研究的基本观点，这正是拙文撰写的动机之一，也是为什么要作出回答的原因。拙文写成已六年多了，时过境迁，其中有的话或许已过时了。如：说"夏文化遗址虽然已有了发现的报道，但还有待于科学的鉴定和深入的研究"，而现在考古学界的意见大多已肯定了夏文化的存在。但拙文的基本观点是经得起时间的考验的，所以我在撰写《普天之下：统一分裂与中国政治》（吉林教育出版社1989年版）和《统一与分裂：中国历史的启示》（台湾锦绣出版公司1992年版,北京三联书店1994年版)这两本小书时,都写入了这些内容。

1995年7月15日

长城的价值

不知道长城的中国人大概绝少,但真正知道长城的中国人我敢断定也不多。

山海关有座孟姜女庙,据说孟姜女寻夫到此,哭倒了秦始皇下令筑的长城。在北京北面的长城又有不少地方同北宋的杨家将挂上了钩。而东起山海关,西到嘉峪关的万里长城往往被人糊里糊涂地拉到了秦始皇头上,无数游客会站在八达岭赞叹这"二千年来的奇迹"。其实这些都是民间艺人、文人雅士和胡编课本的冬烘先生们开的玩笑。

因为实际上秦长城在山海关以北二三百公里,孟姜女在山海关不仅哭不倒长城,恐怕连长城的影子也不会看到。北宋的军队最远只到达今天北京市的南郊,杨家将这样的正规军绝对不可能越过辽国的南京幽州而到它的北面去打游击。山海关至嘉峪关的长城筑于明朝,与秦始皇毫不相干。八达岭一段至多有五六百年历史,也不会找到二千多年前的遗迹。

近年来,长城的价值又有了最现代化的标准,因为据说它是一位美国宇航员在太空唯一能够用肉眼看见的地球上的建筑物。这是否提高了长城的身价呢?我看且慢得意。仔细分析一下,漏洞就出来了。因为大家都知道，今天的长城早已不是贯通万里的建筑了，很多地方已成断垣残壁，甚至已经毫无踪影，残留的长城中相当一部分只剩下黄土堆积，与周围的荒野并无明显的区别。一句话，时至今日，长城早已不是地球上目标最显著、绵延最长、规模最大的建筑物了。而地球上有不少建筑物的形象不知要比长城明显多少倍，例如：贯通西欧、北美的高速公路都是至少有四至六车道宽的高出地表的混凝土建筑，车辆不绝，标记林立，它们却没有进入这位宇航员的眼帘。值得注意的是，这位宇航员是用肉眼而不是用什么仪器看到长城的，迄今为止又没有发现长城或它的遗址对人的视觉有什么特异功能，那么这就只能归结于一系列的偶然因素，如：这段长城正好没有被云雾遮盖，当时的光线正适宜观察，宇航员正在工作，并且他事先就知道地球上有长城这玩意儿。只要缺少其中的一项条件，宇航员就不可能宣布这一结果了。

如果这位太空人什么也没有看到，或者他看到的竟不是长城，而是别的什么建筑物，或者不是中国的建筑物，那么长城的价值是不是因此就会降低了呢？看来大可不必担心，长城就是长城，它的价值应该由我们自己来确立，不必借助洋"伯乐"来重新发现。实际上这不过是一种一厢情愿，我想这位太空人只是如实陈述所见所闻，绝无有所褒扬当伯乐之意。我甚至怀疑是有人在翻译上做了手脚，只是没有看到过这条报道的原文，不敢妄断，但这样的事已出现不止一次了。

毫无疑问，长城是我国建筑史乃至人类建筑史上的一项奇迹。我们的先民在极其贫乏的物质条件下，用最原始、最简单的工具完成了如此浩大的工程，显示了他们的智慧、力量和决心。因此将长城及其遗址保存完好，并适当作些修复，供考察研究、参观游览是完全必要的。在某些地段依照民间传说做些布置，增添些趣味性、娱乐性甚至商业性也无不可。从爱护文物是一种爱国的表现这一角度讲，保护和维修长城的确是一种爱国行为。

但是由此引申下去，把长城同中华民族联系起来，把长城当作中华民族的共同象征，歌颂它在历史上起过如何大的作用，并得出修长城就是爱中华民族的结论却是违背历史事实的，也是无助于国家统一和民族团结的。在历史上，长城从来不是中华民族的共同象征。在中国正以改革开放的姿态走向世界的今天，长城更不可能成为中华民族的象征。

从战国时期秦国、赵国开始，到明朝末年修筑的长城，历来就是中原农耕民族对付北方游牧民族的军事手段。且不说长城沿线埋下了多少尸骨，耗费了多少财产，就是以军事上的作用而言，长城也没有完全达到中原统治者当初的目的，并不像有些人所描写的那么理想。实际上一旦中原王朝失去军事实力，长城就形同虚设。秦始皇死后匈奴人就越过长城，占领了河套地区；明朝后期清军出入长城如入无人之境，首都北京不时告急；真正沿着长城作武力对峙的例子并不多见。

长城固然多少遏制了北方游牧民族对南方的入侵和破坏，但同时也限制了民族间的交流和融合，固定了农牧业的界线。所以历史上修筑长城次数最多、工程量最大、质量最高的明朝，正是对北方和西北最保守、最无作为的王朝。随着长城的最终完成，明朝的势力再也没有越出嘉峪关一步。相反，能够把农业和牧业民族同时统一起来的政权就不需要、也绝不会修筑长城。到了清朝，长城内外归于一统，残留的长城开始还曾作为地区间的关卡，以后就被完全废弃了。

到了康熙三十年（1691年），离明朝最后一次修筑长城已近百年，古北口一带的城墙有不少地方损坏倒塌，总兵官蔡元上疏要求修筑，主管的工部等部门建议康熙皇帝予以批准。可是康熙却指责蔡元糊涂，"未谙事宜"，他说："帝王治天下，不能专靠地势的险要和工事的坚固。秦朝筑长城以来，汉、唐、宋都经常修理，那时难道就没有边患了吗？明朝末年，我们的太祖皇帝（努尔哈赤）率领大军长驱直入，明军望风瓦解，没有一路敢阻挡。可见巩固国防的根本，在于修德安民。民心顺了，国家就安定，边境自然巩固，这就是所谓'众志成城'。古北口、喜峰口一带我都亲自巡视过，长城已损坏的很多，要修的话工程浩大，能不给百姓带来损害吗？况且长城绵延数千里，得养多少兵才能守得住？"他认为蔡元认识不到这样的道理，提出的意见"甚属无益"，要有关部门注意。三十五年（1696年），康熙皇帝又明确表示："以往秦朝是靠建筑工程来修筑长城的，我朝施恩于喀尔喀蒙古，使他们防备北方边疆，较长城更为坚固。"这种气度比明朝皇帝不知恢宏了多少，这一政策也不知比秦始皇、汉武帝、明成祖英明了多少！持续近两千年的修筑长城从此画上句号，三百年的风雨沧桑破坏了长城的雄姿，这固然使人遗憾，但这是中国历史上极其重要的一页，是一项划时代的进步，因为如果没有长城的废弃就不会有中华民族，就没有今天的中国。

如果讲秦朝人、汉朝人或明朝人爱长城是爱国，那还说得过去，因为他们所爱的国只能以长城为界，长城外面就不是他们的国了，而是另一个政权或民族的疆域了。但唐朝人、清朝人的爱国主义就绝不会受到长城的限制，因为长城外边同样是他们的国，所以讲唐朝人、清朝人爱长城是爱国就显得莫名其妙。20世纪80年代的中国，早已把长城南北的各族人民融合成了一个不可分割的整体，岂能再用历史上部分中原王朝狭隘的民族立场来认识长城？岂能用长城来象征中华民族？精神上的长城早已没有存在的基础，清除得越彻底对国家统一和民族团结越有利。而物质上的长城之所以不拆，并且还要适当修复，乃是因为它还有历史价值和文物价值。

作为象征，长城一方面可比喻为巨大、坚固、可靠、刚毅、不屈，所以一千多年前的名将檀道济就自比为国家的"万里长城"，在我们的国歌中就有"把我们的血肉，筑成我们新的长城"这样的词句，我们也常将国家的军队比喻为钢铁长城。但另一方面，长城毕竟意味着封闭、保守，绝不能代表开放和进取。有人举出历史上曾经在长城沿线发生的经济文化交流，来证明长城并不影响开放，甚至还能促进和繁荣交流，这实在是强词夺理。凡是在长城起到防卫作用时，沿线就是这个政权的边疆和军事要地，而且长城沿线都不是经济文化发达的地方，为什么要在这里进行经济文化的交流呢？这正说明正常的交流得不到发展，双方只能在边界有限的几个地点作有限的交流。在长城沿线出现若干个经济文化相对发达一些的军事据点和贸易口岸，正是这类畸形繁荣的产物，而且这只有在双方保持和平时才有可能出现。还有人说，长城并没有阻挡人员的来往，不是有很多人出入于长城，还有不少人迁往长城外面。这话更是信口开河，因为史书上写得明明白白，没有官方的许可，任何人都不能自由出入长城上的关口，迁往塞外的人基本都是逃亡出境的。凡事总有优点和缺点，长城也不会例外，大可不必作这类画蛇添足的辩解。如果长城真的能促进开放，莫非我们今天也得再造它一条？

曾记得若干年前，因为外国有人说长城是中国历史上的边界，我们的政府文件和"两报一刊"（《人民日报》《解放军报》和《红旗》杂志）都曾作过严厉的批驳。在此后相当长时间内，在这一点上绝对不许含糊的，类似的解释都会被指责为迎合"帝修反"的阴谋。所以在《中国历史地图集》内部本上没有一个朝代是以长城为界的，总得在长城以北再画出一点，就连长城作为农牧业分界线的说法也要受到批判，似乎古代花费了极大人力物力修筑的长城，只是为了今天让人们发思古之幽情。可是今天却又要把长城同抵抗外敌、同爱国主义联系起来，不知如何才能自圆其说？

究竟是筑起长城，守住长城对中国历史贡献大，还是将长城南北统一起来对中国历史贡献大，这是不言而喻的。但从汉朝以来把长城作为"天之所以限胡汉"的界线，把"天下"限于长城之内，流风余韵，是否还存在于某些现代中国人的思想深处？长城毕竟是中国历史的一部分，还是放在中国历史中来认识它的价值吧！

1988年8月，1995年7月略作修改
原载《普天之下：统一分裂与中国政治》吉林教育出版社1989年版

天堑何曾限南北

《读书》一九九四年第三期刊朱新华先生《南宋的北界》一文，指出以长江为南宋国境的北界之误，完全正确。实际上，存在这样的误解的前贤和学者还不止夏承焘、刘永济二先生，也不止对南宋一朝。人们往往以为历史上的"南北朝"（泛指一切南北对峙的政权）都是以长江为界的，其实恰恰相反，大多数朝代或时间内南北的界线并不是长江。

一

我们不妨先看一下历史事实。

经过东汉末年的战乱，至建安十三年（208年）赤壁之战后，逐渐形成了曹操、孙权、刘备三足鼎立的局面。公元220年后的魏、蜀、吴三国之间虽不时发生战争，使各方的领土此消彼长，但疆域界线大致还是稳定的。魏、吴间的边界在长江、淮河之间，向西循大别山、大洪山南麓、荆山南麓与魏、蜀边界接界；魏、蜀间则以大巴山与秦岭为界。只是在263年魏灭蜀后，才据有长江上游，而直到279年西晋伐吴时，吴国还保有江淮间的土地。

公元317年后在南方立国的东晋与据有四川盆地的成汉政权，

与北方先后建立的前赵、后赵、前秦、前燕、后秦、西秦、魏、南燕（"十六国"的一部分）诸国的界线在相当长时间内维持在淮河和秦岭一线。前秦一度占有汉中盆地和四川盆地的长江以北部分，但在383年淝水之战以后，东晋与北方政权的西界又恢复到秦岭一线，而东界则向北推进至今江苏、山东界；东晋末年灭南燕、后秦，其疆域扩大到整个山东半岛和黄河以南。进入南朝后，北方的北魏在军事上经常处于攻势，南朝宋先后丧失了山东和淮北，退至淮河、秦岭一线；齐、梁基本维持此线，但都在淮北占有若干地区，梁后期还扩展到淮北；但梁、陈之际北齐已占有长江以北，陈时虽曾于573年收复了淮南，但到579年即被北周夺回，至此长江真正成了南北界线，十年后隋军渡江灭陈。

五代十国期间（907年—979年），南方诸国与北方政权大多也是以淮河为界的。如：杨行密所建吴国从892年起即据有淮南，937年南唐代吴后仍以淮河与北方对峙，直到958年才将长江以北的淮南之地"献"给后周，从此向后周与宋称臣，维持至975年底。长江中游的荆南（南平）也地跨长江南北，上游的前蜀和后蜀基本上都以秦岭和大巴山与北方为界。

1127年北宋亡后，金兵大举南侵，先后攻至今浙江杭州、绍兴、宁波，江西泰和和湖南长沙等地，但至1130年金兵即战败北撤，宋界已恢复至淮河，以后又推进至黄河。绍兴十一年（1141年）宋金和议成立，双方以淮河和大散关（今陕西宝鸡市西南，大致即以秦岭分割）为界。此后，虽在金兵南侵和宋军北伐时几度打破过这条界线，但都为时不长，一旦战火平息，淮河依然是双方的分界线。南宋与蒙古联合灭金后，疆域曾扩展至淮河以北，但在蒙古军的攻势下，又被迫退至淮南。值得注意的是，直到1274年元世祖下诏攻宋时，南宋还守着淮河一线，而作为江南屏障的扬州、真州（今江苏仪征市）、泰州一直坚守至首都临安陷落之后。

中国历史上南北分裂的时间至少有五百六十年（220年—280年，317年—589年，907年—979年，1127年—1279年），实际对峙的时间更长，但以长江为界的时间合计不足五十年，并且大多是在分裂行将结束之际，其中南唐与北周、北宋的十七年还是妥协的结果，所以我们可以说，在中国历史上的南北分裂时期，双方间稳定的界线并不是长江，而是淮河和秦岭。

当然在这五百余年间也有北方精兵直逼长江的时候，如：南朝宋元嘉二十七年十二月（450年），北魏太武帝拓跋焘（小名佛狸，即辛弃疾词中"佛狸祠"所指）率军攻至瓜步（今江苏南京六合东南），宋文帝登石头城（在今江苏南京）北望，已见到魏军的烽烟。但魏军饮马长江仅月余即北撤，而且淮北的彭城（今江苏徐州）等地始终在宋人手中。又如：南宋绍兴三十一年（1161年），金主完颜亮亲率大军渡淮南下，进至长江北岸杨林渡（今安徽和县东）一带江中，宋军在采石矶（今安徽当涂北）大败金军，完颜亮在瓜洲渡因兵变被杀，淮南金兵全部北撤，前后不足三月。

二

产生这种误解的主要原因，自然是没有了解当时各政权间的疆域形势，但也还有其他方面的因素。

在分裂时期或其前后，一些著名的战争大多发生在长江沿岸，如：208年曹操与孙权、刘备间的赤壁之战，发生在今湖北蒲圻一带（另有武汉市等说）；280年晋将王濬等自武昌（今湖北鄂州）顺江东下灭吴；451年北魏主拓跋焘攻宋，进至瓜步；589年，隋将贺若弼、韩擒虎分别从广陵（今江苏扬州南）、横江（今安徽和县东）一带渡长江灭陈；974年，北宋军由采石矶建浮桥渡江，次年灭南唐；1161年，南宋虞允文在采石矶大破金兵，使完颜亮铩羽而归。这就使人们产生了南北政权间以长江为界的错觉。其实，正如上面已经指出的那样，隔江相峙的形势只能维持一个很短的时间，缘江而战的结果不是北军渡江灭了南方，就是南方将北军逐回淮河以北，得以保住半壁江山。但由于这些战争往往武功赫赫、情节生动，经史家的记载和文人的渲染更是惊心动魄、脍炙人口，具体地点也极易为人们所记取；相反有关疆域变迁的记载就显得枯燥无味，除了专业人员不得不了解和研究外，一般读者是不会有此兴趣的。

另一个原因，大概是由于明清以来，特别是进入近现代以后，长江南北的经济和文化差异日益扩大，其重要性已大大超过了淮河南北，所以尽管地理学上的南北分界线依然是淮河和秦岭，但大家却越来越习惯于以长江来划分南方与北方。如：上海和苏南、浙北一带称江苏长江以北地区为"江北"，并不区分其中的淮河（包括故道）南北。直至近年，苏南与苏北的经济文化仍然存在着相当明显的差距。这些都会使人们下意识地以今律古，一提到古代的南方、北方就很自然地想到以长江为界，而不是淮河。而学者的疏忽使这一错误概念流传得更为广泛。

再一个原因，可能是上了"天堑"一词的当。天堑者，天然的壕沟或军事防线也，以此比喻长江的最早记载见于《南史》卷七十七《孔范传》。当隋军即将渡过长江，群臣请示陈后主设防时，孔范却对后主说："长江天堑，古来限隔，虏军岂能飞渡？"他欺骗后主说是边将想立战功，才谎报军情，并夸下海口："我一直恨自己官太小，没有立功的机会，要是敌军真的来了，必定能弄个太尉干干。"说得后主满心欢喜，不再认真备战。可是"天堑"并没有影响隋军的飞渡，后主和孔范不久都当了俘虏。可见"天堑"到了6世纪末就"限隔"不了南北，更何况在这以后？孔范的话其实只是一个千古笑柄，但在文人墨客的笔下，"天堑"却成了长江的代名词，使不少人误以为长江真的是"限隔"南北的"天堑"了。

三

中国历史上分裂时期的南北界线居然与当代地理学家划分南北的界线基本相符，这绝不是偶然的巧合。

在中国古代，一个政权要能够维持下去，就得在经济上自给自足，生产出足够供养本国人口的粮食和其他生活必需品，这就需要有一定的耕地和劳动力。为了在军事上与北方政权抗衡，还应有一定数量的人口提供兵源。军事上的实力还能通过战略战术的运用来调节，所以并不完全与人口数量成正比；而在生产力的发展相当缓慢的条件下，粮食的供应就只能取决于耕地与劳动力的数量。所以，疆域与人口的大致平衡是南北政权得以长期共存的基础。在五代以前，北方的经济文化在总体上还比南方发达，以淮河和秦岭为界的划分大致能使北方与南方拥有相当的经济实力。南方政权仅仅依靠江南的土地还不足以获得支撑，必须加上江淮之间的土地才能与北方势均力敌。但如果南方政权推进到黄河一线，北方的粮食产量就不够养活它的人口，难以与南方对抗了。

对南方的军事防御，长江虽然能起一定的阻隔作用，但并不像人们想象的那么大。长江在湖北宜昌西北出南津关后就进入了平原，除了湖北田家镇、安徽东西梁山等个别地段外，整个长江中下游再也没有两山夹峙的河道，南岸能用为防御阵地的山岭也屈指可数。长江在南京以上的河道，早在秦汉之际就已与今天大致相同，主河道狭处估计不过千余米，超过这一宽度的河段一般都会形成沙洲，或者流速缓慢。根据文献记载和考古发现，早在春秋时代，横渡或航行于这一段长江已是人们的日常活动，数万军队渡江已无困难。在没有现代化的军事设施和通信、交通工具时，要防守长达数千里的长江防线几乎绝无可能，单纯利用长江的自然条件作为阻遏北方军队进攻的手段，更是自欺欺人的梦呓。所以，到了"胡马饮江"或北方军队推进到长江北岸时，南方要不是主动出击将对方逐离江滨，那就只有"一片降幡出石头"的下场了。

由于长江的出海口在不断东移，秦汉时今南京以下的河道相当宽阔，离出海口已很近。西汉时海潮可以直冲今扬州以南，形成壮观的"广陵潮"。所以在这一段长江中的涉渡相当困难，一般人视为畏途，南北交通主要取今南京以上的河道。东汉初年，人们在下游渡江时，还得先祭伍子胥祈求保护，辖区包括长江南北的扬州刺史也很少过江视事。但随着长江出海口的逐渐下移和技术进步，东汉以后就不再见到这类记载了。在西晋永嘉年间开始的大规模人口南迁中，一个主要的渡口就是京口（今江苏镇江），在此上岸的南渡人口至少有数十万，这说明在这里渡江已经相当安全。

在南北对峙中，南方在军事上一般处于守势。为了弥补长江防线的不足，只能扩展自己的防区，在长江以北寻找一个缓冲地带，将前沿推进到淮河一线或者更北的据点和扼南北水陆要道的襄阳（今湖北襄阳市）一带。一旦北方入侵，淮南、襄阳就能层层阻挡，消耗敌方的有生力量，敌军进至长江边时往往已成强弩之末。如果北方军队真的全面攻破了江北的缓冲区，就能稳操胜券；反之，若只是孤军深入，并未有效控制这些缓冲区，往往会以失败告终。所以前面提及的这些战争虽然是在长江沿岸进行的，却都已到了终场，鹿死谁手已确定无疑了。如：三国时，孙权曾将数十万江北百姓迁过长江，在江北形成一片广阔的无人区，以后成为与曹魏作战的主要战场。著名的淝水之战也是在江淮间进行的，处于劣势的晋军不是退至长江布防，而是北进迎击，事实证明是正确的战略。宋与蒙元间争夺襄阳的战争持续了数十年，而当襄阳失守，元军在长江中游的进攻就已无法阻挡了。

元代以后，南北长期对峙的局面再也没有重演，南方在经济上的发展和北方的相对衰落使北方在经济上已离不开对南方的依赖，因而只能凭借政治和军事力量加以控制。

原载《读书》1995年第8期

古来北京知多少

今天的中国人大概很少有不知道北京的，世界上知道北京的人也不会少。但说到历史上的"北京"，恐怕就没有多少人能搞清楚了。

北京是一个有三千多年历史的古城，但这个城市正式称为"北京"却是从明朝永乐元年（1403年）才开始的。而作为官方或正式名称的"北京"，到今年合计也不过用了一百零六年。中国历史上被称为北京的城市却多达十个，还有三个政区也以北京命名，而且开始于公元3世纪。

北京是一个由通名组成的专名，北是北方，京是首都，合起来就是北方的首都。商代的首都是经常迁移的，当然会有一个相对居于北方的首都，但那时还没有京的名称，商王所居的都城称为亳，所以商朝的都城之一称为"北亳"（今河南商丘市北）。此后的西周、东周、西汉、东汉的首都都是东西向迁移的，所以东汉时就有了"二京"即西京（长安，今陕西西安市西北）和东京（今河南洛阳市东）的名称，却没有北京或南京。虽然南阳郡因为是东汉开国皇帝刘秀的生长地，郡治宛县（今河南南阳市）被称为南都，但毕竟没有作为首都。

史籍上最早的"北京"，见于《晋书》卷九十二《张翰传》：

张翰在吴县（今江苏苏州市）阊门的船上初次见到贺循时，知道他正要去洛阳，就说"吾亦有事北京"，便搭了他的船一起动身了。当时是西晋灭吴（280年）不久，张翰和贺循都是原吴国人，张翰将晋朝的首都洛阳称为"北京"，既有北方首都之意，也可理解为北朝的首都。可见这并不是西晋洛阳的正式名称，只是南方人或吴国人对它的一种别称。

京口（今江苏镇江市）是南朝宋武帝刘裕的出生地，也是他长期经营并最终夺取东晋政权的基地，所以在当了皇帝以后就给予特殊待遇。由于京口位于首都建康（今南京市）的东北，所以称为"北京"，见于《宋书》卷五《文帝纪》中元嘉二十六年（449年）的诏书："朕违北京，二十余载。"但京口并没有首都或陪都的建置，也不是当时正式的制度，只是名义上的尊崇而已。

北魏太和十七年（493年）孝文帝将首都南迁洛阳后，故都平城（今山西大同市东北）被称为北京。孝文帝的迁都是彻底的，在平城没有留下任何中央政府机构，平城实际上只是恒州和代郡的治所。但由于鲜卑宗室和贵族反对迁都的意见相当激烈，势力不小，又以洛阳夏天太热，无法适应为借口，孝文帝不得不作出妥协，同意他们每年夏天回平城避暑。尽管这一规定并没有正式实行，却有一些鲜卑贵族留在平城。所以熙平二年（517年）孝明帝的诏书还说："北京根旧，帝业所基，南迁二纪，犹有留住。"与京口不同的是，平城当过首都，称"北京"有陪都的性质。

正式设立称为"北京"的陪都始于唐朝天宝元年（742年）。并州（治今山西太原市西南）是唐高祖李渊起兵反隋的地方，被视为唐朝的发祥地，唐玄宗于开元十一年（723年）将并州升为太原府，建为北都，天宝元年改称北京。至上元二年（761年）复称北都，停用北京。五代的唐、晋、汉的开国皇帝都是以太原为基地的，出于同样的原因，后唐同光元年（923年）以太原府为北京，一称北都，为晋、汉所沿袭。

北宋在首都开封以外，还继承了五代的制度，以洛阳为西京。庆历二年（1042年），宋仁宗为了在与辽朝的领土交涉中表明强硬态度，宣布准备"亲征"，并将以前宋真宗亲征时的驻地大名府（治今河北大名县东）建为北京。

北京作为政治建置是从十六国之一的夏开始的。昌武元年（418年），夏主赫连勃勃占据关中，群臣劝他定都长安，他说："东魏（指北魏，因在夏之东）与我同壤境，去北京裁（才）数百余里，若都长安，北京恐有不守之忧。朕在统万，彼终不敢济河（黄河）。"这个"北京"就是赫连勃勃于凤翔元年（413年）在荒原上新建的首都统万城，故址即今陕西靖边县北的白城子。因为他在长安设置了"南台"（中央政府在南方的派出机构），因而将统万称为北京。夏占有关中后，统治的中心区已经转移，必须在长安设置政府，但北方受到北魏的军事威胁，统万是重要的防御基地，赫连勃勃要亲自坐镇，所以实际上是北、南二京并建。但因八九年后北魏就先后攻下长安、统万，这一制度存在的时间很短，影响范围也不大，以后就鲜为人知了。

金朝实行五京制，即在首都的四方分别建有四个陪都，行使一部分中央政府的职权。天眷元年（1138年）将辽朝的上京临潢府

（今内蒙古巴林左旗南波罗城）改为北京，并将原来的上京路改为北京路，该路的辖境相当今内蒙古赤峰市北部、通辽市、嫩江西岸一带和吉林白城市，至天德二年（1150年）全部撤销。贞元元年（1153年）金朝迁都于中都大兴府（今北京市），原来的中京大定府（治今内蒙古宁城县西北大明城）在新都之北，因而改称北京。

　　明太祖建都应天府（今江苏南京市）后，总感到太偏南方，对统治全国不利，一度想将北宋的首都开封府（今河南开封市）建为首都，洪武元年（1368年）宣布以开封府为北京，并开始规划迁都。但不久就发现由于南方通往开封的河道淤浅，水量不足，粮食供应无法保证，至洪武十一年撤销。但到燕王朱棣（明成祖）夺取帝位后，决心将首都迁至他原来的封地北平府。永乐元年（1403年），北平府改名顺天府，建为北京，并着手进行新首都的建设，这是今天的北京市第一次拥有北京的名称。永乐十九年（1421年），明朝正式自应天府迁都顺天，北京的名称也随之被改为京师。朱棣死后，继位的仁宗朱高炽又想将首都迁回应天，洪熙元年（1425年），京师又被改为北京。但仁宗在位不到一年，迁都的事并未实行，宣宗即位后就不再作迁都的打算，但他也没有马上将京师的名称改回来。至正统六年（1441年）再次定国都于北京，北京又改称京师。

　　此后的明朝、入关后的清朝和1927年前的中华民国都以此为首都，在明、清二代它的正式名称始终是京师，但民间一直沿用"北京"这个名称，连官方的文书也不时使用，所以西方传教士都根据"北京"的发音来翻译。到了清朝后期，北京实际上已取代京师成为这座城市的通称。1912年4月中华民国临时政府由南京北迁后，北京成为首都的正式名称。1927年，国民党政府定都南京，1928年改北京为北平。至1949年中华人民共和国成立，北平复称北京，被定为首都。

说了这样一个相当烦琐的过程，自然不是为了要读者都记住。地名的变迁是一种专门的学问，不必也不可能要求大家都掌握。即使是这一行的专家，往往也都有自己的研究范围，遇到疑难还得再考订一番。但是有一点却是大家都做得到的，那就是遇到历史上的地名，还是多查查字典或有关的工具书，不要想当然地等同于今天的地名，以免闹出张冠李戴的笑话。像《水浒传》中的青面兽杨志被发配到"北京"，那是当时的大名府，在今河北大名县东。而今天的北京却是辽朝的南京析津府，宋朝的犯人无论如何是不会被遣送到那里去的。"北京"这一地名如此，其他如"南京""东京""西京"等地名也是如此。做学问、写书的朋友更要小心，自己搞错了当然不好，给读者留下错误的概念危害就更大了。

北京这个地名演变的过程也说明了历史上两个有趣的现象。

一是官方的、正式的名称往往还不如民间的、通用的名称使用得广泛，以至前者反而鲜为人知，后者却常常取而代之，北京之于京师就是一例。而且一些民间的、通用的名称往往比官方的、正式的名称更符合实际情况，一般流通更广。譬如：宋室南迁后，杭州被升格为临安府，成为南宋的实际首都，但它的正式建置和名称一直是"行在所"，即皇帝的临时驻地，所以杭州在法律上从来没有作过宋朝的首都。当初定下这个名称也是煞费苦心的，这表明朝廷立志恢复首都开封和北方河山，迁到杭州不过是临时性的举措。想不到临时了一百多年，直到南宋覆灭。但南宋的君臣百姓实际早已把临安府当成首都了，除了少数学者以外，后人更不会深究两者的区别了。又如：乾隆皇帝，他的名字是爱新觉罗·弘历，死后的谥号和庙号是高宗纯皇帝，乾隆是他在位时的年号，但乾隆或乾隆皇帝早已成为他最普遍的称号，知道他名字、谥号和庙号的人反而是少数。

一是以后来的名称取代当时的名称。如：我们现在说北京城有三千多年历史，那是指北京这座城市及其前身。尽管在明朝以前这座城市并没有北京的名称，但我们现在叙述北京历史时都是从头讲起，并且都可以用这个名称。更明显的例子是中国。我们讲中国历史，当然应该从文明社会产生时讲起，但那时还没有中国这个名称。就是以后的秦、汉、隋、唐、宋、元、明、清，它们的正式称号也还是自己的国号，而不是中国。中国这个词虽然至迟在西周初年就有了，但开始所指的范围很小，以后也没有明确的规定，直到19世纪后才逐渐取代清、大清、大清国，成为国家的代名词，而真正作为国家的简称则是中华民国成立后的事。但这并不妨碍我们从五千年或更早以前开始讲中国历史，或将历史上某一时期或某一朝代称为中国史的一部分。又如：西汉，当时人只能称汉，因为他们是绝对不会知道以后有光武帝中兴、首都从长安东迁洛阳、后人称以后的汉朝为东汉这些事情的。如果让西汉人自称"西汉"，岂非滑天下之大稽？可惜这类滑稽不时会出现，如：《三国演义》的影视剧中会出现"蜀"或"蜀汉"的大旗或自称。其实，刘备称帝后是以汉朝的继承人自居的，当然是称汉，岂会打出"蜀"的旗帜？

陈寿写成《三国志》时已是晋朝，晋朝继魏，当然把魏看成是汉朝的合法继承者，不能承认刘备所建也是汉朝，所以就用了蜀这个别称来代替，也是后人给前人改名，结果是后来的名称取代本来的名称。

最后一点已是题外话了。夏、商二代的首都曾经有过多次迁移，商朝的盘庚迁都于殷（今河南安阳市殷墟）后稳定了二百多年，但晚期还是有别都沫（朝歌，今河南淇县），最后一位君主纣就是死在这个别都的。从西周初建洛邑（今河南洛阳市）起，历代设立陪都、别都或在和平时期另建新都的现象十分普遍。当今世界一些国家，从国情出发，或设陪都（季节性首都、功能性首都），或设两个或更多的首都。有些国家虽没有正式的陪都，但实际存在首都以外的政治中心。外国记者一度将庐山或北戴河称为中国的夏季首都，大概也是这个意思。还有些国家根据经济文化发展、地区开发和战略地位的需要而迁都，或另建新都，如：巴基斯坦由卡拉奇迁至伊斯兰堡，巴西由里约热内卢迁至巴西利亚。建国快半个世纪了，国内外形势已发生了巨大的变化，21世纪的中国将迎来更辉煌的发展，北京还是不是中国最适宜的首都？中国有没有必要另建新都？有没有必要设立其他首都？有没有可能这样做？这些问题都值得提前研究。

1995年6月

天涯何处罗马城

一

记得那年陕西秦公大墓发掘时，我正在美国，某报海外版就像连载小说一样逐日发表消息，并屡屡预言将有重大发现，结果却没有什么收获。胜败兵家常事，何况考古发掘？所以我除了遗憾外也没有什么不快。1986年回国不久，到芜湖参加秦汉史年会，听到陕西同人介绍秦公大墓发掘情况，这才知道未开挖时就已发现二百多处盗洞，最大的可容一辆板车出入。这就是说，当时发掘人员就已肯定，墓内随葬器物早被盗掘殆尽，一般不会再有什么惊人发现。我顿时产生了一种被传媒愚弄了的感觉，显然这些消息的炮制者利用海外读者对中国历史文明的关注，开了一个并不值得的玩笑。

可是从那以后，报刊上这一类消息非但没有减少，反而越来越多了，不时有什么"惊人发现"或"重要史料"被披露，不是某一权威的论断被推翻，就是哪一段历史必须重写，而上古典籍中的记载——无论多么久远或荒诞——却不断被证明为千真万确。开始时我还有些书生气，少不了拜读一番，或者翻几本书核对一下，有时还忍不住写封信向编辑先生说说自己的看法。如：某家著名晚报曾转载一条消息，说安徽濉溪新修的地方志证明我国是世界上最早进行人体解剖的国家。其实这是见于《南史》的一条史料，早已为学者注意，只是因为此事发生在今濉溪县境内，新修方志作了记载，算不上什么新发明，更不能说是新方志的"证明"。以这家晚报的声望和影响，似乎不应该转载这样的消息。于是我向编辑部发了一封信，结果却没有答复，看来我有点不识时务，或者不理解编辑先生的一番苦心。这类消息显示了学术研究的繁荣发达，中华文明的源远流长和中国昔日的世界第一，足以引起世人瞩目，也有利于爱国主义教育，一言以蔽之，效果是好的。何必斤斤计较，说三道四呢？

不过近年关于"罗马城"的报道却使我旧病复发，又要说几句话了，因为与此有关的一些史料，正好是我撰写《西汉人口地理》（人民出版社1986年版）一书时研究过的，其实并不是什么新说。各位一定还记得，前几年（恕我懒得查了）出了一条新闻，说是西方学者发现，公元前36年有一支罗马军队，在帮助匈奴人与西汉军队作战时被汉军俘虏，安置在汉朝的骊靬县；现在此城已在甘肃某地发现，由某国资助正在发掘。以后报道逐渐升级，罗马俘虏被称为"罗马军团"或"罗马移民"，此城也正式被称为"罗马城"，连一些学术论著也用作为重要论据。

但我一直不敢写文章，因为报道中把洋人抬了出来，说是根据西方学者的发现。倒不是崇洋媚外，实在是平时读的洋书不多，万一人家真有什么真凭实据，你却只凭老祖宗的线装书说话，到时人家把洋文一引，岂不呜呼哀哉？

我一直想知道，究竟是哪位"西方学者"，又是根据什么"重

045

要史料"发现一件如此重要的史实，可惜在那些报道和论著中都没有出现。问了几位真的西方学者，也都说不知道。最近才在一位诚实的作者的论著中看到，原来发现者是一位美国学者，根据是中国的《汉书》。好在《汉书》还算熟悉，这下可以说几句话了。（或许还有其他西方学者有其他根据，那还请方家指点。我老实承认寡闻陋见。）

二

《汉书》中与此有关的材料主要有两处，分别出于卷二十八下《地理志》张掖郡和卷七十里的《陈汤传》，文字并不多，我们不妨引来分析一下。

《地理志》张掖郡所辖十县中有一个骊靬，下面注着"莽曰揭虏"。注文只是说明该县在王莽时曾改名揭虏，可以不去管它，因为一切问题都是从"骊靬"二字的含义来的。

骊靬是有不同写法的，《汉书·张骞传》注引了东汉人服虔说："犛靬，张掖县名也。"这表明服虔已经将这个县的名称与《张骞传》中提到的西域的靬国联系起来。到了唐朝颜师古作注时，就更明确地提出："犛靬，即大秦国也，张掖骊靬县，盖取此国为名耳。"但是为什么张掖郡下要设置一个用大秦国命名的县呢？服虔和颜师古都没有提供任何史实。直到清道光年间，王筠作《说文句读》时，才引石州（张穆）说："骊靬本西域国，汉以其降人置县。"王先谦在清末编成的《汉书补注》中作了这样的注释:"《说文》作丽靬。《张骞传》作犛靬。《西域传》作黎靬。《匈奴传》作黎汗。音同通用。靬即大秦国,盖以其降人置县。"看来就是据以上诸说综合。

不管王筠引石州的推测是否准确,在今甘肃境内有一个以罗马降人设立的县城的说法首先是由中国人提出来的,时间在一百多年前的清道光年间。即使从王先谦算起,《汉书补注》也早在清光绪二十六年(1900年)就问世了。不知什么原因,今天那些研究和报道"罗马城"的先生们一直不知道或不注意这一点,要到洋人发现了才重视起来。

大概是因为以前的学者都没有举出例证,所以张维华先生于1980年发表的旧作《汉张掖郡骊靬县得名之由来及犁靬眩人来华之经过》一文(载《汉史论集》,齐鲁书社1980年版)中对这些"大秦降人"的来历又作了进一步考证,认为这些大秦人应该就是《史记·大宛列传》所载由安息国王献给汉朝的"黎靬善眩人(杂技演员)",时间在汉武帝时。以后可能曾将这些黎靬人安置在该县,因而采用了这一名称。

在拙著《西汉人口地理》一书中,我之所以赞同张先生的推测:一是因为西汉时在西北边疆地区确实有不少以异族或异国名称命名的县,显然是与这些民族或国家的移民有关,二是迄今还没有其他更有理的解释或更具体的史料。但我指出,这并不意味着此县纯粹是由骊靬移民组成,只是此族人较多。因为张掖郡到西汉末年有八万八千七百三十一人,平均每县八千八百七十三人,骊靬县少说也应有数千人,单是一些来自大秦的杂技演员,在百余年间是绝对不可能繁衍出这么多的后人的。实际上，张先生也只是说该县的得名，并无该县人口是由这批人构成的意思。

骊靬县自西汉设置后，一直存在到北魏时。该县治所的位置历来并无异说，就在今甘肃永昌县西南，古籍中有明确记载，1982年出版的《中国历史地图集》第二、三册中标注得很清楚，并无再发现的必要。

所谓"罗马战俘"的说法则来自《陈汤传》。在引文前先得简单介绍一下前面记载的历史背景。

汉宣帝时匈奴分裂，呼韩邪单于降汉，得到汉朝承认和支持。郅支单于西迁，攻占了呼揭、坚昆、丁令三国，以后又杀了汉使，西奔至康居国，与康居王结为同盟，合兵击败了乌孙国，威胁大宛等国，对汉朝态度极其傲慢。建昭三年（前36年），汉朝的西域都护骑都尉甘延寿和副校尉陈汤到任。陈汤"为人沉勇有大虑，多策谋，喜奇功"，为甘延寿策划发兵奇袭郅支单于，并且趁甘久病时擅自征发了西域城郭诸国和汉朝的屯田士兵四万余人，胁迫甘一起行动。这支军队分为两路，一路越过葱岭（今帕米尔高原）进入大宛（今中亚费尔干纳盆地一带），一路由甘、陈率领从温宿（今新疆乌什）出发，到达阗池（今吉尔吉斯斯坦伊塞克湖）以西，逼近单于驻地郅支城（今哈萨克斯坦江布尔）。下面就是关键的几段：

明日，前至郅支城都赖水上，离城三里，止营傅陈。望见单于城上立五采幡织，数百人披甲乘城，又出百余骑往来驰城下，步兵百余人夹门鱼鳞陈，讲习用兵。城上人更招汉军曰："斗来！"百余骑驰赴营，营皆张弩持满指之，骑引却。颇遣吏士射城门骑步兵，骑步兵皆入。延寿、汤令军闻鼓音皆薄城下，四面围城，各有所守，穿堑，塞门户，卤楯为前，戟弩为后，卬射城中楼上人，楼上人下走。土城外有重木城，从木城中射，颇杀伤外人。外人发薪烧木城。夜，数百骑欲出外，迎射杀之。

初，单于闻汉兵至，欲去，疑康居怨己，为汉内应，又闻乌孙诸国兵皆发，自以无所之。郅支已出，复还，曰："不如坚守，汉兵远来，不能久攻。"单于乃被甲在楼上，诸阏氏夫人数十皆以弓射外人。外人射中单于鼻，诸夫人颇死。单于下骑，传战大内。夜过半，木城穿，中人却入土城，乘城呼。时康居兵万余骑分为十余处，四面环城，亦与相应和。夜，数奔营，不利，辄却。平明，四面火起，吏士喜，大呼乘之，钲鼓声动地。康居兵引却。汉兵四面推卤楯，并入土城中。单于男女百余人走入大内。汉兵纵火，吏士争入，单于被创死。军候假丞杜勋斩单于首，得汉使节二及谷吉等所赍帛书。诸卤获以畀得者。凡斩阏氏、太子、名王以下千五百一十八级，生虏百四十五人，降虏千余人，赋予城郭诸国所发十五王。

……汤素贪，所卤获财物入塞多不法，司隶校尉移书道上，系吏士按验之。

据说，西方学者认为帮助单于守城的是罗马士兵，所以才能摆出"鱼鳞阵",而匈奴人原来既不会筑城,更不会守城。而这些罗马士兵的来源,就是当年罗马大将安敦进攻帕提亚(安息)被击败后流落至康居的散兵游勇。被陈汤俘虏的一百四十五人就是这些罗马士兵,被带回安置在骊靬县。

但如果仅仅根据上面《陈汤传》的文字的话,这些看法就完全站不住脚。

在《汉书》中,如此详细地记载一次战事是很少的。这是因为陈汤灭郅支单于不仅是当时一件大事,而且由此引起的争议一直持续到西汉末年。开始是争论对陈汤这样擅自发兵却取得大胜的人该不该封赏,以后又争论对犯了罪的陈汤应如何处置。王莽执政后又重新追封陈汤。所以有关陈汤的资料一定很多,《汉书》的作者班固离陈汤之死不过数十年,应能调查得相当具体。要是真有骊靬的士兵协助单于作战并被俘回汉朝,何至于班固一字未提呢?

从《陈汤传》文看,郅支西迁时并无多少兵力,所以到了康居国后,"数借兵击乌孙"。守城时的兵力不足千人,连自己的妻妾数十人都出动了,而康居国的万余骑都驻在城外。匈奴虽是游牧民族,但不断吸收汉族和其他民族的人口,早已有了筑城的记录。何况郅支迁至康居已多年,不再游牧,自然就要筑城。在陈汤出兵前,郅支已"发民作城,日作五百人,二岁乃已"。据此则郅支城至迟始筑于公元前38年,即使公元前36年帕提亚之战后有罗马士兵流入康居,也与筑城毫无关系了。既然郅支筑了城,自然会考虑守城的手段,岂能预料到以后会有罗马人来帮忙?至于什么"鱼鳞阵",似乎并不是《陈汤传》的原意。"步兵百余人夹门鱼鳞陈",是说有百余名步兵在门两边像鱼鳞般密集排列。古籍中的陈、阵虽往往相通,但这里是动词,而不是名词,就不能释为专名。

甘延寿和陈汤见到郅支单于的城防和所谓的"鱼鳞陈",并没有像有些文章中杜撰的那样"惊慌"或感到"意外"。汉军的攻城行动也完全正常,并没有遇到多少麻烦:先张弩击退冲营的骑兵,再遣吏士射城门外的步兵和骑兵,迫使敌军退守城内。围城后,挖壕沟,堵城门,经盾牌掩护,长兵器和弓弩手在后面射杀城楼上的敌军,放火焚烧第一道木城,堵截突围骑兵。突破木城后,以盾牌掩护攻入土城。整个战役历时一昼夜。要是真有罗马士兵协助单于的话,看来也没有起什么作用。

而且全部俘虏都没有带回,《陈汤传》文说得一清二楚,"生虏"(活捉)的百四十五人与"降虏"(投降)的千余人都"赋予城郭诸国所发十五王",也就是说,都分给协助汉军作战的十五个西域国王了。因为汉军数量有限,主要兵力是西域诸国的,被俘的对象又都是匈奴人或康居人,将他们当作战利品分给西域诸国是很自然的。实际上,陈汤在此前的战役中也是这样做的,如:康居副王曾经杀略乌孙大昆弥千余人,陈汤击败副王后,"得其所略民四百七十人,还付大昆弥,其马牛羊以给军食"。汉军从郅支城返回在今新疆轮台以东的驻地路程遥远,行程艰巨,自己的粮食供应都十分困难,有什么必要将这些俘虏押回呢?而且由于陈汤没有将缴获的财物交公,在途中就受到地方官府的调查,陈汤上书皇帝后才停止,所以如果真有外国俘虏带回,是不会不见于记载的。

把一百多位战俘称为"罗马军团"已经有点不伦不类,"罗马城"的说法就更离奇了。退一步说,这一百四十五名被俘者是罗马士兵,并且确实被安置到了骊靬,试问,战败被活捉的俘虏,又经过数千里的长途押送,身边还能保留多少罗马物品?即使他们一个不死,在一个县的人口中也是很少一部分,又处于被监护的地位,还会产生多少罗马影响,又如何能形成一个罗马城?何况骊靬是一个县,并非只有一座县城,要是这些人被安置在城外,难道也非得另建一座城吗?再说,即使某一天一个古城遗址发现了若干罗马文物,也不等于这个古城就成了罗马城,西安出土过波斯银币,还出土过其他异国文物,但从来没有人认为西安曾经是波斯城或什么其他城。

骊靬县从西汉时设立起到北魏时废,存在了四百多年,见于好几种古籍的记载。如果这真是一个与当时其他县城迥然不同的"罗马城",在如此长的时代中是不会不被人们提到的。但事实上目前所见任何一种古籍在提到骊靬的同时,从未涉及这一点。

总之,根据目前能见到的史料,是得不出陈汤将罗马俘虏带回安置在骊靬县的结论的。除了张维华先生的推测外,《汉书》卷九十四《匈奴传》还给我们提供了一种更大的可能(我记得前几年兰州大学刘光华教授提出过这样的看法):

明年,单于使犁汙王窥边,言酒泉、张掖兵益弱,出兵试击,冀可复得其地。时汉先得降者,闻其计,天子诏边警备。后无几,右贤王、犁汙王四千骑分三队,入日勒、屋兰、番和。张掖太守、属国都尉发兵击，大破之，得脱者数百人。属国千长义渠王骑士射杀犁汙王，赐黄金二百斤、马二百匹，因封为犁汙王，属国都尉郭忠封成安侯。

根据《汉书·功臣侯表》，这件事发生在昭帝元凤三年（前78年），犁汙王入侵的地点是张掖的日勒、屋兰、番和一带，即今甘肃张掖至永昌之间。值得注意的是，番和的故址即今永昌，离骊靬故址很近，但文中却没有提到骊靬，很可能当时此县还未设置。右贤王、犁汙王的四千骑，除数百人逃脱外，应有三千多人被杀或被俘。由于犁汙王被杀，义渠王既被封为犁汙王，就应拥有这些匈奴俘虏。骊靬很可能就是因安置这些人而设，时间在公元前78年后不久。根据《史记》《汉书》《说文句读》的写法，骊与犁、黎、黧，靬与汙、于，都是据音译，是相通的，犁汙也就是骊靬。这虽然也是推测，但显然比以大秦眩人命名更为合理。

三

喧腾一时的"罗马城"已经好久不见于报道，结果是不是会像秦公大墓的发掘一样虽还不得而知，但我可以肯定，绝对不可能挖出一个"罗马城"。或许有人会指责我过于武断，我却以为作为一位学者，只能根据目前已经证实的历史事实来判断是非，预测未来（如果有可能的话）。

明明是《汉书》中的史料，却要依靠西方学者来"发现"；明明是前人早已作过而无法证实的推测，却要吹成什么新观点，这只能说是学界的悲哀与耻辱。但这类病态行为近年来似乎从未休止，且有愈演愈烈之势。于是有些人唯洋人之言是称，即使是研究纯粹的中国古史，使用的是百分之百的中国古籍。殷人迁往北美洲的推测早已有之，《竹书纪年》中的史料也早已有人用过，有人在他的论文中却非要写成"一位美国学者指出……"，而没有注意，或者是故意不提下面的话只是《竹书纪年》中一段话拙劣的英译。我亲自听到那位先生在会上慷慨陈词："人家洋人都承认我们中国人最早到了美洲，为什么我们自己不承认？"听后实在令人莫名其妙。

我们还常常见到某某人或某某学已经走向世界、在某国引起轰动之类的报道，但过后似乎再也没有看到什么结果。有时正好自己或友人当时在某国，居然完全没有被轰动的感觉，甚至根本不知道有这回事。我不相信这些人自己会吹牛，因为有的是德高望重的学人。或许他说的是事实，因为洋人一般不会搞公费听报告，所以来听的人或与他接触的自然都是对他感兴趣的，但他却没有想过这些人在当地占几分之一，可能他不知道当地还有人对其他什么人或什么学感兴趣。标榜国粹并以弘扬中华文化自诩的人老是要靠洋人来壮声势，国内的事还没有开始做就迫不及待地要"走向世界"，倒是提醒我们有时不能太天真。君不见，有人专拣能博洋人青睐的国粹做文章，不但能常常走向世界，还戴上了"国际学者"的桂冠，岂不妙哉！

对骊靬的来历这类历史悬案提出哪怕是最大胆的假设都应该受到鼓励，我毫无反对的意思。我本人在研究中也作过种种假设，例如异国、异族人迁来的可能。外国学者的研究成果也应该受到重视，即使是中国史的研究，他们也有不少高明的见解，有时比我们这些"身在此山中"的人更识"庐山真面目"。但把未经证实的假设当作事实来宣扬，把洋人对中国史料的误解作为新发现的证据，或者明知不会有什么结果却先骗了读者再说，那就只会丧失自己的学术信誉。当然，如果只是为了提升职称、创收或出国，就不是本文要议论的话题了。

1993年11月30日

原载《读书》1994年第2期

永恒的矛盾：追求与现实之间

一

东汉桓帝延熹九年（166年），河内郡（治所在今河南武陟县西南）人张成的弟子牢修向皇帝上书，控告司隶校尉（首都特区长官）李膺等人资助太学（国家最高学府）中的学生与访问学者，结交各地士人，相互串联，结成"部党"，诽谤朝廷，破坏社会风尚。桓帝震怒，下令各地逮捕这批"党人"，并将他们的罪行布告天下，全民共讨之。案子送到"三府"（太尉、司徒、司空）审理时，太尉（分管国防的丞相）陈蕃拒绝署名受理，还上疏极力为他们辩护。桓帝更加生气，就将李膺、范滂等关押到由宦官主管的黄门北寺狱刑讯逼供，又以推荐任用人员不当为由免了陈蕃的职。党人的供词牵连到的陈寔等二百余人，也一律逮捕。其中有的人已经逃亡，都悬赏捉拿，全国通缉，朝廷派往各地办案的官员络绎不绝，中国历史上第一次对知识分子集团的大规模政治迫害就这样开始了。

此事的起因与汉桓帝不无关系。原来桓帝当蠡吾侯（封邑在今河北博野县西南）时，当过甘陵国（国都在今山东临清市东北，辖今山东、河北交界处数县）人周福（字仲进）的学生，等到即位后就提拔他当了内阁尚书（内阁常务官员）。而同郡人房植（字伯武）担任河南尹（首都所在郡的长官），在朝廷颇有声望，于是本地人编了两句民谣："天下规矩房伯武，因师获印周仲进。"（房伯武不愧为天下的榜样，而周仲进的官印不过是当老师才拿到的。）房、周二人的幕僚、门客、学生相互讥讽，制造舆论，又各自拉帮结派，逐渐势不两立，形成甘陵南部和北部，开始被称为"党人"。以后汝南郡（治所在今河南平舆县北）太守（行政长官）宗资信用功曹（秘书长）范滂（字孟博），南阳郡（治所在今河南南阳市宛城区）太守成瑨委任功曹岑晊（字公孝），这二郡中也流传出这样的民谣："汝南太守范孟博，南阳宗资主画诺。南阳太守岑公孝，弘农成瑨但坐啸。"（真正的汝南太守是范孟博，南阳人宗资只管签字画圈。南阳太守也是岑公孝，弘农人成瑨只要坐着嚷嚷。）当时太学有学生和访问学者三万余人，郭太（字林宗）和贾彪（字伟节）名气最大，他们与李膺（字元礼）、陈蕃（字仲举）、王畅（字叔茂）等人互相赞誉提携，太学中又传出了几句话："天下模楷李元礼，不畏强御陈仲举，天下俊秀王叔茂。"此外还有勃海（治所在今河北南皮县东北）人公族（姓）进阶、扶风（治所在今陕西兴平市西南）人魏其卿，都爱发表直率的意见和深刻的议论，揭露豪强也不留情面。连朝廷的高官也怕他们的批评，吓得到他们家去时连车也不敢坐。

事件的导火线是几年前李膺杀了张成的儿子。张成有打卦算命的本事，平时以此广交宦官，连桓帝都信他几分。据说张成推算出皇帝将要大赦，就让他儿子杀人。当时李膺正任河南尹，将他的儿子收捕。不久果然颁布了赦令，张成的儿子在释放的范围，李膺更加气愤，竟将他定罪杀了，所以张成的弟子就做了诬告。

由于连太尉陈蕃都碰了钉子，朝廷百官没有人再敢为党人说话。新息县（今河南新息县西南）长贾彪到洛阳活动，说服了尚书霍谞、城门校尉（首都卫戍司令）窦武于次年六月上书为党人鸣冤。窦武以皇帝丈人的身份指责"陛下所行，不合天意"，并同时称病辞职。当时，连年水旱灾害严重，据说中原地区百姓饿死的近一半，绝户的也不少，南匈奴、鲜卑、乌桓及"盗贼"蜂起。三十六岁的桓帝虽然在上一年立窦武之女为他的第三位皇后，但一直没有儿子，因而对"天意"不能不有所顾忌。加上李膺等的供词中也涉及不少宦官子弟，宦官怕受到牵连，劝桓帝顺从"天意"加以赦免。于是桓帝大赦天下，将党人们释放回乡，终身管制，他们的名字都由朝廷记录在案。

但党人们从此声名大噪，范滂等人获释后刚离开洛阳，汝南、南阳二郡的士大夫迎接他们的车已有数千辆。此后各地的士人更是推波助澜，互相标榜，把天下名士都收罗起来，定出各种称号：最高的是窦武、刘淑（宗室，任侍中，相当于皇帝顾问）、陈蕃三人，称为"三君"，即当代领袖；李膺等八人称为"八俊"，即士人中的精英；郭太等八人称为"八顾"，即能以自己的德行引导别人；张俭等八人称为"八及"，即能够指导别人向领袖们学习；度尚等八人称为"八厨"，意思是能以钱财救济他人。

当年冬桓帝去世，因无子，由窦武主持迎立解渎亭侯刘宏（灵帝）继位。窦武被封为大将军，总揽朝政；陈蕃出任太傅，录尚书事（丞相）。窦武与陈蕃策划清除曹节、王甫等长期弄权、祸国殃民的宦官，任命"八顾"之一的尹勋为尚书令，刘瑜为侍中，冯述为屯骑校尉（禁卫军司令），又下令征召被禁锢的李膺等党人进京，并请"八俊"之一的荀翌、陈寔担任幕僚，共同商定计划。天下士人都知道了他们的意图，纷纷准备效力。第二年（建宁元年，168年），陈蕃敦促窦武采取行动，但窦武一味依靠其女窦太后，而太后却处于曹节、王甫等宦官的包围之中，不愿下手。直到八月，窦武才从其党羽开刀，准备收捕曹节等人。但计划泄露，曹节、王甫等抢先行动，占据皇宫，劫持了十三岁的灵帝和窦太后，以他们的名义下诏逮捕窦武。窦武召集军队对抗，失败后自杀。陈蕃、刘瑜、冯述等均被杀，刘淑、尹勋等在狱中自杀，他们没有被杀的家属都被发配到日南郡（今越南中部）或其他边疆。这是对党人们的沉重打击，不仅"三君"身亡，政治势力被扫荡殆尽，还招来了宦官们的疯狂报复。

建宁二年（169年），在中常侍（皇帝身边的机要官员，多由宦官担任）侯览的指使下，山阳郡（治所在今山东金乡县西北）人朱并首先发难，上书控告张俭与同乡二十四人结成死党，"图危社稷"（阴谋颠覆国家），灵帝立即下令缉拿归案。大长秋（皇后宫内的主管官员，多由宦官担任）曹节也授意有关部门上报，将"钩党者"虞放、杜密、李膺、朱㝢、巴肃、荀翌、魏朗、翟超、刘儒、范滂等百余名高中级官员逮捕法办。十四岁的灵帝不懂"钩党"是什么东西，曹节解释说："'钩党'就是党人。"灵帝问："党人干了什么坏事，非杀他们不可？"回答是："他们结成一伙，企图干不轨的事。"小皇帝还是弄不明白："'不轨'又怎么样？"曹节说："那就是要推翻你，自己做皇帝呀。"灵帝这才准奏，结果被捕的党人全部非刑处死，家属流放边疆。其余的党人有的已在此前死亡，有的闻风逃亡。一些人趁机泄私愤，将仇家列为党人。地方官迎合朝廷的意图搞扩大化，以致根本与党人无关的人也遭祸害，因此而被杀、被关和被迫逃亡的有六七百人，受到牵连的更不计其数。

熹平五年（176年），永昌郡（治所在今云南保山市东北）太守曹鸾上书为党人鸣冤，言词相当激烈。灵帝大怒，立即命令当地将曹鸾用囚车押解进京，送监狱活活打死。又下令各地清查党人的学生、下属和父子兄弟，凡是当官的一律免职管制，处罚范围扩大到他们的五服之内。光和二年（179年），上禄县（今甘肃西和县东南）县长和海提出：按照礼法，同一曾祖父的堂兄弟如果已经分居，就属于疏族，党人株连五服以内不妥当。灵帝才将追究范围限于三代之内。

中平元年（184年），张角为首的黄巾起义爆发，中常侍吕强向灵帝进言："党锢的时间长了，人们的怨气很大。如果一直不予宽大赦免，这些人与张角合谋，叛乱就会越闹越大，到时就后悔莫及了。"灵帝这才感到害怕，就对党人实行大赦，将被流放的家属放回故乡。历时二十多年的政治迫害运动至此结束，但东汉王朝的最终崩溃也为时不远了。

二

这场党锢案当然完全是冤假错案。实际上党人们根本就没有结成什么党，更不是现代意义的政党，甚至并没有结成什么团体，最多只是一群意气相投的士人组成的非常松散的同盟。正因为如此，他们既没有共同的政治纲领，也没有周密的行动计划，面对政治迫害所采取的态度也是因人而异的。说他们要"图谋社稷"更是冤哉枉也，且不说他们都巴不得要为皇帝效劳尽忠，窦武、陈蕃和党人们要杀的只是一批宦官，就是对出自皇帝的迫害也无不逆来顺受，至多只是逃避，却从来没有做过任何反抗。

不过，平心而论，党人们并不是没有责任，要是他们的态度不是那么偏激，行为不是那么极端，策略不是那么幼稚的话，损失绝不会那么大，结果可能更接近他们的目标。

党人们的确都是学者士人，用今天的话来说，都是知识分子，其中不少人的主要事业是读经游学，绛帐授徒。党人们的集体活动也只是互相标榜，评品人物，发表一些"危言深论"。但他们既不是闭门读书、埋头著述的纯粹学人，也不是优游林下、清心寡欲的出世高士；其中大多数人是在职或离任的官员，从最高一级的大将军、太尉、太傅，中央各部门和郡一级政区的行政长官，到幕僚和县长；其余的，也都是"家世衣冠"的乡绅和待价而沽的士人。党祸的起因表面上是宦官对反对他们的士人的报复，实际还是东汉权力斗争的一部分。党人们的领袖之一窦武就是一度权倾朝野、掌握拥立新君大权的外戚，而窦武与宦官较量的参与者和支持者就是这批党人。

东汉从和帝开始几乎都是幼主继位，母后临朝，外戚当权。和帝十岁即位，窦太后临朝，其兄窦宪执政。元兴元年（105年），二十七岁的和帝去世，其子刘隆（殇帝）还不满一岁，即位后由邓太后临朝，其兄邓骘执政。次年八月殇帝死，邓太后与邓骘立和帝之侄、十三岁的刘祜（安帝）为帝，继续由邓太后临朝。延光四年（125年），三十二岁的安帝死，废太子刘保已十一岁，但系宫人所生，没有即位的资格。而皇后阎氏为能长期掌权，贪立幼主，与其兄阎显等迎立章帝之孙北乡侯刘懿（少帝）。刘懿即位时年不详，但肯定是幼儿。阎后当仁不让，以太后身份临朝，阎显等人专断朝政。数月后少帝死，宦官孙程等十八人密谋，拥立废太子刘保，阎显被杀，阎太后被幽禁。建康元年（144年）顺帝死，两岁的太子刘炳（冲帝）即位，梁太后临朝，其兄梁冀任大将军。第二年正月冲帝死，梁冀不顾群臣立长君的建议，立八岁的刘缵（质帝）为帝，梁太后继续临朝，梁冀执政。一年多后，质帝中毒死，梁冀立十五岁的刘志（桓帝）为帝，梁太后仍临朝，梁冀也继续执政。灵帝十二岁即位，窦太后临朝，其父窦武执政。唯一例外的是，顺帝是由宦官拥立，阎太后失势，阎显被杀，顺帝母亲已死，因而没有太后临朝。但七年后立梁皇后，外戚梁氏的势力迅速膨胀。顺帝死后，梁太后临朝三帝，共十九年。

东汉时之所以会接连出现这样的局面，一方面是由于皇帝死时还没有儿子或儿子太小，另一方面是因为太后与外戚都想继续掌权，故意选幼主继位。皇帝长大后，不愿当傀儡，就会设法摆脱太后和外戚的控制。但由于外戚大权在握，皇帝只能依靠身边的宦官发动宫廷政变。如：和帝十四岁时与宦官策划，清除外戚窦氏。安帝二十八岁时，邓太后死，他方能亲政，同年即利用宦官废外戚邓氏。桓帝亲政后，梁冀继续独揽大权，桓帝与宦官合谋灭梁氏。宦官为了达到控制皇帝、巩固权力的目的，也主动掌握时机打击外戚，拥立顺帝，杀阎显就是一例。

在权力斗争的恶性循环中，士人们往往站在外戚一边。这固然是由于士人们不屑与宦官为伍，更重要的原因是士人们要实现自己的抱负，干一番事业，就得做官，而外戚掌握朝政，正是士人们投靠的对象。相反，宦官的正式职务大多属于内廷，按正常途径与士人们不应发生直接联系。加上外戚为了巩固自己的权力，一般都极力拉拢士人，所以除了梁冀过于飞扬跋扈，诛杀李固、杜乔等大臣和士人外，其余的外戚与士人的关系远比宦官与士人的关系密切。

但问题是，外戚与宦官并没有本质上的区别，宦官未必个个都坏，外戚也不见得个个比宦官强。像和帝时主谋杀窦宪的郑众，改进造纸术的蔡伦，参与灭邓氏的十九名宦官中的良贺，灵帝时的吕强和丁肃等五人，都有值得称道的事迹，不愧为宦官中的佼佼者。特别是吕强，还直接推动了党锢案的解除。而外戚中尽管也不乏正人君子，或者颇有文治武功，但大多过不了迷恋权势和以权谋私这两关。就拿党人们视为领袖的窦武来说，实际执政仅九个月。史料中似乎没有留下什么劣迹，但仔细分析就未必如此。桓帝死后，选择新君的决定权就操在他手中。《后汉书·窦武传》说他只是召见河间国（国都在今河北献县东南）的刘儵，询问该国的王子侯中谁贤能，仅根据刘儵称道刘宏就决定立他为帝（灵帝）。以后的事实证明，灵帝根本无贤可言，而且他母亲与他的爱钱贪财，在帝后中是绝无仅有的。即使河间王一支中缺乏贤能，也不至于到了以灵帝为最佳的程度。窦武轻率地选择灵帝，看来还是想找一个便于控制的十二岁孩子。凭着这"定策"的功劳，窦武心安理得地增加封邑，子侄升官封侯。此后王甫在反驳陈蕃称赞窦武"忠以卫国"时，指责"窦武何功，兄弟父子，一门三侯？又多取掖庭宫人，作乐饮燕。旬月之间，赀财亿计"，看来不是无中生有。要是窦武执政的时间不是九个月而是九年，结果又会如何呢？这样的人做党人的领袖，领导党人与宦官斗，即使获胜，恐怕也不会有多少好作用。

在与宦官的较量中，窦武与党人们占有压倒性优势：党人占有朝廷的文武要职，控制着首都地区的军队和禁卫军；宦官弄权多年，作恶多端，积怨甚深，而党人得到舆论的支持；皇帝为窦氏所立，对窦武有好感，又来自外藩，与宦官没有联系。但结果却是党人们的惨败，这只能证明他们的无能。

从当年年初开始，窦武与陈蕃就做了人事部署，要诛杀曹节、王甫等宦官的舆论已经造得"天下雄俊"都知道，可是直到五月才找了两名中常侍开刀，又拖到八月才准备逮捕曹节和王甫。在这样的对手面前，即使不出现窦武奏章被泄露的偶然事件，宦官们也会有充分的准备，无怪乎能在一夜之间反败为胜。窦武迟迟不动手的主要原因是他过于重视女儿窦太后的作用，必定要等待太后的同意，偏偏这位女主在曹节、王甫的奉承下，对他们十分信任，一直不批准对他们法办。可以想象，即使窦武的奏章送到了太后手中，她也未必会立即采取行动。窦武既没有将太后与宦官隔离，也没有对太后和小皇帝实行保护，结果让宦官轻易地劫持，成了他们假传圣旨的工具。最令人不可思议的是，在上了逮捕曹节等的奏章后，窦武安心地回家休假了，而由党人指挥的禁卫军事先居然毫无准备，临时召集的数千军人不堪一击。

这一系列错误的步骤当然不是窦武一个人的责任，但恰恰暴露了党人们的致命弱点：志大才疏，言行脱节。他们是言论的巨人，却是行动的矮子；他们追求的与其说是政治斗争的胜利，还不如说是个人价值的体现。就拿党人的另一位领袖、这次行动的具体策划者陈蕃来说，他疾恶如仇、直言极谏、临危不惧、不计私利（如：多次冒死营救受迫害者，拒不接受封邑），不愧为道德的典范，但政治技巧和斗争策略却乏善可陈。陈蕃少年时的一件事曾传为佳话，正好说明了他从小就存在的片面性。他十五岁时独居一室，父亲的朋友来看他时见屋子里又脏又乱，就问："客人来了，小朋友为什么不打扫一下？"他回答："大丈夫处世，当扫除天下，安事一室乎？"其实，扫除天下与打扫屋子是并行不悖的，能打扫屋子的人未必就不能扫除天下。相反，连屋子都不愿扫或扫不干净的人，又怎能扫除天下？不幸的是，陈蕃这样的人在党人中并非少数。

党人们的疾恶如仇，如果只是见于言论，即使过分一些也不至于有严重后果，但不少人是实权在握的官员，当然要付诸行动。而这些措施往往失去理智，以毒攻毒，或者违反了当时的法律，不仅无谓地激化了矛盾，而且授人以柄。如：李膺不顾赦令已经颁布，杀了张成的儿子；岑晊为了让太守成瑨立威，拿不法富商张汜开刀，在赦令下达后仍然杀了张汜，还杀了他的"宗族宾客"二百余人；贾彪当县长时，为了制止穷人杀婴，规定对杀婴者与杀人犯一

065

样定罪；窦武的奏章中不仅建议杀曹节、王甫，还计划将其他宦官一网打尽；如此之类，都已经超过理性的限度，将中间势力推向敌方，当然会把自己置于绝境。联系到一些党人的矫揉造作，我们不能不怀疑有些极端做法的哗众取宠的动机。

党人们的名士架子在互相标榜中越摆越大，并且被认为是理所当然，公然用之于官场政坛。范滂出任陈蕃的下属，按照公务礼节晋见，陈蕃没有加以制止，范滂竟表示愤慨，马上扔掉官笏辞职。陈蕃向他道歉，也没有能使他回心转意。范滂连与陈蕃都无法共事，并且只是为了毫无道理又微不足道的原因，又怎么能实现自己的"澄清天下之志"呢？其他党人也往往在官方征召时多次推辞，摆足架子（最后大多还是当了官），或者当了官后动不动就挂冠而去。显然他们更多的是考虑自己的声望，而不是社会的需要和其他人的利益。正因为如此，张俭依靠自己的"名行"，在逃亡中"望门投止"让素不相识的人为他提供救援，却不顾数以十计的人被杀、"宗亲并皆殄灭，郡县为之残破"的严重后果，心安理得地在塞外避过风险，晚年还"不得已"接受曹操的征召，以八十四岁高龄寿终正寝。

在这场政治迫害中，党人的另一位领袖、与李膺齐名并备受赞誉的郭太（林宗）却能安然无恙，并能继续闭门教授上千弟子，看来似乎是奇迹，其实倒很说明问题。郭太虽然"名震京师"，但他认为汉朝已到了"天之所废，不可支也"的程度，拒绝出仕。他有自己的见解，但不发表"危言覈论"，不对宦官作无谓的刺激。窦武等被杀后，他"哭之于野，恸"，表达了自己的极度悲哀，却没有与朝廷作公开的对抗。《后汉书》本传中还记录不少生动的事例，突出地说明了他待人接物的原则性和灵活性，在奖掖引导士人时，也不排斥有缺点错误的人。可见，清浊善恶并不像多数党人说的那样绝对，对宦官和邪恶势力也不必事事对着干，更没有必要作无谓的挑战。李膺等的供词曾牵涉到不少宦官子弟，并引起他们的恐慌，说明宦官们也不是不想巴结党人。如果像郭太那样处理得当，至少可以起到分化作用。可惜的是，像郭太那样的人在党人中实在太少了。

三

党锢案前后的事实，说明早在一千八百年前就存在着权力与舆论、政治与道德的对立与分离。郭太这样的一介布衣，回乡时到黄河边送行的士大夫有车数千辆，而只有李膺有资格与他坐同一条渡船，其他人只能像看神仙那样仰望。被朝廷罢官、逮捕或杀害的官员和士人会赢得舆论广泛的同情和支持，受迫害越重声望越高。被释放的党人尽管尚在管制之中，还是受到家乡士大夫数千辆车的欢迎。对被朝廷通缉的党人，不惜弃官，不顾被满门抄斩并株连宗族而加以保护的也大有人在。这就是说，政治权力可以剥夺士人的官职、财产、自由以至生命，可以对他们肆意侮辱或施加刑罚，却无法左右舆论，更不能改变士人们的信仰。士人以至社会对是非好恶的评判已经不是简单地屈从于政治权力，而是根据自己或本阶层独立的标准。这显示了古代知识分子人格的尊严、道德的感召力和对自身价值的追求，与那种政治权力完全控制舆论，政治标准就等于道德评判的社会相比，无疑是一种进步。但是这种进步的作用是相当有限的，因为在封建专制体制之下，知识分子永远无法解决两个矛盾：保持独立人格与服从皇权，实现自身价值与参与政治。

自从秦始皇建立君主集权的专制体制，并为汉朝所进一步巩固，又有了董仲舒等人的"天人合一"理论，皇帝和皇权已成为天意的体现，至高无上，神圣不可侵犯。诽谤皇帝就等于谋反大逆，是够得上杀头、腰斩、族诛的罪行。汉武帝时还增加了一条"腹诽"（肚子里说坏话）罪，更是天网恢恢、疏而不漏了，因为再能言善辩的知识分子大概也无法证明自己肚子里没有说过皇帝的坏话。批评皇帝的唯一根据是"天意"，但具有讽刺意义的是，判断皇帝的所作所为是否符合天意，往往在于皇帝是否愿意接受批评。所以党人们也罢，其他士人也罢，无论他们有多高的声望、多大的影响、多大的胆量，批评或评价的对象是不能包括皇帝在内的。所以，对善恶是非、合法非法、忠奸贤愚的评判，一旦由皇帝表态，知识分子就不能也不敢再有议论了，因为不仅法律不容许，就是发展了的儒家理论中也找不出这样做的根据。面对邪恶势力的倒行逆施，正直的士人会义无反顾地斗争，甚至可以将荣辱生死置之度外，因为他们相信这是奸臣所为，皇帝最多是受了蒙骗。但一旦证明这真是皇帝的旨意，或者皇帝亲自作了裁决，即便这是皇帝被欺骗或劫持下作出的决定，士人们也就失去了一切抵抗的余地。或许有人依然保持了自己的思想，但不可能再有言论或行动，还有什么独立人格可言？

在党人中，范滂的死是最光明磊落的。在第一次被捕时，他与同案被押在黄门北寺狱,狱吏让犯人祭皋陶。范滂带头拒绝:"皋陶是贤人,也是古代的直臣。他要是知道我无罪,必定会代我向天申诉。如果我真的有罪,祭他又有何益?"狱吏要进行拷打,他见同案大多体弱有病,就要求从他开始,与同郡袁忠争着挨打。第二次逮捕党人的诏书下达时,督邮吴导来到县里,抱着诏书,在宾馆闭门痛哭。范滂闻讯后,知道一定是为了他,就主动到县监狱投案。县令郭揖大惊,立即扔下印绶,准备与范滂一起逃跑,说:"天下如此大,先生为什么要到这里来?"范滂说:"我死了祸害才能停止,怎么敢以我的罪连累你,又让老母流离失所呢?"他既没有像张俭那样不顾别人的死活,千方百计地逃亡,也不像有些人那样自杀,而是从容诀别亲人,拒绝别人的营救,主动投案,接受一切刑罚。表面看来,在独立人格与皇权发生冲突时,范滂已经无条件地服从皇权,心平如镜,视死如归。但他对儿子的遗言却透露了内心激烈的冲突和深切的悲哀:"吾欲使汝为恶,则恶不可为;使汝为善,则我不为恶。"坏事干不得,好事又不能做;自己做了还能心安理得,总不能让儿子也这样做。这岂但是范滂个人的悲剧!古往今来,又有多少知识分子不得不面对这样永远无法两全的痛苦抉择。

知识分子多少有点知识,这是他们的幸运,也是他们的不幸。有了知识,就想有运用的机会,就不会满足于有饭吃、有衣穿、有妻室儿女,这就是所谓实现自身价值。但中国古代的知识分子能学的、能干的事实在少得可怜。除了天文、历法以外,其他的科学技术几乎都是"医卜星相"和"百工"的贱业,法律、经济和管理也大多是吏胥的专利，琴棋书画之类对绝大多数人来说只是业余爱好，知识分子能做的只是读书和做官。在皇权垄断一切的社会，要实现自身的价值，舍做官就别无他途。可是做了官就只能服从法律和上司，就绝不能避开现实政治。疾恶如仇会有党人那样的下场；洁身自好或许能做到，却会因此而一事无成；同流合污又有违初衷，而且不齿于士林；急流勇退倒也干脆，但原来的理想也随之成为泡影。

不过，对绝大多数知识分子来说，更大的不幸是他们连做这两种选择的机会都没有。东汉后期在全国五六千万人口中，县以上官员和贵族的定额是十万，其中相当大一部分是世袭或变相世袭的，留给士人竞争的职位更少，而光太学生就有三万，全国的知识分子估计有数十万。隋唐以后，读书人还能应科举考试，多少有个公平竞争的机会。东汉时实行的还是荐举制，士人得由地方官逐级推荐，或由官员聘任，或由朝廷征召，都得在学问和品行方面有知名度。对大多数出身平民、家境贫寒的士人来说，要靠学问出众而成名难乎其难，品行上达到"孝廉"或名士的水平倒相对容易一些。而投靠名士，推波助澜，激清扬恶，党同伐异，臧否人物，更不失为一条捷径。如：会稽阳羡（今江苏宜兴市）人许武已经被举为孝廉，而两个弟弟许晏、许普没有什么特长，许武想让他们成名，于是向两个弟弟提出分家。将家产分为三份后，许武自己取了最肥的田、最大的住宅、最得力的奴婢，而两个弟弟分到的都比他差得多。于是舆论哗然，一致称赞他弟弟克己谦让，批评许武贪婪。许晏、许普因此获得地方上举荐，成为孝廉。这时，许武将宗族亲戚请来，哭着告诉大家："我当哥哥的不成器，先窃据了声誉和地位。两位弟弟年长了，却还轮不到荣华富贵，所以我提出分家，自己揽一个恶名。现在我替他们管理的财产已经增值三倍，全部分给弟弟，我一点也不留。"他因此受到全郡的赞扬，名声大振，以后官至长乐少府。这样的曲线求名，似乎已经到不择手段的地步。但按照正常的途径，这两位弟弟大概绝对不可能当上孝廉，而那些世家大族的子弟，再卑鄙无耻、愚昧无知，也照样能得到举荐，甚至位于公卿，那最应该受到指责的就不是许武了。"举秀才，不知书；察孝廉，父别居。寒素清白浊如泥，高第良将怯如鸡。"这类名实之间完全矛盾的现象发生在东汉末年，和党人们的风流显赫于一时一样，都不是偶然的。

生在乱世的知识分子有更多建功立业的机会，多少有选择主子的自由，成功了就是王侯将相，失败了也咎由自取，至少实现了自身价值。秦汉之际的郦食其，虽然最后被扔进了油锅，但毕竟为汉朝的建立作出特殊贡献，在历史上留下了事迹，因此至死不悔。生在治世的知识分子可以安享圣君贤臣的恩泽，循着科举的阶梯往上爬。遇到"稽古右文"的皇帝，还有机会参加国家大型文化工程，不但衣食无忧，还能捞个一官半职。可惜中国历史上大多是不治不乱之世，就像党人们所处的时代那样，知识分子就只能挤在成名和做官的独木桥上了。从这一角度来看，我们就不难理解，为什么司马迁会忍受腐刑的奇耻大辱，而不是一死了之，要不他怎能写成《史记》？东汉末年的蔡邕是在董卓的威逼下出仕的，但在董卓被杀后居然会表现出对他的同情，原因就在于董卓对他的尊重并为他编撰汉史提供了条件。所以他临死还要哀求王允,愿意接受黥面(在脸上刺字)和刖足(砍去脚)的刑罚,留他一命,以便编完汉史。另一方面,一些人不惜以生命(甚至全家和亲友们的生命)作为实现自身价值的代价。党锢案中不乏自投罗网的人,还有的人根本没有被列入党人名单,竟主动要求补入。他们当然知道这样做的后果,但在精神上却找到了满意的归宿。明朝皇帝以廷杖对付敢提意见的官员,常常有人被当场打死,被视为对士大夫的莫大侮辱。面对这样的待遇,天下士人竟会"羡之若登仙",甚至有人会主动争取。

今天的知识分子或许无法理解,但这是千百年来的事实,《后汉书·党锢列传》就是其中的第一篇实录。

如果知识分子的"知识"不限于儒家的经典,而是包括了人文、社会和自然科学的各个方面;如果他们不必都为"政治"服务,而能享受不问政治的自由,从事能发挥自己聪明才智的工作,那么党人中必定会出现不少科学家、文学家、艺术家、实业家或真正的政治家,或许根本就不会出现党锢案并留下这篇《党锢列传》。对一千八百年前的东汉,这无疑只是荒唐的假设;但对最近几十年的中国,这值得我们深思。

原载《探索与争鸣》1995年第10期

汉魏故事：禅让的真相

相传上古时的唐尧将天下传给了虞舜，这就是儒家所津津乐道的"唐虞故事"。据说舜又传天下于夏禹，又有了一个"虞夏故事"。但禹死了以后，他原定的继承人益却没有继位，禹的儿子启得了天下。其原因有两种说法：一是益主动让给了启，二是启杀了益。无论如何，禅让的故事到此结束了，因为从启开始历代统治者就都传位于自己的儿子，实行"家天下"了。

今天的历史学家完全能够用人类社会发展的规律来解释这类禅让现象存在和消失的原因，并指出这并非中国的特产。但当年的儒家却以禅让为千古盛事，是天下为公的典范，颂扬惟恐不力，只恨不能亲眼得见，亲身经历。可惜当皇帝的都讲究现实，尽管爱听臣下将自己比之于尧、舜，却从来没有人愿意像尧、舜那样传位于外人，连在生前就传位于儿子而当太上皇的也屈指可数，其中出于自愿的或许只有乾隆皇帝。至于他在当太上皇的三年间是否真将大权交给了儿子嘉庆皇帝，就是另一回事了。

可是另一方面，想接受禅让的人历来并不少。对于那些实权在握的权臣、军阀来说，要废除傀儡皇帝自然已不费吹灰之力，但要自己当皇帝，建新朝却还有一道障碍。因为废了皇帝，甚至把他杀了,也还要在皇族中另立新君,否则就逃不了篡夺或弑君的恶名,不仅缺乏合法性,而且可能引起敌对势力的反抗。但如果让皇帝自愿让位,自己再假惺惺推却一番,篡夺就成了禅让,傀儡和操纵者都成了尧舜般的圣君,所以"唐虞故事"实在是不可少的。

最早演出禅让的是魏文帝曹丕代汉,以后西晋、宋、齐、梁、陈、北周、北齐、隋和五代取代前朝时都如法炮制。五代时郭威(后周)代汉(后汉)时隐帝已经被杀,只能由太后扮演禅让的主角。宋太祖赵匡胤代周是在一个早上完成的,但也少不了以周恭帝的名义下了一道禅位诏书。大概因为"唐虞故事"年代久远,谁也说不清究竟是如何进行的,而曹丕代汉的过程却由《三国志》记载得十分详细,操作起来非常容易,所以"汉魏故事"成了后世禅让的代名词和样板。

一

《三国志》虽读过多次,以前却从来没有认真看过裴松之关于曹丕代汉的长篇注释。裴注所引《献帝纪》一书早已失传,引文长达万字。当我耐着性子看完,倒觉得这是不可多得的史料。要不是篇幅有限,真想引用全文,让大家开开眼界,看一下这"汉魏故事"是如何编出来的。

了解三国历史(不过得注意,不要把《三国演义》当成历史)的人都知道,自曹操将汉献帝迎至许(今河南许昌市),汉朝就已名存实亡。但曹操为了"挟天子以令诸侯",始终没有取而代之。

不过到建安二十二年（217年），曹操已被"封"为魏王，第二年汉献帝又准许他使用天子的仪仗，曹操离真当皇帝已仅一步之遥。建安二十五年（220年）正月曹操病死，接受"禅让"的手续就只能由他的儿子、继承魏王的曹丕来完成了。

首先是一系列祥瑞的出现，并且是从曹操的故乡谯县（今安徽亳州市）开始的。据说早在熹平五年（176年），黄龙曾出现在谯，太史令单飏预言这里"后当有王者兴"，五十年内黄龙会再次出现。当时一位名殷登的人记下了他的话。当年三月，也就是隔了四十五年以后，谯果然又出现了黄龙，殷登作为见证人宣布单飏的话应验了。四月，饶安县上报见到了白雉。以后这类报告不断，如：八月石邑报称有凤凰降临。

六月二十六日，曹丕率大军南征。其实当时并无军事上的需要，曹丕也并非真的想进攻孙权，所谓南征只是为禅让作铺垫而已。七月二十日，军队到达谯县，曹丕在城东宴请当地父老和全军，并下令免除谯县两年的赋税。经过数月的巡游，曹丕回到离首都许不远的颍阴县曲蠡（今许昌市一带），却没有进入首都。

这时，左中郎将李伏上书，公布了他多年保守的秘密，证明近年出现的祥瑞正是应在曹丕身上。这位李伏本是张鲁的部下，他说当年在汉中听说汉献帝将魏国封给曹操，大家都以为必定封为魏王。可是姜合却说："肯定封魏公，现在还不便称王，定天下的是魏公子桓（曹丕，字子桓）。这是神的旨意，符谶上说得很明白。"张鲁问姜合根据何在，姜说："这是孔子《玉版》上的话。皇帝的历数，就是一百代后的事也能预知。"一个多月以后，果然

075

有人送来了写着这些话的册子。姜合以后归顺曹氏，病死在邺城。李伏说："我已将此事告诉了很多熟悉的人，但考虑到时机还没有成熟，不敢公开。您即位后一次次出现祥符，每次庆贺时我都想说明真相，但怕人家说我是讨好您。况且我原是张鲁的部下，归顺时间不长，说错了罪更大，所以一直忍着。现在祥瑞并呈，天意已经很明白，我心情无比激动，谨上表报告。"曹丕下令公布于众，又说自己德薄，实在不敢当，这是"先王至德通于神明"的结果。

于是刘廙、辛毗、刘晔等一批大臣上书，引经据典证实李伏所称预言的正确性。他们说："尧宣称他得了天命时，北斗星座前四星的位置就发生了变化。周武王还没有与商纣王作战，一头赤鸟就衔来了捷报。汉高祖尚未出世，他母亲就获得了神的预示。汉宣帝地位低微时，树叶上就显示了吉兆。汉光武帝的名字出现在图谶上时，他还是一介平民。可见天命授予圣哲，不必用华丽的辞藻，不用有芬芳的气味，只要有具体的迹象出现就能得到证明。汉朝的衰落已经有好几代了，从桓帝、灵帝末年的大乱到现在已有二十余年了。总算老天爷有灵，使圣人诞生来解救苦难，所以用符谶预告，以显示天命所在。您即位不到一年，天上、地下就出现那么多祥瑞，四方原来不服从的百姓争先恐后地来归顺，自古以来的典籍上从来没有记载过这样的盛况，我们怎么能不欢欣鼓舞呢？"曹丕说："壮的小牛像老虎，恶草的幼苗似庄稼，有些事会似是而非，今天的事就是这样。"大概是为用大臣的话来"说明我德行的不足"，曹丕命令有关官员向百官宣告，使大家都了解。

眼看舆论造得差不多了，太史丞许芝在十月初九日正式向曹丕报告了魏代汉的谶纬。

他首先根据最权威的《易传》所说"圣人受命而王,黄龙以戊己日见",而最近一次发现黄龙正是七月初四日戊寅,应该是帝王受天命的最明确的预兆了。此外,蝗虫、麒麟在这个时节的出现都是符合《易传》记载的典型的祥瑞。

接着他又引证了大量谶纬书籍中的记载和名人的言论,说明汉朝气数已尽,魏代汉是早已安排好的天命。如:《春秋汉含孳》说"汉以魏,魏以征",《春秋玉版谶》说"代赤者魏公子",《春秋佐助期》说"汉以许昌失天下""汉以蒙孙亡",故白马令李云说"许昌气见于当涂高,当涂高者当昌于许",等等。这些话有的是直截了当的,有的却要作一番解释。如:所谓"当涂高",是指当着大道的高大建筑物——像魏(或魏阙),暗含一个魏字。"蒙孙"据说是指汉朝第二十四代皇帝,或者说是指不是以嫡嗣身份继位的皇室后代,而汉献帝非皇后所生,又是汉朝的第二十四代,汉朝注定是要亡在他手里的。《孝经中黄谶》和《易运期谶》的记载就更绝了:"日载东,绝火光,不横一,圣聪明。四百之外,易姓而王。"按汉隶的写法,曹字的上半部正是东字缺下半部(火字),下半部是个日字,符合"日载东,绝火光";不字加一横正是丕,说明继承汉朝四百年天下的只能是曹丕了。"言居东,西有午,两日并光日居下。其为主,反为辅,五八四十,黄气受,真人出。""鬼在山,禾女连,王天下。"许昌要发生君臣易位,取代者为魏(汉隶的魏字右面鬼字下有一山字),是再清楚不过了。至于"四百之外"和"五八四十",根据许芝的解释,上天安排帝王易姓的周期本来是七百二十年,但有德的朝代可以延长到八百年,无德的只能有四百年。汉朝已经有四百二十六年,如果从春秋时麒麟出现时作为新周期的开始就有七百多年,已经到"四百之外"。而天上太微垣黄帝星(代表魏国)变得明亮,赤帝星(代表汉朝)却经常见不到,已经有四十年。星象变化的种种迹象表明,改朝换代的时间已到。

这位太史认为,历史上圣人出现时的祥瑞不过一两样,而曹丕即位后的祥瑞简直不胜枚举:黄龙、凤凰、麒麟、白虎、甘露、醴泉、异兽。无所不有,是自古以来最美好的。而岁星已出现在大梁的范围,正是魏的分野,与当年周武王伐纣、汉高祖入咸阳时出现的星象相似。作为史官,将如此重要的图谶和天象上报,是应尽的职责。

谁知曹丕的答复竟是断然拒绝,他下令道:"当年周文王已占有天下的三分之二,还向殷朝称臣,得到孔子的赞赏。周公实际行使了君主的职权,完成使命后还是归还给成王,备受《书经》的称颂。我的德行虽远不及这两位圣人,但怎么能忘记'高山仰止'的道理呢?""我的德行薄极了,地位鄙极了,只是生逢其时,有幸继承先王留下的事业,但还没有使天下都受到恩泽。虽然已经尽仓库的所有救济魏国的百姓,但受冻的人尚未都暖,挨饿的人尚未全饱。我深夜都感到担忧恐惧,不敢稍有懈怠,只求能够像现在这样太太平平地终老,使魏国得到保全,使我死后见到先王时感到没有辜负他的托付。我的愿望与志气都有限,只要能守成就行了。所以尽管祥瑞屡次出现,只能增加我的不安,我已经六神无主。像许芝这些话,我岂敢听呢?这些话使我心里害怕,手发抖,字都写不成,意思也表达不清。我曾作过一首诗道,'战乱纷纷已过十年,白骨累累纵横万里。可怜的百姓还能靠谁?我要辅佐汉室治理天下,功成后交还政权辞职还乡'。我一定要遵守这一誓愿,绝不是说假话,因此昭告天下,使大家知道我的心愿。"

可是大臣们似乎根本不理会曹丕的态度,侍中辛毗、刘晔,散骑常侍傅巽、卫臻,尚书令桓阶,尚书陈矫,给事中博士骑都尉苏林、董巴联合上书:"您的令书辞意恳切,坚持谦让,比起舜、禹、商汤、周文王来也毫不逊色。但是古代的圣哲之所以接受天命而不推辞,也是为了遵奉上天旨意,满足百姓的期望,身不由己呀。"他们引用《易经》等典籍,列举形势,证明天意不可抗拒,请求曹丕"急天下之公义","宣令内外,布告州郡",使全国都知道上天的旨意和自己的谦让态度。

曹丕下令道:"让天下人了解我的心意是对的,至于其他的话难道是指我吗?我怎么敢当?""最近东征时经过的郡县和屯田,百姓面有饥色,有的人连短衣都没有一件是好的,这都是我的责任,所以上有愧于这么多的祥瑞,下对不起百姓。这说明我的德行连当一个统治一方的王都不够,还想当皇帝吗?你们应该立即停止这类建议,不要加重我的过失,使我死后不至于让世上的君子笑话。"

十月十一日,曹丕向百官公布此令,却并没有使大臣们的热情降温,督军御史中丞司马懿等人上书,认为"天地之灵,历数之运,去就之符,惟德所在",汉室的失德由来已久,而曹丕即位以来的"至德"已经广被上下,天人感应,是历史上从未有过的。"有作为的大人,事前做的事不违天意,事后做的事遵从天时。

舜、禹见天时已到就不作谦让，因而百姓受到及时的救济，万物普遍获得恩惠。现在四面八方、全国上下都在殷切期待着，上天在保佑您，神都在为您尽力，天下的十分之九都已归顺于您，远远超过了当年周文王的三分之二，您要再不接受，实在是过于谦让了，我们大家真是于心不安。"

曹丕的答复更加明确，他说："世界上最缺少的是德义，最富余的是随大流说的假话，常人的性情就是不重视所缺少的，喜欢本来就富余的。""我虽然德行不足，总还希望不像常人那样爱听假话。岩石可以被击碎但不失坚硬，丹（朱砂）直到被磨尽也保持红色。丹、石这样的小东西尚且能坚持自己的品质，何况我多少算一个士人，又受过君子的教育呢？"在引述了古代圣贤事迹后，他表示尽管自己德行不如周文王，道义上有愧于伯夷、叔齐，但必定要立下丹石之志，绝不会信从假话，要学习圣贤的品德。"常言道'三军可夺帅，匹夫不可夺志'，我这样的志向，难道是可以夺走的吗？"

说得如此斩钉截铁，好像已经没有回旋的余地。但戏还得演下去，这就需要傀儡皇帝上场了。两天后，汉献帝正式向魏王曹丕下了禅位诏书，并派兼御史大夫太常张音为专使奉上皇帝玺绶。尚书令桓阶等立即上书："天命弗可得而辞，兆民之望弗可得而违。"请求召集文武大臣，公布诏书，顺应天命，并着手制定禅让的礼仪。曹丕下令："只能商议不该接受的理由。现在正在军旅之间，等回去后再正式答复。"尚书令等再次上书："汉高祖接受天命时正在军旅之中，因为畏惧天命，不敢拖延，就在驻地举行即位仪式。现在您接受禅位的诏书，应该召集百官，集合全军上下，使大家都知道天命。军营中地方狭小，可以在附近平地建坛，布置举行仪式的场地。我们与侍中、常侍等已经擅自讨论确定了礼仪，太史官已选定了吉日。"曹丕说："我实在不敢当，其他事情还有什么好谈呢！"

侍中刘廙、常侍卫臻等又奏："汉家遵照唐尧公天下的道理，陛下（注意，已经不称殿下）以圣德接受历数的安排，上天与百姓无不欢欣鼓舞，应该顺应灵符，及时即位。根据太史丞许芝的意见，本月十七日己未是吉日，可接受禅位。已经安排布置坛场，其他情况另行奏请。"曹丕说："你们怎么可以随便设坛场呢？这些东西搞它干什么？我是要辞让不接受诏书的。那么就在帐前开读玺书，仪式与平时受诏时一样。再说现在天气寒冷，应该停止筑坛工程，让工匠回家。"在开读汉献帝的诏书后，曹丕下令道："我岂能接受诏书，承担如此重大的使命？必须起草辞让的表章，奉还皇帝玺绶。古代尧让天下于许由、子州支甫，舜让天下于善卷、石户之农、北人无择，他们不是回到颍水之阳去耕地，就是以疾病作推托；或是远入山林，让别人不知所在；或带了妻子出海，终身不再返回；或者把这看成是自己的耻辱，投水自杀。况且颜烛为了返璞归真而辞去官职，王子搜在丹穴中即使被熏死也不愿出来，柳下惠不因为三公之贵而改变自己的态度，曾参不以晋、楚两国的财富而放弃仁义。这九位先哲都有很高的节义，不为富贵所动，因而被史书记载，流芳百世。求仁得仁，仁其实并不远，就看你自己的态度。我难道就不如他们吗？我坚决不接受汉朝的诏书，宁可跳东海自杀。赶快上奏章归还玺绶,布告天下,让大家都知道我的决心。"曹丕的决定于十月十五日公布。

大臣们自然知道这是献忠心的好机会,辅国将军清苑侯刘若等一百二十人联名上书,居然大胆地反驳曹丕的理论根据:"石户、北人,只是匹夫的狂狷,行为不符道理,在历史上也少见,所以司马迁就不以为然,实在不是圣贤所应该仰慕的。况且虞舜不拒绝尧的禅让,夏禹也没有发表过辞位的言论。说明圣人都知道天命不可违背,历数不可推辞。"他们表示将不顾曹丕的反对,"昧死以请",并照样"整顿坛场,至吉日受命",大有不达目的誓不罢休的意思。带头的刘若还是汉朝宗室,由他出面劝进更显得大公无私,也证明天命的确不可违背。曹丕的答复依然是否定:"以前柏城子高为了不接受大禹的任命而避往荒野,颜阖为了退回鲁侯的馈赠而隐居不出。他们两人为什么能将王侯的器重不当一回事呢?是因为有高尚的气节。所以烈士追求荣誉,义夫重视气节,即使只能过贫穷的生活,也会乐在其中。孔子向王骀学习,子产尊重申徒,就是这个缘故。诸位都是我的肱股心腹,照理应该理解我的心意,如今却做出这样的事来,看来你们追求的是物质,而我向往的是精神,没有共同语言也不足为奇了。赶快起草奏章退回玺绶,再别搞新花样了。"

这一百二十位大臣却理直气壮地再次上书,指责曹丕的做法是"违天命而饰小行,逆人心而守私志",上对不起上天的关怀和信任,中忘了圣人应该通达的教导,下影响了臣民翘首企盼的热情。他们认为侍奉君主首先得分清是非,坚持真理就可以与皇帝对着干,决心不理会曹丕的命令而"以死请"。曹丕却要把文章做足,推辞的话说得更加恳切:"现在百姓中挨饿的人还没有吃饱,受冻的人还没有穿暖,鳏夫讨不到老婆,寡妇嫁不了男人;孙权、刘备尚未消灭,不是唱凯歌的时候,而应该秣马厉兵,对外的战争没有平息,国内的士民不得安宁";"诸位为什么不能再让我殚精竭虑,顺天时,合人和,把这些事情都办好,让应有的祥瑞都能出现,那时再议论此事不是更好吗?何必如此相逼,出我的丑呢?"

大臣们知道这场戏还得演下去,于是侍中刘廙等上奏,表示:"圣意恳恻,臣等敢不奉诏?"立即准备奏章,派遣使者回复汉献帝。曹丕惟恐大家不理解他的苦心,又下令道:"泰伯曾三次以天下让给他人,没有人不称赞他的,孔子叹为最高的德行。我这样做又算得了什么呢?"

十月十八日,曹丕上奏献帝,表示奉玺书后"五内惊震,精爽散越,不知所处";说自己"无德以称",并派毛宗送还玺绶。第二天,给事中博士苏林、董巴上表,从天文分野和岁星的位置论证,魏国得岁与周文王受命完全相同,今年正是时候。而曹氏的始祖是颛顼,与舜是同一祖先,十月份受禅与颛顼受命相符。取代汉朝是以土德代火德,又与舜代尧一致。他们警告"天下不可一日无君",劝曹丕不要"上逆天命,下违民望",而要"以时即位"。其实曹丕正在筹划下一轮的表演,只是答道:"我已经上书辞让,希望得到皇帝的批准,也要让全国都知道。"

二十日,献帝下了第二道禅位诏书。尚书令桓阶等又"敢以死请"(上一次遭到曹丕拒绝后居然并没有死),请求立即"修治坛场，择吉日，受禅命，发玺绶"。曹丕的答复是："那么急干什么？我准备辞让三次，如果还得不到批准就再说。"所以在二十二日第二次上书献帝，奉还玺绶。刘廙等上奏相劝，说这几天"时清气晏，曜灵施光，休气云蒸"，证明"天道悦怿，民心欣戴"，况且"群生不可一日无主，神器不可斯须无统"，"臣等敢不重以死请"。（注意，加了一个重字）曹丕在拒绝的同时表示："这岂是小事一桩？公卿们都还没有表态呢！应该在坚决辞让之后再商议实行的办法。"

二十四日，献帝下第三道诏书，并命令使者张音不许再将玺绶取回。在曹丕的导演下，满朝公卿都表态了，相国华歆、太尉贾诩、御史大夫王朗及九卿等四十六人联名上书劝进。曹丕答复道："就德行而言我是不够的，就形势而言敌人也没有被消灭。要是能在你们的辅佐下平平安安当魏国的国王，我就心满意足了。要说天降祥瑞和百姓拥戴，那都是先王的圣德留下的成果，与我有什么关系？所以我不敢从命。"二十六日，曹丕上书献帝，作第三次辞让，请求献帝召回张音。

大臣们都知道，曹丕的"三让"已经结束，劝进的热情自然更高。华歆等公卿立即上表，起草者更施展出了浑身解数："《易经》称圣人奉天时，《论语》说君子畏天命，正因为天命不常有，皇帝才要禅让……尧知道自己天命已尽，不得不禅位于舜；舜了解自己应了历数，不得不接受。不得不禅位，是奉天时；不敢不接受，是畏天命。汉朝虽然已经没落，还能奉天命，效法尧禅让帝位。陛下处在大魏受命之初，却不像虞舜、大禹那样通达，反而学延陵这般退让，真是顾了小节，损了大德；注意了小事，忽略了大事呀！连国内一般人都不以为然。要是死者有灵，舜必定会在苍梧的墓中愤愤不平，禹必定会在会稽山阴的葬地郁郁不快，武王（曹操）必定会在高陵的地宫中生气，所以我们一定要以死相请。"在歌颂了曹氏的功德，列举了数不清的祥瑞后，又道："古人说：'要是没有大禹，我们早被洪水淹死了。'要是没有大魏，我们这些人早已变成白骨横在荒野了。"魏国的功德和瑞应真是"三王无以及，五帝无以加"。"百姓的命托付给魏国，民心向着魏王，已经三十多年。这是千世难逢，万年难遇的机会，需要的是通达远见，完全用不到顾忌小节。以前没有及时顺应天命，这是我们的罪过，所以已经在布置坛场，筹备礼仪，选择吉日，将要昭告上帝，祭祀众神。然后在朝堂召集百官，讨论改年号、正朔、服色等事项后上奏。"至此，曹丕答复："我原来只想象舜那样终身吃粗粮，过苦日子，但舜接受了尧的禅位，穿上他赐的衣服，娶了他的两个女儿，也是顺天命的表现。公卿臣民一定要说'天命不可拒，民望不可违'，我还有什么好推辞的呢？"

二十八日，献帝第四次也是最后一次下了禅位的册文。尚书令桓阶等立即上奏："明天就是太史令选定的吉日，可登坛受命。"曹丕批了个"可"。二十九日，曹丕登上筑在繁阳亭的受禅坛，参加仪式的有文武百官和匈奴等四夷的使者共数万人。在完成了典礼后，曹丕对群臣说："舜、禹的事，我现在总算明白了。"

从黄龙出现在谯县算起，已有七个月时间。但从李伏上书算起，这场紧锣密鼓的戏只演了二十余天，"汉魏故事"就圆满闭幕了。曹丕踌躇满志之余，肯定不会想到，就在四十五年以后，他的侄孙曹奂就充当了汉献帝的角色，如"汉魏故事"一般，将帝位禅让给了司马炎。

二

明明是一场假戏，却非要演得如此逼真，在今人看来未免滑稽可笑。但在当年是非如此不可的，否则曹丕与群臣就大可不必煞费苦心，"汉魏故事"也不会在七百多年间反复上演了。再说，曹氏代汉虽已是大势所趋，但最终能顺利完成，还得归功于这场戏的导演和演员。

曹操早已大权在握，汉献帝只是他任意摆布的工具。建安十八年（213年），曹操将三个女儿嫁给献帝当贵人，第二年就找借口杀了皇后伏氏。曹操派华歆带兵入宫，伏氏关了门躲在壁橱中，还是被抓了出来。披发赤脚的伏氏拉着献帝的手说："难道你不能救我吗？"献帝说："我自己也不知道哪一天死呢！"两个月后，三位曹贵人之一被立为皇后，献帝成了曹操的女婿。要杀掉或废掉献帝是再容易不过的，使曹操不能不有所顾忌的无非是刘备、孙权的存在和舆论的压力。曹操死前两个月，孙权向曹操称臣，并劝他称帝。曹操将孙权的信给大家看："这小子是要把我放在炉火上烤。"当陈群等也劝他及时"正大位"时，他明确表示："若天命在吾，吾为周文王矣。"以曹操的军事、政治观察力，他自然知道儿子曹丕不可能很快消灭刘、孙，只是希望到曹丕一代时舆论会对曹氏更加有利,以便水到渠成地取代汉朝。司马光在评论曹操时说:"以魏武之暴戾强伉,加有大功于天下,其蓄无君之心久矣,乃至没身不敢废汉而自立,岂其志之不欲哉?犹畏名义而自抑也。"(《资治通鉴》卷六十八)虽不尽然,但不无道理。

正因为如此,曹丕要做的第一件事就是制造祥瑞和符谶,以证明魏国、曹氏和他自己已经拥有天命。用中国曾经风行过的话说,就是"先造舆论,先做意识形态方面的工作"。这是自古以来的传统,从传说中的尧、舜、禹,到秦始皇、汉高祖、王莽、汉光武帝,以及陈胜、吴广、张角(黄巾)等,无论是登基、禅位、篡夺,还是造反、起兵,都离不开这一套。其中王莽造舆论的本领尤其令人叹为观止(详见《汉书·王莽传》),如果拥有现代传媒的话,其效果大概绝不在戈培尔之下。对统治者来说,制造祥瑞和符谶是再容易不过了,因为一旦造出来,绝大多数愚昧无知的人固然会坚信不疑,就是极少数智者,又有谁敢、谁愿意揭露真相呢?所谓祥瑞,一部分是世上根本没有的动物,如龙、凤、麒麟,只要有人说见过,当然没有人能否定;一部分只是珍稀动植物或普通动植物,如白雉、灵芝、蝗虫等,存心要采集本来也不是难事。而且献祥瑞的官员会得到提升或赏赐,当地百姓也能沾光。如:向曹丕呈报出现白雉的饶安县被免除全年田租,所在的勃海郡又获得牛酒的赏赐,特许合郡官民大喝三天。这样的事何乐而不为?

符谶的制造当然要依靠知识分子,必要时还得争取知名学者或大臣的配合,但对统治者来说也不是难事。虽然我们不能妄断曹丕时的符谶是怎么制造出来的,却可以举出宋真宗亲自炮制"天书"

的事实：当王钦若劝宋真宗举行封禅仪式以洗刷澶渊之盟的耻辱时，这位皇帝最担心的是不出现"天瑞"，找不到封禅的理由。王钦若与另一位老儒杜镐却告诉他，所谓"河图洛书"本来就是"圣人以神道设教耳"，都是人为的，只要君主相信，公布天下，就成了"天瑞"。宋真宗还怕得不到宰相王旦的配合，但一方面有王钦若事先疏通，王旦已心领神会；另一方面宋真宗亲自赐宴，又赏王旦一壶酒让他带回去与夫人一起喝，回家后王旦发现壶中竟塞满了名贵的珍珠。于是真宗就向满朝文武宣布，他梦见神人告诉他将降《大中祥符》天书三篇，十二月初一日果然发现天书已挂在左承天门楼上。王旦带头拜贺，全国庆祝，各地争相上报祥瑞。王旦又率领文武百官、部队官兵、地方官吏、少数民族首领、和尚道士、社会名流和老人代表共二万四千三百余人，五次请求举行封禅。主管财政的丁谓报告财政有盈余，费用不成问题，还专门编了一本《景德会计录》（财政决算报告）献上。如此天人感应，真宗只能顺天命去泰山封禅了。全国掀起了献祥瑞的高潮，王钦若献的芝草有八千棵；赵安仁更厉害，献五色金玉丹和紫芝八千七百棵；各地献的芝草、嘉禾、瑞木、三脊草不计其数；陕州上报黄河清了。

曹丕的"南征"与祥瑞的出现看似巧合，其实是他代汉的第二步，也是关键的一步。南征是他集中精锐兵力的最好理由，既能巡视各方，显示实力，也可随时镇压反抗势力。曹丕回师后既不回魏都邺城，也不进汉献帝所居的许都，而是留驻许都附近，连受禅仪式也在军营旁进行，显然是出于军事控制上的考虑。这是"汉魏故事"的重要部分，一般人可能会忽略，仿效者却不乏其人。五代时后周太祖郭威代后汉，就是以"契丹入寇"而率军北征为序幕的。以后宋太祖赵匡胤代周，也是在"契丹入寇"率大军离开首都后，在陈桥驿黄袍加身的。

曹丕的"三让"也不是他的发明。当年的刘邦在垓下击败项羽后，实际已是天下之主，但在诸侯将相共同请他称帝时，他还要表示"吾不敢当"。然后群臣坚持，"以死守之"，刘邦三次辞让，"不得已"才说："诸君一定认为这样对国家有利，那就当吧。"前后也花了近一个月时间。汉光武帝刘秀的"三让"过程更长，更始元年（23年）正月他驻军平谷时，诸将上尊号，派马武劝他到蓟城（今北京）即位时，他大惊，说："你怎么敢说这样的话，该杀头。"四月，刘秀至中山，诸将又劝，他还是不听。到达南平棘，诸将又"固请"，他才表示"吾将思之"。果然在抵达鄗（今河北柏乡县北）时，各种祥瑞和符谶纷纷出笼，刘秀登坛即皇帝位，此时已是六月。

但曹丕的"三让"表演得有声有色，不用说远比刘邦、刘秀的精彩，以后的禅让者也都望尘莫及，这自然并非偶然。一方面是因为曹丕本人就是一位才华出众的诗人、文学家、学者，他的臣下也不乏文人学者，这一劝一让，正是他们施展文才的好机会，所以都千方百计将假话写得动听得体。曹丕的令和表虽然不无出于秘书之手的可能，但多数大概是自己写的。凭曹丕的学识和教养，他完全能将假戏演得十分逼真，绝不会像无赖出身的刘邦那样，动不动就骂人，或自称"乃公"（你老子），或者在关键时刻离不开导演的操纵。另一方面是由于曹丕胜券在握，不怕夜长梦多，事先做了周密的安排，操作起来也相当从容。而有的禅让却非得以迅雷不及掩耳之势才能完成，就不能那样讲究了。

像周太祖郭威本是一介武夫，向他"劝进"的是一批军人，当时又正在行军途中，上演的只能是一场闹剧。十二月十六日，军队抵达澶州。据说当天早上太阳旁边冒出一股紫气，正对着郭威坐骑的头。十九日，郭威下令部队停止前进。第二天，将士大叫大嚷，涌向他所住的驿馆。郭威闭门不出，将士们从墙上爬入屋内，请他当皇帝。军人挤满一屋，"扶抱拥迫"，有人撕下一面黄旗披在他身上，呼声震天动地。郭威被众人包围，说话都没有人听得见，昏过去了几次，左右亲信侍卫都找不到。直到被大家拥上城楼，才安定下来，被军队拥护着回首都去了。这是《旧五代史》的记载，固然是为了掩盖郭威的策划，但导演的拙劣和当时的混乱也可见一斑。赵匡胤在陈桥驿"接受"军队的拥戴后，第二天清晨就回师开封。当时百官正在上早朝，将士将宰相王溥、范质等大臣押到赵匡胤的公馆，赵匡胤流着泪说："我受世宗皇帝的厚恩，现在被军人逼到这样的地步，实在对不起天地，你们看怎么办？"还不等范质说话，有人拔出宝剑厉声说道："我们没有主人，今天非立了皇帝不可。"范质等不知所措，王溥赶快到台阶下，跪下，叩头称臣，范质也只得随着下拜。于是请赵匡胤到崇元殿举行禅让仪式。黄昏前百官齐集，典礼即将开始，却发现最重要的禅位诏书都没有准备，幸亏翰林承旨陶谷事先私下拟了一份，当场从袖筒里摸出用上。这场快餐式的禅让只用了一天时间，不愧为速战速决的范例。赵匡胤所处地位非曹丕可比，哪有三劝三让的时间？即使陶谷没有备好诏书，也会照禅不误。只要真当了皇帝，还怕臣下不会补这个漏洞？

不过，曹丕辞让的话表面虽然谦虚之极，甚至使人感到有些过分，其实却是用心良苦。他列举自己很多德薄的事实，实际正是为了封天下人之口。因为孙、刘未灭，天下未定，百姓饥寒等完全是事实，而祥瑞和符谶之类是如何出笼的，曹丕心中也是一清二楚。他自己都说了，并且直指群臣的称颂为假话，反对者反而无话可说，似乎他真的是身不由己。这种以假为真的手段，不愧得乃父曹操的真传，后人如果只以虚伪视之，倒是辜负了曹丕的一片苦心。

曹丕的禅让戏演得成功，也离不开汉献帝的配合。虽然献帝除俯首帖耳外已别无选择，但真要干出些不合作的事来，也会大煞风景。如：曹丕的孙子曹髦，因为不甘心当司马昭的傀儡皇帝，竟不顾一切，率领数百侍卫讨伐。结果曹髦被当场刺死，但司马昭不得不装模作样惩办凶手，代魏的日程也因此而推迟。作为酬劳，献帝也获得曹魏的优待，让位后被封为山阳公，食邑有一万户，十四年后寿终正寝，获得"孝献皇帝"的谥号，以天子礼仪安葬。这个山阳国传了三代，共七十五年，西晋时依然沿袭，直到永嘉之乱。或许是对曹魏的报答，禅位于司马炎的曹奂也当了三十七年的陈留王，得以善终。

相比之下，其他禅位的君主就没有那么幸运了，尽管他们同样采取合作态度，有的还十分主动。东晋的末代皇帝司马德文，在接到臣下起草的禅位诏书后毫不犹豫地签字，还说："晋朝早给桓玄灭了，多亏刘公（宋武帝刘裕）才延长了二十年，今天让位我心甘情愿。"而且不等刘裕"三让"就搬出皇宫，不再承认自己是皇帝了。刘裕封他为零陵王，规定可以享受皇帝的礼遇和亲王的待遇，实际却是一句空话。司马德文深知刘裕不怀好意，整天与妻子褚后生活在一起，饮食都由褚后料理。刘裕一直无法下手，到了第二年九月的一天，就派褚后的哥哥褚叔度找她说话，士兵趁机翻墙进入内室，将司马德文杀死。此后禅位的尧舜们几乎没有一位不死于非命，甚至禅位的第二天就被杀。可见他们再能识天命也无济于事，只要新皇帝感到前朝的威胁，就会毫不迟疑地斩尽杀绝。从这一点上说，汉魏故事也是禅让史上少有的。

最后一次禅让离我们已经很远，就是学中国史的人也未必会了解曹丕代汉和其他禅让的具体过程，对绝大多数人来说，或许根本没有了解的必要。但我在写这一万多字时，却常常会想到一些遥远的和不太遥远的事情。其实，以往中国的政治生活中，像禅让这样的戏演得并不少。翻开卷帙浩繁的古籍，这类劝进、禅位、辞让的文字更多，就是在一些忧国忧民的仁人志士的文集中，也免不了有这些无聊文字。再回忆一下"文化大革命"中说过的话、写过的文章、经历过的景象，似乎也有很多相似的地方。想着想着，竟写了这么长，并且再也不愿在电脑上删掉了。

原载《书屋》1995年第2期

江陵焚书一千四百四十周年祭

一千四百四十年前的今天，公元555年1月10日（梁元帝承圣三年十一月甲寅）晚上，在梁朝的首都江陵城（今湖北荆州市）内发生了一场中国文化史上空前的浩劫，被西魏大军围困在内城的梁元帝令舍人高善宝将宫中收藏的十四万卷图书全部焚毁。

一

这些图书的价值，从它们的来历就能完全了解。对此，《隋书·经籍志》有详细记载，大致如下：

秦始皇焚书坑儒以后，规定以吏为师，禁止百姓收藏图书。学者逃亡山林。连有的儒家经典也没有能保存下来，只能靠口头传播。

汉惠帝时取消了禁止百姓收藏图书的法令，儒家学者才开始在民间传播学说，但由于原书没有完整地保留，长期依靠口头流传，造成很多错乱和遗漏，《书经》出现了两种本子，《诗经》有三种，齐地流传的《论语》与鲁地不同，《春秋》

有数家之多，其他的典籍更混乱。汉武帝设置了太史公作为专门机构，收藏全国献上的图书。司马谈、司马迁父子，就是以太史所藏史书为主要依据写成一百三十篇《史记》的。到了汉成帝时，这些藏书又流失了不少，因而派陈农到各地收集散落在民间的图书。又令光禄大夫刘向等人加以校阅整理，刘向死后，汉哀帝令其子刘歆继承父业，终于将三万三千零九十卷书分为七类，编成《七略》。

王莽覆灭时，皇宫中图书被焚烧。东汉光武帝、明帝、章帝都很重视学术文化，特别注重儒家典籍，各地纷纷献书，皇宫中的石室和兰台的藏书又相当充足了。于是将新书集中在东观和仁寿阁，令傅毅、班固等依照《七略》分类整理，编成了《汉书·艺文志》。可是到董卓强迫汉献帝西迁长安时，军人在宫中大肆抢掠，将用缣帛写成的长卷当作帐子和包袱，但运往长安的书籍还有七十余车。以后长安也沦于战乱，这些书籍被一扫而光。

魏国建立后，开始收集散在民间的图书，由中央机构秘书负责收藏整理，根据不同内容分为甲乙丙丁四部。加上西晋初在汲郡（治今河南卫辉市西南）古墓中发掘出来的一批古书，共有二万九千九百四十五卷。但不久八王之乱和永嘉之乱爆发，首都洛阳饱受战祸，成为一片废墟，皇家图书荡然无存。

东晋在南方立国后，又陆续收集了一些，但对照原来的四部目录，只剩下三千零一十四卷。此后北方的遗书逐渐流到江南，如：东晋末刘裕攻占长安时，曾从后秦的府藏中收集到四千卷古书。到宋元嘉八年（431年）秘书监谢灵运编成《四部目录》，已著录了六万四千五百八十二卷。到齐朝末年，战火延烧到藏书的秘阁，图书又受到很大损失。梁初的秘书监任昉在文德殿集中、整理图书，不计佛经共有二万三千一百零六卷。由于梁武帝重视文化，加上江南维持了四十多年的安定局面，民间藏书也大量增加。侯景之乱被平息后，湘东王萧绎（以后的梁元帝）下令将文德殿的藏书和在首都建康（今南京）收集到的公私藏书共七万余卷运回江陵。

其余的七万卷应该是梁元帝在江陵的旧藏，至此，他的藏书达到了前所未有的十四万卷。梁元帝将这些图书付之一炬的后果如何，《隋书·经籍志》也有记载：

由于北方长期战乱不绝，图书散失更加严重。北魏统一北方后，朝廷的书籍还很少。孝文帝迁都洛阳后，曾向南方的齐朝借书，藏书才稍有增加。尔朱荣之乱时，朝廷的藏书又散落民间。北周在关中建立之初，藏书只有八千卷，以后逐渐增加到一万多卷，灭北齐后又获得了五千卷。

开皇三年（583年），隋文帝接受了秘书监牛弘的建议，派人到各地搜访异书，规定原书可在抄录或使用后归还，并且每卷发给一匹绢的奖赏，因此收获很大。隋灭陈后，又获得了不少书籍，但这些大多是太建年间（569年—582年）新抄的，用的纸墨质量差，内容也错误百出。这说明经过江陵焚书，南方的古籍已毁灭殆尽了。经过整理，隋朝秘阁的藏书达到三万余卷。隋炀帝时将秘阁的藏书抄写了五十份副本，并在东都洛阳建观文殿作藏书之用。

唐武德五年（622年）灭王世充，攻占洛阳后，将所有图书装船运往长安。由于过三门峡时翻了船，大多数图书落水漂没，留下的只有一二成，连目录都残缺不全。唐初修《隋书·经籍志》时收集到的书有一万四千四百六十六部，共八万九千六百六十六卷。

由于唐初的藏书包括了公元555年以后数十年间问世的书籍，实际恢复的旧籍还不满原来的一半。从数量上说，梁元帝毁灭了传世书籍的一半。从质量上说，他所毁的是历代积累起来的精华，质量自然远在民间所藏或太建年间钞本之上，所以损失是无法用数量来估价的。

从秦始皇到唐初，中国的书籍已经遇到大小无数次灾难。从唐初到现在，天灾人祸又难计其数，当时的近九万卷书中大多也没有能保留下来。但一次由皇帝主动焚毁十四万卷书的记录，在这两千多年间是绝无仅有的，在世界史上也是罕见的。

要是梁元帝没有焚书，那么即使在西魏军队占领江陵时有所破坏，总有一部分会作为战利品集中到长安，也总有一些会流传到今天，而间接保留到今天的信息必定会更多。如果这样，公元555年前的中国史会比今天所了解的丰富许多，中国古代文明必定会更加辉煌。一千四百四十年后的今天，中国人中知道发生过这场浩劫的人肯定已经不多了，但是江陵焚书的起因却是值得所有关注中国文明命运的人认真思考的。

梁元帝焚书的间接原因是西魏的入侵和防御战的失败。公元554年11月（梁承圣三年十月），西魏遣大将于谨、宇文护、杨忠率五万大军从长安出发，直指江陵。其实，两年前梁元帝定都江陵，就已经注定了他覆灭的命运。江陵背靠长江，北方无险可守，而且远离南朝长期的政治、军事中心建康。为了应付兄弟和宗族间的冲突、控制潜在的敌对力量，他又将军队分驻在各地，对北方的强敌西魏非但不加防范，还妄想利用它来消灭异己，甚至在接到梁朝旧臣马伯符从西魏发来的密件时，还不相信对方已在做入侵的准备。

西魏的主帅于谨在出兵时就对梁元帝的战术作了预测。上策是"耀兵汉、沔，席卷渡江，直据丹阳"，即军队总动员后主动放弃江陵，转移到建康。中策是"移郭内居民，退保子城，峻其陴堞，以待援至"，即将外城居民迁进内城，加固城防工事固守，等待援兵。下策是"难于移动，据守罗郭"，即不作任何主动转移，死守外城。而从各方面情况分析，梁元帝必然采取下策。以后的发展果然不出于谨所料，梁元帝的战术甚至比下策还糟糕。

十一月二十日，武宁太守（治所在今湖北荆门市东北）宗均报告了魏军即将南下的消息。梁元帝召集大臣商议，大将胡僧祐和谋臣黄罗汉说："两国关系友好，并没有什么利害冲突，必定不会如此。"上年曾出使西魏的侍中王琛说得更绝："我当时揣摩宇文泰（西魏太师，实际统治者）的神色，肯定没有入侵的道理。"梁元帝决定派王琛再次出使西魏。可是三天后，魏军已到达襄阳（今湖北襄阳市）一带，元帝这才下令内外戒严。但王琛跑到石梵（今湖北钟祥市境）后又给黄罗汉送去急信："边境秩序井然，以前的消息都是儿戏。"这使元帝又将信将疑。直到十一月二十八日，元帝才派人到建康去征召握有重兵的大将王僧辩来江陵任大都督、荆州刺史，率军入援。但他对抵抗魏军毫无信心，十二月一日晚上在凤凰阁上已发出"今必败矣"的哀叹。即使在这样的形势下，他对部属的防范控制却丝毫没有放松，郢州刺史（治所在今武汉市）陆法和出兵援江陵，他派人阻止："我这里能够破敌，你只要镇守郢州，不必调动军队。"就这样失去了一支最近的援兵。

十二月十日，魏军渡过汉水，于谨派宇文护和杨忠率精骑袭占江津（今湖北荆州市沙市区东南），截断了江陵以东的长江水路。当天梁元帝在江陵外城的津阳门外举行了一次阅兵，但北风大作，暴雨骤降，只得草草收场。第二天，魏军攻下武宁，俘获太守宗均。一向坐轿的元帝骑马出城，部署在城周竖起一道六十余里长的木栅，命胡僧祐、王褒分别负责城东城西的防务，太子巡守城楼，百姓搬运木石。当天夜里，魏军到达离江陵仅四十里的黄华，十四日进抵木栅下。十五日，梁军开门出战，新兴太守裴机杀了魏将胡文伐。可是到了二十四日，梁军的栅内失火，烧掉了几千家民房和二十五座城楼，魏军乘机大举渡过长江，于谨下令筑起包围圈，江陵与外界的联系完全断绝。尽管梁元帝已多次向四方征召援兵，但没有一支到达。实力最强大的王僧辩远在建康，虽已作了部署并派出前军，却准备采取等待时机袭击魏军后路的策略，可惜还来不及实行，江陵就已陷落。另一支援兵由广州刺史（治今广州市）王琳率领，虽日夜兼程，但刚赶到长沙。二十七日，深感绝望的梁元帝撕下一块帛亲笔写上："吾忍死待公（你），可以至矣！"催王僧辩进军，但早已无济于事。梁承圣四年（555年）一月四日，梁军分路开门出战，全部败还。十日，魏军全面攻城，梁军主将胡僧祐中流矢而死，军心动摇，有人开西门放入魏军。元帝退入金城（内城），立即派两位侄儿作人质，向于谨求和。城南将领纷纷投降，城北的将士苦战到黄昏，听到城陷的消息才四散而逃。

元帝在焚书时想赴火自杀，被左右阻止，于是准备投降。谢答仁等劝他乘夜突围，只要渡过长江，就能得到驻在江南马头的一支梁军的救援，但元帝不惯骑马，认为"事必无成，徒增辱耳"。在王褒的挑拨下，元帝还怀疑谢答仁的忠诚，因此在他建议收集内城残部五千余人固守后又拒绝与他见面，气得谢答仁吐血而去。元帝换上白马素衣出东门投降，备受羞辱后，于一月二十七日被杀。魏军从梁朝王公大臣和江陵百姓中选了数万人为奴婢，作为战利品押回长安，其余老弱幼小全部杀尽，得到赦免的只有三百余家。当时天寒地冻，冰雪交加，又有二三成人沿途冻死或被人马踩死。

这场战争实际只进行了一个月，而且梁军根本没有什么有效的抵抗，最大的损失还是这十四万卷书和江陵城中的无辜百姓。在中国历史上，这样的战争实在称不上"大战"，与秦汉之际、两汉之际、东汉末年、西晋末年、东晋十六国期间已经发生过的战争相比，江陵之战只是小巫而已，此后至今大小战争不知又发生了多少。这些战争，无论是国内的农民暴动还是统治集团内部的权力之争，无论是民族、政权间的冲突还是外敌入侵，都曾造成文化积累

099

的破坏和文明的倒退，书籍的损失只是其中之一。但在印刷技术还没有形成或没有普及的情况下，大量书籍都只有稿本或少数钞本流传，无数杰出学者的毕生心血、千百年的学术文化结晶在铁血和烈火中毁于一旦。《隋书·经籍志》中提到的几次书籍大灾，无一不是发生在战乱之中。直到近代，帝国主义的侵略和国内的战乱还毁灭了大批珍贵典籍。明永乐年间（15世纪初）编成的二万多卷《永乐大典》，唯一还留下的一部近二万卷的副本在1860年英法联军和1900年八国联军侵入北京时被焚烧或掠夺，目前所存仅八百卷。乾隆五十八年（1793年）编成的、近八万卷的《四库全书》，尽管在副本以外又抄成了七部，但副本与其中的三部分别毁于帝国主义对北京的入侵和太平天国运动。

人类文明所受的浩劫又何止于在中国？而其中为害最烈的也是战争，直到今天还在威胁着一些珍贵的文化遗产。例如：南斯拉夫一座闻名世界的古桥，不久前毁于战火。

正因为如此，我在阅读史籍，写出江陵焚书的前因后果后，最大的愿望就是：在今后的一千四百四十年间，在更长的未来以至永远，在中国，在世界，不要再有战争。让和平永远伴随着人类文明的进步，让我们的先人创造的丰富多彩的文化永远保留在地球上，成为我们和后人取之不尽、用之不竭的财富。

如果这善良的愿望被侵略者所破坏，那就应该用强大的军事力量摧毁战争狂人。当年的梁元帝只要稍有一点信心和勇气，在战略和战术上少犯一些错误，江陵之战或许根本不会发生，或许会有完全不同的结果。同样，如果清政府能适应世界潮流，变法图强，或者能坚决反抗帝国主义的侵略，外国入侵者就不至于能如此猖狂肆虐，《永乐大典》的大部分或许能保存到今天。

在战争还无法完全避免的情况下，国际大家庭应该采取更有效的措施来保护文化遗产，应该制定在战争中保护文化遗产的公约，将在战争中破坏文化遗产的行为确定为对全人类的罪行。

三

江陵焚书又是梁元帝主动犯下的罪行，因为魏军兵临城下时并没有焚书的必要，他要战要降也与是否焚书无关。在他被俘后曾被问到焚书的原因，回答是："读书万卷，犹有今日，故焚之。"这固然说明他至死也不了解亡国的真正原因，或者知道了而不愿承认，但也证明了他一生爱书，爱读书，由极度的爱突变为极端的恨，要让这些书成为他的替罪羊或殉葬品。

据《梁书·元帝纪》所载，梁元帝五岁时就能背出《曲礼》的上半部。虽然自幼瞎了一眼，却异常好学，"博总群书，下笔成章，出言为论，才辩敏速，冠绝一时"，"性不好声色，颇有高名"。这些话或许有所夸张溢美，但有几件事情却是不会作假的：元帝酷爱玄学，从五五四年十月十九日开始在龙光殿给大臣们讲解《老子》。十一月二十三日，魏军已经到达襄阳，他才暂停讲课，宣布"内外戒严"。到了二十七日，见边境没有什么动静，便又恢复讲课，百官只得穿着军装听讲。十二月二十七日晚上，江陵已处于魏军合围之中，元帝上城巡视，还雅兴不减，随口作诗，群臣奉和。他的著作有《孝德传》三十卷、《忠臣传》三十卷、《丹阳尹传》十卷、《注汉书》一百一十五卷、《周易讲疏》十卷、《内典博要》一百卷、《连山》三十卷、《洞林》三卷、《玉韬》十卷、《补阙子》十卷、《老子讲疏》四卷、《全德志》《怀旧志》《荆南志》《江州记》《贡职图》《古今同姓名录》一卷、《筮经》十二卷、《式赞》三卷，文集五十卷，合计超过四百卷。如此广博浩繁的成果，即使是专业学者也并非唾手可得，对于一位活了四十七岁又经历了多年乱世的皇帝来说，实在是了不起的成绩。他的诗文虽然不脱轻薄浮艳习气，但也不乏清新隽永之作，在中国文学史上据有一席之地。作为皇子，他先后在会稽（今浙江绍兴市）、建康（今江苏南京市）、江州（今江西九江市）和荆州（治江陵）任职，最终汇集十四万卷图书，也是煞费苦心的。要说梁元帝爱书，爱读书，是毫无疑问的。

不仅梁元帝如此，历代帝王中爱书和爱读书的人还不在少数，如：《隋书·经籍志》中提到的几次大规模征集图书，无不与当时帝王的爱好有关。连暴虐无道以致亡国的隋炀帝，在保存古籍方面也做了一件好事。要不是他下令将秘阁的三万卷书抄了五十份副本，说不定多数书会逃不过隋末唐初的战祸。皇帝既有绝对的权力，又有取之不尽的钱财，还有普天之下的臣民可供驱使，在收集、整理和保藏图书方面的作用是任何其他个人都无法替代的。

但是历史的悲剧也发生在皇帝身上。一旦图书为皇帝所收藏，就成了他个人的私产，不仅从此与民间绝缘，而且随时有被篡改或销毁的可能，甚至成为一位皇帝或一个朝代的殉葬品。梁元帝焚书后,又把所佩宝剑在柱上砍折,自叹:"文武之道,今夜尽矣!"在他眼中,十四万册书与一把宝剑一样,不过是他的私产,有用时用之,无用时毁之,何罪之有?

秦始皇的焚书和梁元帝的焚书都是公开的,而另一种形式的"焚书"却是打着冠冕堂皇的旗号不动声色地进行的。实际上每一次大规模的收书征书,都随之以大规模的抄写、整理和编纂,都得按皇帝的旨意和当时的主体意识进行加工、篡改以至销毁。唐初编纂《隋书·经籍志》时采取的原则就是:"其旧录所取,文义浅俗,无益教理者,并删去之。其旧录所遗,辞义可采,有所弘益者,咸附入之。远览马《史》、班《书》,近观王、阮《志》《录》,挹其风流体制,削其浮杂鄙俚,离其疏远,合其近密。"可以肯定,有不少"文义浅俗,无益教理",或"浮杂鄙俚"的书籍或内容已被删削,或被销毁了。皇帝一次次"稽古右文"的盛举,同时也是对思想文化的一次次清剿。《四库全书》编纂过程中的征集规模和收录范围都大大超过了前代,但在此期间禁毁、删削、篡改的书籍数量也是空前的。

书籍如此,其他艺术品也是如此。唐太宗酷爱王羲之书法,不惜采取卑劣手段从其后人处骗取《兰亭序》真迹,而《兰亭序》真迹从此消失在人间,很可能已被作为陪葬品带进了陵墓。一些爱好书画的帝王在一件件国宝上任意盖印、题词,要不是皇帝被推翻,这些稀世珍品就一直是他们的私产。要是多几位唐太宗,被带进坟墓的书法真迹还会更多;要是多几位乾隆皇帝,名画必定会变成玉玺的印谱。而每次战乱或改朝换代,少不了皇宫的焚烧或战利品的掳掠,又有多少艺术珍品随之遭殃?

而且要是皇帝没有什么文化倒还好办，懂行了、太高明了麻烦就更多。皇帝的欣赏习惯、评价标准以至个人好恶，无疑就是学术、文化、艺术的鉴定准则，成为不可违抗的法律。一个流派、一种思想、一类风格或一部著作会因此而兴旺发达，而另一些却会就此消失。即使是为了满足皇帝的虚荣心，也要付出巨大的代价。乾隆皇帝最爱卖弄小聪明，以能亲自发现臣下的错处为乐，《四库全书》抄成后他要亲自校阅，而最大的乐趣莫过于找到错字，以显示自己的天纵圣明。总裁官纪昀深通邀宠之道，让抄手们故意留下一些错字。可惜《四库全书》卷帙过于浩繁，乾隆皇帝看了一些后就不再有兴趣了，但那些故意写成的错字却再也无人改正了。

相反，散处民间的书籍和艺术品虽然免不了虫鼠水火之害，难免不毁于战乱，却不会有这一类灾难。所以秦始皇焚书毁不尽天下的书，图书在一次次浩劫后会有幸存者，清朝列入禁毁书目的一些书现在还能见到，主要还是靠民间的收藏。中国古代的地图制作相当发达，但在长沙马王堆汉墓出土一幅西汉初年的古地图之前，除了有几块11世纪刻成的石刻地图外，竟没有明代以前的地图原本传世。主要原因倒不在于地图描绘的困难，而是由于地图一向是皇家与官方的秘藏，又是行政权力的象征，私人收藏地图就有谋反之嫌，而官方的地图又一次次成为改朝换代的牺牲品。

旧时代的文人学者在对江陵焚书痛惜之余，自然不会谴责梁元帝为罪犯，因为他们从皇权观念出发，是无法否认皇帝有这样的处置权的。封建专制制度造成了这样的悲剧，但悲剧并没有随着封建制度的覆灭而成为过去。本应属于全体公民所有的文化遗产实际为个别特权人物所占有的现象，在辛亥革命后还是屡见不鲜。直到"文化大革命"中，某些人还能拥有大批珍贵文物。无独有偶，不久前台湾园山饭店中也发现了一批本应保存在"故宫博物院"的文物。因此我希望文化遗产永远属于人民，才能避免大大小小、形形色色的江陵焚书事件重演。

四

　　写到这里，我联想到了近来学人们不时在讨论的人文精神问题。老实说，我到现在还不很明白人文精神的确切含义，特别是在中国应如何诠释。但我相信，对学术、文化、艺术的追求应该是人文精神的内容之一。从这一意义上说，梁元帝身上是有那么一点人文精神的。他对文学和学术的追求以及取得的成果，丰富了中国的文化，至今还值得我们研究和肯定。

　　但梁元帝是典型的双重人格，在他勤奋好学、富于创造、刻意追求的另一面是极端的虚伪、残忍、优柔寡断、贪生怕死，学术上的认知从来没有成为他的实践。例如：他著有《孝德传》《忠臣传》，自然是为了阐述、宣扬孝和忠，但他自己的行为却既不孝也不忠。在侯景围攻建康，他的父亲梁武帝危在旦夕时，他却以"俟四方援兵"为借口，在上游拥兵自重，甚至杀了劝阻他退兵的下属萧贲。在建康陷落后，他忙于骨肉残杀，乘机逼死了亲生儿子萧方等，杀了侄子萧誉，赶走了侄子萧詧。其弟武陵王萧纪发兵东下后，他不仅让方士画了萧纪的像，亲自在上面打钉子，咒他早死，还请西魏出兵，让西魏占了蜀地。萧纪兵败时，他又密令部将樊猛不许将萧纪活捉回来。萧纪的两个儿子被他关着绝食，以致自己咬臂上的肉吃，十三天后才死去。

王伟是侯景的头号帮凶，从发动叛乱起的一切行动几乎都出于他的策划。但此人才思敏捷，诗作得很好，被押到江陵后，在狱中写了一首五十韵的长诗献给梁元帝。梁元帝爱他的文才，准备赦免。忌妒王伟的人得知后，对梁元帝说："以前王伟写的檄文也很好呀。"他找来一看，原来上面写道："项羽重瞳，尚有乌江之败；湘东一目，宁为赤县所归！"他勃然大怒，将王伟的舌头钉在柱上，开膛剖肚，一刀刀碎割而死。王伟的罪行早够死刑，元帝因爱才而不杀；但一旦得知他曾挖苦自己，就如此残酷地杀死，究竟还有什么是非好恶的标准？

可是我们不能因为梁元帝的为人而否定他符合人文精神的那些行为，就像不能因为一个人的人品不好就否定他的书法艺术一样。书法的评价标准只能是书法本身，所谓"字如其人"实际上大多是对既成事实的承认，我看是靠不住的。董其昌是个劣绅，谁能从他写的字里看出来？汪精卫当汉奸后写的字，究竟与早年革命时写的字有什么两样？但对书法家的评价就不能只用书法的标准，还要包括他的为人和作用。显然，对梁元帝一类历史人物，人文精神不能成为唯一的评价标准，而只能用之于其某一个侧面。

如果梁元帝不是一位皇子和皇帝，而是一介布衣，那么他的凶残险恶的一面可能就不会得到充分表现，或者不会留下具体的记载，我们今天看到的可能只是他的诗文和好学不倦的故事，他就是一位著名诗人和优秀学者。不幸的是，历史给了他皇帝这样一个举足轻重的地位，无论他是否愿意，都只能用皇帝的标准来衡量了。

中国历史上有不少这样的皇帝，像李后主、宋徽宗、明武宗、明熹宗，他们本来应该是杰出的诗人、书法家、画家，优秀的运动员、工匠。还有的皇帝，如：梁元帝的父亲梁武帝萧衍、明朝的崇祯皇帝朱由检，可以在个人生活朴素、工作勤奋等方面成为典范。还有像晋惠帝和南朝的一些少年皇帝，不过是低能或幼稚，如果是普通人倒是值得同情的，或者不过是可笑而已。这些人都具有符合人文精神的某一方面的特点，但不幸他们当了皇帝，因此只能成为昏君、暴君、亡国之君。所以，对于皇帝或者对社会负有特别责任的政治家来说，抽象的人文精神并没有太多的实际意义，更主要的是他们的历史责任感和社会贡献。

有人在评价某些伟人时，往往有意无意地强调他的个人品德，突出他的人情味，或者更时髦一些，用人文精神来加以衡量，我以为不是正确的态度和方法，至少是相当片面的。

这最后一点可能已经超出纪念江陵焚书事件的范围，但大概是受到了关于人文精神讨论影响的缘故，的确是我同时想到的，所以还是写了下来，作为本文的结束语。

1995年1月10日凌晨

原载《读书》1995年第6期

乱世的两难选择：冯道其人其事

小时候看过一种通俗的中国历史，将冯道称为无耻之徒，大意是说他一生经历四个朝代，曾向契丹称臣，居然当了六个皇帝的宰相，一直保持着荣华富贵，还恬不知耻地自称为"长乐老"。这给我留下了很深的印象，所以一直认为冯道不是好东西。一次偶与季龙（谭其骧）先师议及冯道，先师说："欧阳修对冯道的评价是不公允的，还是《旧五代史》说得全面，只看《新五代史》是要上当的。"这是我第一次听到对冯道的正面评价，所以就把新、旧《五代史》中的《冯道传》对照着看了一遍，原来的看法发生了动摇，觉得冯道这个人是很复杂的，不能简单地作出褒贬。

近年来南斯拉夫战乱不绝，也引发了严重的社会、信仰、道德、伦理危机。不止一次在报刊上看到这样的事例：由于国家分裂，新建立的国家与原国家之间、新建国家之间、不同民族之间、不同宗教信仰之间存在着激烈的矛盾和冲突，人们实在无法在忠于哪个国家、哪个民族、哪种宗教甚至哪一位家庭成员间作出抉择，往往非此即彼，不能兼顾。选择原来的国家，它已经不存在；效忠新国家，却被视为异族、异教；投入本民族，又不一定是同一宗教；顾了宗教，就顾不了民族、国家、家庭。以致夫妻离异，父子反目、兄弟成仇、朋友相斗，出现了一幕幕人间悲剧。不知什么原因，我忽然又想到了冯道。

为什么由南斯拉夫的形势会想到一千余年前的冯道？这里得先简单介绍一下冯道其人其事。

冯道（882年—954年），瀛州景城（今河北沧州市西北）人，唐末投刘守光做参军，刘败后投河东监军张承业当巡官。张承业重视他的"文章履行"，推荐给晋王李克用，任河东节度掌书记。后唐庄宗时任户部尚书、翰林学士，明宗时出任宰相。后晋高祖、出帝时均连任宰相，契丹灭晋后，被任为太傅，后汉代晋后任太师，后周代汉后依然任太师。周世宗征北汉前，冯道极力劝阻，激怒了周世宗，因而不让他随军，令他监修周太祖陵墓。当时冯道已患病，葬礼完成后就去世了，被周世宗追封为瀛王。就是这位冯道，竟引起了千古毁誉。

一

尽管薛居正等撰的《旧五代史》和欧阳修撰的《新五代史》中的《冯道传》对他有不同的评价，但相当大一部分内容是一致的。冯道的不少好事，就是连称他为"无廉耻者"的欧阳修也没有否定，例如：

他"为人能自刻苦俭约"，在随军当书记时，住在草棚中，连床和卧具都不用，睡在草上；发到的俸禄与随从、仆人一起花，与他们吃一样的伙食，毫不在意；将士抢来美女送给他，实在推却不了，就另外找间屋子养着，找到她家长后再送回去；在丧父后辞去翰林学士回到景城故乡时，正逢大饥荒，他倾家财救济乡民，自己却住在茅屋里，还亲自耕田背柴；有人田地荒废又没有能力耕种，他在夜里悄悄地去耕种，主人得知后登门致谢，他却感到没有什么值得别人感谢的地方；地方官的馈赠，他也一概不受。

后唐天成（926年—930年）、长兴（930年—933年）年间，连年丰收，中原比较安定，冯道却告诫明宗："我以前出使中山，在经过井陉天险时，怕马有个闪失，小心翼翼地紧握着缰绳，但到了平地就认为没有什么值得顾虑了，结果突然从马上颠下受伤。在危险的地方因考虑周到而获得安全，处于太平的环境却因放松警惕而产生祸患，这是人之常情。我希望你不要因为现在丰收了，又没有战事，便纵情享乐。"明宗问他："丰收后百姓的生活是不是有保障了？"冯道说："谷贵饿农，谷贱伤农，历来如此。我记得近来聂夷中写过一首《伤田家》诗道，'二月卖新丝，五月粜新谷。医得眼前疮，剜却心头肉。我愿君王心，化作光明烛。不照绮罗筵，只照逃亡屋'。"明宗让左右抄下这首诗，自己经常诵读。

另一次临河县献上一只玉杯，上面刻着"国宝万岁杯"，明宗很喜爱，拿出来给冯道看，冯道说："这不过是前世留下来的有形的宝，而皇帝应该有的却是无形的宝。"明宗问是什么，冯道说仁义才是帝王之宝，并说了一通仁义的道理。明宗是没有文化的武夫，不懂他说些什么，就找来文臣解释，听后表示要采纳。

冯道担任宰相后，"凡孤寒士子，抱才业、素知识者"，即贫穷的、无背景的读书人和有真才实学、有事业心的人，都得到提拔重用，而唐末的世家显贵，品行不正、办事浮躁的人必定被抑制或冷遇。无论如何，这是值得称道的措施。

明宗年间，冯道还与李愚等委派官员，将原来刻在石上的儒家经典用雕版印刷。这是见于记载的首次以雕版印刷《九经》，是中国印刷史和文化史上的一件大事。此事竟然发生在战乱不绝的五代时期，与冯道个人的作用是分不开的。

看来人们对冯道的个人品德是无可非议的。历史上也有一些有政治野心的人，在没有得势之前会装出各种善行善举，一旦大权在握就露出本来面目，或者继续以拙劣手段作伪。这类行为能蒙骗世人于一时，却逃不了历史的评判。但冯道看来不是这种人，因为如果他节俭、行善、进谏只是为了牟取权势地位的话，在他位极人臣后就没有必要，也不会再如此了。退一步说，即使他的动机并不纯，如能一辈子自我约束，也还是应该得到肯定的。《旧五代史》称冯道："平生甚廉俭。逮至末年，闺庭之内，稍徇奢靡。其子吉，尤恣狂荡，道不能制。"说明他晚年对家属的管束有所放松，这虽是缺点，倒也证明了他的作为并非作伪。至于他儿子的"狂荡"，据《五代史补》的记载，是酷爱弹琵琶，以演出为乐，冯道屡加禁止无效。用当时的眼光看，冯吉自然是很不成器，但这与一般衙内的仗势欺人、作恶多端毕竟不同。

二

冯道最受诟病的是他的政治道德，欧阳修自不必说，司马光也称他为"奸臣之尤",就是对他持肯定态度的《旧五代史》,在盛赞"道之履行,郁然有古人之风;道之宇量,深得大臣之体"之后,也不得不对他的"忠"提出了疑问:"然而事四朝,相六帝,可得为忠乎?夫一女二夫,人之不幸,况于再三者哉!"直到范文澜作《中国通史》,还花了不小的篇幅对冯道大加挞伐,主要也是针对他的政治道德。这些批判看来都是大义凛然,但联系冯道所处社会和环境的实际来分析,结论却不是如此简单。

忠君,在封建社会是天经地义,我们自然不应苛求古人,要他们不以忠君观念来评价冯道。但忠君的概念本来就十分模糊,甚至有截然不同的标准。首先是忠君还是忠于社稷,或者说是忠于某一个国君、皇帝,还是忠于一个国家、朝代。遇到了昏君、暴君,鞠躬尽瘁、俯首帖耳都可算得上忠,但极言直谏、将皇帝废了甚至杀了,也未必不是忠。但同样行废立,结局和评价就大不一样,或被视为忠臣流芳百世,或被斥为奸贼遗臭万年。其次是忠于旧君还是忠于新主。忠于旧君尽管要付出代价以至丧命灭族,却总是忠臣;即使当时未被承认,后世也会肯定。但效忠新主就有不小的风险,新主成功了就是识天命的开国元勋,新主失败了就是附逆的叛臣,不仅身败名裂,而且永世不得翻身。自春秋直到前清,有关忠的辩论与君主制相始终,却从来没有得出一个共识或者士大夫都能信奉遵循的原则。像明清之际,该不该为明朝殉节,哪些人应该殉节,哪些人可以不殉节,要不要出仕清朝或应清朝的科举、博学鸿词,当了清朝的官算不算贰臣,等等,都曾引起长期激烈的争论。

不过像欧阳修这样生在承平之世的人，又遇到一个优容士大夫的宋朝，实在是三生有幸的。所以他尽管也不时受到谗言的攻击，在宦海中几经沉浮，却能位至宰辅，死后获得"文忠"的美谥。他不必像生在乱世或改朝换代时的士人那样，必须在不止一个的君主或朝代间作出非此即彼的选择，还可以从容地用"《春秋》遗旨"（见《宋史》中的《欧阳修传》）来审判冯道一类的不忠之臣。

相比之下，冯道可谓不幸至极，他所处的时代是中国历史上改朝换代最频繁的时期，他一生所事四朝（后唐、后晋、后汉、后周）加上契丹、十一帝（后唐庄宗、明宗、闵帝、末帝，后晋高祖、出帝，后汉高祖、隐帝，后周太祖、世宗，辽太宗耶律德光）合计不过三十一年，平均每朝（含契丹）仅六年余，每帝仅三年余，最长的后唐明宗和后晋高祖也只有八年。如果冯道生在康熙、乾隆时，他的一生仕途刚刚超过皇帝享国时间之半，不用说换代，还等不到易君。而且这四个朝代都是靠阴谋与武力夺取政权的，契丹又是趁乱入侵的；除了个别皇帝还像个样，其余都有各种劣迹暴政，后晋高祖石敬瑭更是靠出卖领土、引狼入室才当上儿皇帝的卖国贼。即使按照儒家的标准，这些帝王大多也够得上是"乱臣贼子"或昏君暴君。但事实上他们又都是统治了中原地区的君主，连欧阳修也承认他们的正统地位，一一为之作本纪。因此冯道除非住进桃花源，或者优游林下，"苟全性命于乱世"，否则总得为这些皇帝效劳，总得忠于这些皇帝或其中的某一人。逃避现实自然要容易得多，但如果当时的士人都是如此，难道真的要靠那些"乱臣贼子"和以杀戮为乐事的军阀刽子手治天下吗？

欧阳修在严厉批判冯道的"无耻"时，提供了一个懂"廉耻"的正面典型。

五代时山东人王凝任虢州（治今河南灵宝市）司户参军，病故在任上。王凝一向没有积蓄，一个儿子年纪还小，妻子李氏带着儿子送其遗骸回故乡。东行过开封时，到旅馆投宿，店主见她单身带一个孩子，心里有疑问，就不许她留宿。李氏见天色已晚，不肯离店，店主就拉住她的手拖了出去。李氏仰天大哭，说："我作为一个女人，不能守节，这只手难道能随便让人拉吗？不能让这只手玷污了我全身！"拿起斧头自己砍断了手臂。过路人见了都围观叹息，有的弹指警戒，有的流下了眼泪。开封府尹得知后，向朝廷报告，官府赐给李氏药品治伤，还给予优厚的抚恤，将店主打了一顿板子。

欧阳修明知此事不过是一篇"小说"，却认为"以一妇人犹能如此，则知世固尝有其人而不得见也"，然后教训冯道们："呜呼！士不自爱其身而忍耻以偷生者，闻李氏之风，宜少知愧哉！"言下之意，从李氏的例子说明即使在五代这样的乱世，连一个女人都还是有廉耻之心的；不仅李氏，围观的人、开封府尹、朝廷也都是是非分明的，只是流传下来的事例太少了。李氏能断臂，冯道们为什么不能用自杀来避免"忍耻偷生"呢？读完这令人毛骨悚然的"节妇"事例，我非但不被欧阳修的良苦用心所感动，反而要为古人担忧了。从公元907年朱温代唐至960年赵匡胤黄袍加身，五十余年间换了六个朝代，皇帝有十个姓，如果大臣、士人都要为本朝守节尽忠,那就会出现六次集体大自杀;如果要忠于一姓,就得自杀十次;欧阳修效忠的这个宋朝在开国时就会面对一个没有文人为之效劳的局面,或许就永远不会有"宋太祖"和"欧阳文忠公"的称号。

相反,与冯道同时代的人对他就赞誉备至。冯道死时正好与孔子同寿,"时人皆共称叹"。宋初的名臣范质对冯道的评价是:"厚德稽古,宏才伟量,虽朝代迁贸,人无间言,屹若巨山,不可转也。"(《资治通鉴》卷二百九十一引)显然这是由于范质等人至少都有历二朝、事二主的亲身体会,理解冯氏的苦衷,不像欧阳修只要说现成话那么方便。其实,欧阳修遇事也未必都效法李氏。治平二年(1065年)英宗要追封自己的生父濮王为皇考,当时任参知政事的欧阳修与宰相韩琦赞成,天章阁待制司马光、御史吕诲、范纯仁、吕大防等反对,结果吕诲、范纯仁、吕大防等都被贬黜,而赞同欧阳修意见的蒋之奇被他推荐为御史,被众人目为奸邪。欧阳修的小舅子薛宗孺和蒋有怨,捏造他生活作风不正派。蒋之奇为了摆脱窘境,就上奏章要求对欧阳修进行查办。欧阳修闭门接受审查,因得到故宫臣孙思恭的辨释,蒋之奇等被黜逐,欧阳修也力求辞职,降任亳州知州。这一事件说明欧阳修并不那么光明正大,也不见得有李氏那样的廉耻之心。引经据典迎合皇帝的心愿,贬斥持反对意见的人,早已超出了学术争论的范围。蒋之奇的行为说明此人完全是一个无耻小人,但因为赞同自己的意见,就加以引荐提拔,显然已不是一般的用人不当。受人污蔑后并没有像他要求别人那样以死明志,只是老老实实接受审查,以降职为台阶,看来事到临头就不像议论别人那么轻而易举了。《宋史·欧阳修传》说他"数被污蔑",但他的反应至多只是要求退职,说明他从来就没有李氏断臂的勇气。

有人喝着参汤作发扬艰苦朴素光荣传统的报告,带着浩荡的豪华车队去访贫问苦,儿子拿了绿卡后再提议限制出国,挪用公款后却要公教人员体谅国家的困难,或者跑到海外去指责中国的知识分子没有独立人格,入了外籍后来教导我们应如何爱国,大概都深得欧阳文忠公的真传,继承了假道学的传统。

三

冯道另一个污点是对契丹的态度。范文澜写道:"他(晋高祖石敬瑭)要冯道出使辽国行礼,表示对父皇帝的尊敬。冯道毫不犹豫,说'陛下受北朝恩,臣受陛下恩,有何不可'。好个奴才的奴才!"(《中国通史简编》第三编第一册,人民出版社1965年修订本,第400页)此事明见史籍,自然不能为冯氏讳,但全面分析冯道与契丹的关系就不难看出,他采取的是实用态度,与卖国贼石敬瑭还是有根本区别的。

冯道并没有参与石敬瑭割让燕云十六州的卖国勾当,他说这样的话,只是他"滑稽多智,浮沉取容"(《资治通鉴》卷二百九十一)的一贯本色。因为石敬瑭为了取悦于契丹,认为只有冯道才能充当使者,已经说了"此行非卿不可"的话,再说"卿官崇德重,不可深入沙漠",只是假惺惺表示关怀。老于世故的冯道自然明白自己的处境，索性表示得心甘情愿。据《旧五代史》所引《谈苑》，冯道到达契丹后，契丹主曾派人劝冯道留下，他回答："南朝为子，北朝为父，两朝皆为臣，岂有分别哉！"话说得很漂亮，实际还是不愿留在契丹。他把契丹的赏赐全部卖掉，得来的钱都用来买柴炭，对人说："北方严寒，老年人受不了，只能备着。"似乎作了在北方长住的打算。契丹主同意他返回时，他又三次上表要求留下，被拒绝后又拖了一个多月才上路，路上边行边歇，两个月才出契丹境。左右不理解，问他："别人能够活着回去，恨不得长上翅膀，你为什么要慢慢走。"冯道说："你走得再快，对方的快马一个晚上就追上了，逃得了吗？慢慢走倒可以让他们不了解我的真意。"可见他表面上的恭顺只是一种韬晦的手段。

契丹灭晋，辽太宗耶律德光进入开封，冯道应召到达，辽主问他为何入朝，答复倒也直率："无城无兵，怎么敢不来？"辽主又责问他："你是什么老子（老东西）？"冯道答："无才无德，痴顽老子。"辽主听后欢喜，任他为太傅。有一次又问他："天下百姓如何救得？"冯道说："现在就是佛出世也救不了，只有你皇帝救得。"这在一定程度上缓解了契丹的残暴举措，使他能在暗中保护汉族士人。契丹北撤时，他与晋室大臣被随迁至常山，见有被掠的中原仕女，就出钱赎出，让其寄居在尼姑庵中，以后为她们寻找家人领回。耶律德光死后，汉兵起来反抗契丹军队，驱逐了辽将麻答，冯道等到战地慰劳士卒，军心大振。失地收复后，冯道又选择将帅，使军民安定。

冯道出使契丹的目的或许能推测为贪恋后晋的爵禄，那么他应辽主之召以及以后的行动就不能说是仅仅为了自己的利益。当时契丹军只占领了开封一带，他所在的南阳并无危险，要投奔其他割据政权也不难，以他的声望和政治手腕，博取荣华富贵易如反掌。但他却甘冒风险去开封，在复杂的形势下减少了契丹入侵造成的破坏。当时的文武大臣中，一心卖国求荣，争当儿皇帝、孙皇帝的，趁机烧杀抢掠，大发战乱财的，对辽主唯命是从，不敢稍有作为的，比比皆是。冯道的行为自然算不上大智大勇，但似乎也不应苛求了。

前些年有人要为石敬瑭卖国辩护，说什么契丹也是中国历史上的一个民族，所以石敬瑭将燕云十六州割让给契丹不是卖国行为，而是促进了民族团结。这种谬论不值一驳，因为石敬瑭的主观愿望和客观效果都没有任何积极意义可言。但如果认为卖给契丹罪孽深重，而卖给其他汉人政权就无所谓，那也是不公正的。尤其是到了今天，我们绝不能再用"华夷之辨"作为评判历史是非的标准，对冯道与契丹的交往也应如此。

四

当然，冯道的一生作为并不都值得肯定，我也无意为冯道搞什么全面翻案。评价一个历史人物，究竟应该采用什么标准，并不是今天的新问题，但遇到了具体的人物，往往就不像抽象的讨论那样容易了，所以拿冯道作为例子还是不无好处的。

大概很少有人主张对历史人物完全用道德标准来评判，即使我们能找到一种大家都能接受的标准。但在具体操作时，却往往首先着眼于道德标准，而不是这个人在当时历史条件下所起到的作用和对历史所作的贡献。如：理学家把忠孝仁义置于首位，近数十年又往往以"政治态度"或"阶级立场"检验前人，一度甚至以所属党派为划分忠奸贤愚的界线。所以要否定一个人时，不惜在一些细枝末节上把他搞臭；而为了维护一个偶像，又会着意渲染他个人品质上的某些光圈。

从对冯道的评价想到的另一个方面，就是一个人尤其是一个知识分子，一个生在乱世的知识分子，应该如何实现自己的价值，在这一点上，司马光与欧阳修基本上是一致的，即"君有过则强谏力争，国败亡则竭节致死"才算得上忠（《资治通鉴》卷二百九十一臣光曰，以下同）。但他也知道在"自唐室之亡，群雄力争，帝王兴废，远者十余年，近者四三年"的情况下，不能要求大家都在国亡时殉葬，所以又提出了一个"智士"的标准："邦有道则见，邦无道则隐，或灭迹山林，或优游下僚。"你冯道纵然不能做忠臣死节，当一个智士，不做官或只做小官总可以吧！这话其实也是欺人之谈。且不说在乱世中有几个人能自由自在地"灭迹山林"，就是在治世，要是皇帝看上了，你能逃得了吗？自从朱元璋创造了"不为君用"就有灭族罪的法律以后，士人连不服从、不合作的自由也没有了，天地虽大，哪里还有山林可隐？再说，大官、下僚本无严格区别，更无本质不同；当大官是失节，当小官就可保住"智士"身份，岂不是笑话？如果司马光生在近代，看到曾国藩对"粤匪"

119

斩草除根，蒋介石"剿共"时实行格杀勿论，或者在"文革"中连一般国民党员、保甲长都要被揪出打倒，那就会懂得当"下僚"是再愚蠢不过的事了。话说回来，冯道并不是绝对没有选择灭迹山林或优游下僚的自由，不过冯道大概不愿意如此了其一生。他真这样做了，欧阳修、司马光和我们今天就没有冯道其人可评论了。但还会有张道、李道，因为知识分子总是要扮演自己的角色，实现自己的价值的。

现在可以讨论文章开头的问题了，要是冯道生在南斯拉夫，在国家分裂、民族仇杀、宗教冲突时，他能做些什么？最容易的自然是"灭迹山林"，国内找不到，可以到国外去找，有钱就做寓公，没有钱也可以当难民，先在外国爱国，等天下太平了再回去爱国。在国内"灭迹山林"就没有那么方便，且不说在纷飞的战火中难保不中流弹，激烈的国家、民族、宗教情绪大概也容不得你置身事外，不过却能避免后人说长道短。另一条路就是当忠臣，选择一方后就竭尽全力，这样无论生前身后都能博得一部分人的赞扬。但旁观者已经可以看出，冲突中似乎没有一方握有全部真理，忠于一方的代价必定是是非参半，或者是造成更多的生命财产损失。这样的忠臣越多，战争持续的时间越长，人民蒙受的损失也越大。如果有第三条道路，那就是以人类的最高利益和当地人民的根本利益为前提，不顾个人的毁誉，打破狭隘的国家、民族、宗教观念，以政治家的智慧和技巧来调和矛盾、弥合创伤，寻求实现和平和恢复的途径。这样做的人或许只是为了实现自己的价值，但他对人类的贡献无疑会得到整个文明社会的承认。

冯道走的就是第三条道路，尽管他没有走得很好，也没有最终成功，就像他在《长乐老自叙》中所说"不能为大君致一统，定八方，诚有愧于历职历官，何以答乾坤之施"，但与"灭迹山林"或效愚忠于一姓一国的人相比，他无疑应该得到更多的肯定。

十一世纪初的天书封禅运动

一

战国时齐、鲁一带的儒生和方士认为，天下最重要的大山有五座，称为五岳，其中又以泰山为最高，居五岳之首。泰山最高，自然离天最近，所以帝王应该登泰山之巅，筑坛祭天，称为"封"；在山南的梁父山辟场地祭地，称为"禅"。合称"封禅"。为了给自己的主张制造历史根据，他们编造了一套上古三皇五帝、尧舜禹都曾封禅的传说，据说孔子也承认"封泰山禅乎梁父者七十余王"，但他认为从西周以后却还没有一位君主有这样的资格。

封禅既然是如此盛事，君主岂有不想一试的？齐国近水楼台，齐桓公被诸侯尊为霸主后，就准备封禅。相国管仲说古来封禅的帝王封禅都是在完成"受命"之后，踌躇满志的桓公却反问道："我的功绩比起古代'受命'的君主来又有什么不如？"管仲见说服不了他，就出了一道难题："封禅要用鄗上的黍，北里的禾，江淮间的三脊茅草，东海的比目鱼，西海的比翼鸟，还必须出现凤凰、麒麟、嘉谷等各种祥瑞，现在有吗？"大概桓公只顾武功，没有得力的宣传部长和通讯社，一时造不出这么多祥瑞，封禅只得告吹。鲁国的季氏执掌大权后，不知天高地厚，也到泰山去祭天，着实被孔子讥笑了一番。

灭六国后的第三年，秦始皇来到泰山脚下，召集齐鲁的儒生博士七十余人商议封禅典礼。当时天下一统，儒生们自然不敢拿"受命"来压秦始皇了。一些儒生则把这看成显示学问的好机会，于是旁征博引，各不相让，展开了激烈辩论。秦始皇见这批书呆子争个不休，提不出一个可行的方案来，干脆不再理会，仿照秦国在雍城（今陕西省宝鸡市凤翔区）祭祀的方式完成了封禅。儒生们空忙了一场，作用一点没有发挥，好不恼怒。正好秦始皇上泰山途中遇到暴风雨，自然成为儒生们讥讽的内容。十二年后秦朝覆灭，更证明了儒生们的先见之明，秦始皇成了"无其德而用事"的典型，封禅也更加显得崇高而伟大了。

帝王们自不必说，专家学者和知识分子也都盼着有机会分享这份荣光，记录下这千载难逢的盛况。公元前110年汉武帝去泰山封禅，主管天文观测、国家历史和档案的太史令司马谈却未能随行。司马谈气愤之下，一病不起。临终时他拉着儿子司马迁的手，哭着留下遗嘱："皇上断绝了千年的传统，到泰山封禅，我作为太史不能随行，是命也夫！命也夫！我死后，你一定能继任太史，千万不要忘了我想完成什么著作。"司马迁俯首流涕，接受了父亲的遗命。要没有这次封禅，或许就不会有司马迁发愤著成的《史记》了。

汉武帝以后能到泰山封禅的皇帝也是屈指可数。分裂割据的君主固然不敢举行封禅，就是统一王朝的皇帝也未必能去成。因为随着中央集权制的加强，中央要管的事越来越多，皇帝和主要的大臣要离开首都一段时间并非易事。如此大规模的巡游和封禅大典的开支也不是小数，要不是国库充盈就难以负担。耽于安乐的皇帝受不了旅途劳顿，轻易不愿离开宫殿。开国皇帝往往来不及完成这样的盛事，守成的皇帝要没有什么明显的文治武功，大多也不敢做出超越乃父乃祖的事来。何况封禅过的皇帝在史书上留下的记载未必完满，这也使有自知之明的皇帝们望而却步了。

在进行过封禅的皇帝中，宋真宗大概是最谈不上有什么功业的，但他亲自发动和领导的"天书封禅"运动却轰轰烈烈地搞了十四年，史书也有详细的记载，给我们提供了了解封禅真相的机会。

二

北宋景德五年（1008年）正月初三，宋真宗召集文武百官，亲自宣布了一个特大喜讯（今译，以下同）：

去年冬天十一月二十七日将近半夜，朕正准备就寝，忽然室内大放光彩，看见一位戴星冠、穿绛衣的神人对我说："下个月应该在正殿做一个月的黄箓道场，就会降下天书《大中祥符》三篇。"朕肃然起敬，想起身回答，神人已不见踪影。从十二月初一开始，朕就在朝元殿斋戒，建道场以求神人保佑。到今天，正好皇城司来报告，发现左承天门南面的鸱尾上挂着一条黄帛。派太监去观察，帛长约二丈，像封着书卷，用青丝绳缠着，隐约看出里面有字，这就是神人所说的天降之书。

宰相王旦立即率群臣称贺。随后真宗步行到承天门，瞻仰天书，下拜致敬，派二名太监爬上屋顶取下。王旦跪进天书，真宗下拜接受，亲自放在轿子中，引导到道场，授予陈尧叟启封。只见黄帛上写着："赵受命，兴于宋，付于恒（宋孝宗名），居其器，守于正，世七百，九九定。"真宗跪受后，又命陈尧叟宣读，三幅黄字所写内容类似《尚书·洪范》和《道德经》，赞扬真宗能以至孝至道继承帝业，希望他保持清净简俭，宋朝的国运必能昌盛绵长。皇帝又跪奉天书，用帛裹住后放入金匮。群臣在崇政殿致贺，皇帝赐宴款待。又派专使祭告天地、宗庙、社稷，大赦天下，改年号为大中祥符，又赏赐群臣，并特许京城百姓大喝五天。

这真是旷古未有的大吉大喜，陈尧叟、陈彭年、丁谓、杜镐等马上引经据典，从理论上阐述天书的伟大深远意义。消息传出，举国上下欢欣鼓舞，各种祥符纷纷上报。为了表达全国臣民的迫切心情，宰相王旦等率领文武百官、军队将士、地方官员、少数民族首领、和尚道士、社会名流和各地长老二万四千三百多人，五次上书，请求举行封禅大典。皇帝顾及国家利益，惟恐国库不足，但主管财政的大臣丁谓报告决算有盈余，这才命翰林院、太常寺等主管部门研究制定详细的仪式。丁谓为让皇帝了解财政方面的大好形势，特意将历年收支数据编成《景德会计录》，与封禅大典的经费预算一起上报，获得皇帝嘉奖。

对天书降临作过特殊贡献的王钦若被任命为参知政事（副宰相），担任大典的常务总指挥。六月初六，王钦若从乾封县（今山东泰安市）报告：泰山涌出醴泉，苍龙降临锡山。不久，木工董祚在醴泉亭以北的树上又见到挂着一块黄帛，上面有字，但不认识。皇城使王居正接到报告，立即奔赴现场，见帛上写着真宗的名字，赶紧报告王钦若。王钦若躬奉帛书，让太监飞马捧往首都。真宗立即在崇政殿召集群臣，又亲自宣布了第二个特大喜讯：

五月十七日子夜，朕又梦见上次见到的神人对我说："下月中旬，将在泰山赐给你天书。"朕马上密令王钦若等人，一旦发现祥异就立即上报，如今果然与所梦符合。上天如此关怀保佑，朕真怕担当不起呀！

王旦率众臣拜贺，将天书奉迎至含芳园正殿，又由真宗隆重奉接。这次的天书写得更明白：

你对我如此孝顺崇敬，养育百姓使他们幸福，特赐以嘉瑞，要让百姓们都知道。对我告诉你的话要保密，对我的意思要好好理解。国运一定能永远昌盛，你也可以健康长寿。

群臣当然理解上天的意旨，立即给真宗上了尊号，称为"崇文广武仪天尊道宝应章感圣明仁孝皇帝"。不久，各种祥瑞在全国遍地开花，王钦若献上芝草八千株，赵安仁献上五色金玉丹、紫芝八千七百余株，各地贡献的芝草、嘉禾、瑞木、三脊茅草多得无法统计。

为了永久供奉天书，真宗决定修建玉清昭应宫。主管部门和技术人员估计需要十五年时间，总指挥（修宫使）丁谓下令打破常规，日夜施工。对这项政治任务当然要坚持高标准，并且不能算经济账，监工太监刘承珪严格照图纸验收，如有丝毫不合格，不论已装修得多么豪华都要全部拆毁重建。结果，这座有两千六百一十间的宏伟建筑在七年内就建成了。

九月二十八日，真宗亲自在崇德殿演习封禅仪式。十月初四，在载着天书的华丽玉车引导下，真宗一行浩浩荡荡离开开封，十七天后到达泰山。王钦若等献的芝草已多达三万八千多株，在短短的三个月中竟又翻了两番，不知是解决了人工培植的难题，还是发现了新的产地。不过，比起以后亳州献的九万五千株来，胆子还是不够大的。经过三天斋戒，真宗登泰山顶完成了祭天仪式，第二天又在社首山举行了祭地典礼。于是真宗登寿昌殿接受群臣朝贺，宣布大赦天下，文武百官都升官一级，首都开封府与皇帝途经州县增加举人名额，特许全国百姓大喝三天。接着在穆清殿举行盛大宴会，还在殿门外为当地父老开宴。十一月二十日，真宗回到开封，群臣的歌功颂德又掀起了新的高潮。十二月初五，真宗在朝元殿接受尊号，封禅大典圆满结束了。

但各地官民的积极性却越来越高。汀州人王捷报告："我在南康遇见一位姓赵的道士，传授给我炼丹术和一把小环神剑，他就是圣祖（赵氏的始祖）司命真君。"王捷被赐名中正，被封为左武卫将军，倍受宠幸。

大中祥符三年（1010年）六月，河中府（治所在今山西永济市西南）进士薛南及当地父老、和尚道士一千二百人请求皇帝到汾阴（治所在今山西省运城市万荣县西南）祭祀后土。原来汾阴也是有来历的地方，公元前116年当地一位巫师在土堆中发现了一只特大的鼎。汉武帝核对无误，派人迎至甘泉宫，又运回长安，途中居然出现黄云盖在鼎上，同时有一头鹿经过，被武帝亲自射杀，用以祭鼎。经有关方面召集专家论证，这是一只宝鼎，与泰皇、黄帝、禹所铸的鼎具有同样重大的意义。为此武帝改年号为元鼎，三年后又在汾阴建后土祠，亲自致祭。现在皇帝既然已经封禅，祭祀后土是顺理成章、必不可少之事。真宗俯顺民情，宣布明年进行。十二月，陕州（今河南三门峡市）报告境内黄河变清。这分明是圣人出现、天下太平的征兆，晏殊立即献上一篇《河清颂》。四年正月二十三日，真宗一行又以天书为前导由开封出发，出潼关，渡渭河，在二月十三日到达汾阴，四天后进行了祭祀后土地祇的典礼。

大概是为了使这场运动长盛不衰，到五年十月二十四日，真宗又对群臣宣布了一件奇迹：

朕梦见神人传达玉皇的命令道："上次曾命令你的祖先赵玄朗授你天书，现在命令他再来见你。"第二天，又梦见神人传达圣祖的话："我的座位要朝西，再斜放六个座位等着。"当天就在延恩殿设道场，五更刚过，就闻到异香。不一会，黄光满殿，圣祖降临，朕在殿下拜见。接着又来了六个人，向圣祖作揖后一起就座。圣祖命朕上前，说："我是九位人皇之一，是赵氏始祖。第二次降生就是轩辕皇帝，后唐时又降生，传下赵氏已有百年。皇帝你要好好抚育苍生，保持以前那样的志向，不要懈怠。"说完就离座驾云而去。

王旦少不了又率群臣拜贺一番。赵元朗既是赵氏始祖，又是轩辕黄帝之祖，"玄朗"二字当然不许再用，于是诏令天下，以元代替玄，以明代替朗，已有书籍中出现元、朗二字时必须缺笔。因玄字与元字声音相近，下令改用真字代替元、玄二字。又给赵元朗上了一个尊号"圣祖上灵高道九天司命保生天尊大帝"。水涨船高，群臣也给真宗上了新的尊号"崇文广武感天尊道应真佑德上圣钦明仁孝皇帝"，不仅增加字数，而且用词的规格大为提高。经过三次谦让，皇上不得不接受了。

六年元旦，国家天文台（司天监）报告出现了"五星同色"这一罕见的天象。金、木、水、火、土五颗行星同时出现称为"五星连珠"，已是少有的祥瑞，只有在周武王伐纣、汉高祖入关这样的时候才会出现，"五星同色"的意义不言而喻。六月，由亳州（今安徽亳州市）地方官、父老三千三百人组成的代表团到达开封，在宫门外请愿，要求皇上到亳州太清宫祭祀老子。八月初一，皇帝答应明年春天亲自去太清宫，十天后就给老子上了尊号"太上老君混元上德皇帝"。七年正月，以真宗为首的祭祀大队又在天书的引导下开往亳州，历时二十天。现场指挥丁谓献的芝草创造了空前纪录，多达九万五千株。太史报告，天上出现了含誉星，这是大喜事的象征。亳州被升格为集庆军，地方官的级别自然相应提高，当地百姓的赋税被减免三成。当年十一月，玉清昭应宫建成，次年又有一系列的供奉活动。

天禧二年（1018年）夏，皇城司报告：保圣营的士兵在营西南角发现了乌龟和蛇，就在那里建了真武祠，现在祠旁涌出一股泉水，不少病人喝了后就痊愈了。真宗下诏就地建祥源观。

天禧三年（1019年），巡检朱能宣称有天书降临在乾祐山。大家都知道，这是朱能与太监周怀政勾结后伪造出来的，真宗却深信不疑，下令将天书迎入宫中。尽管直到真宗死后，才有人来算朱能这笔欠债，但天书再也无法激起全国的狂热。乾兴元年（1022年）真宗病死，享年五十五岁。半年后，天书作为殉葬品与他的遗体一起被送入永定陵，永远在人间消失了。

三

天书、祥瑞一类把戏在中国史上并不少见，但像宋真宗这样亲自策划、制造的倒也不多。平心而论，真宗算不上是昏君或暴君。在对抗辽国入侵时他虽然没有完全采纳寇准的意见，毕竟还亲征前线，比以后宋徽宗在金军进攻时望风而逃、宋钦宗一味求降要强得多。天书运动的真正导演是奸臣王钦若，他在辽军入侵时曾主张迁都金陵（今江苏南京市），被遣往天雄军驻防地（今河北大名县）后，在强敌面前只会紧闭城门，修斋诵经。他对敌国束手无策，侍奉皇帝、打击政敌却游刃有余，而真宗严重的虚荣心使他有了可乘之机。本来，澶渊之盟被视为宋朝的胜利，力主御驾亲征的宰相寇准在真宗心目中是大功臣。可是王钦若却大进谗言，说这是"以万乘之尊为城下之盟"，而寇准是将真宗当作赌博的"孤注"，不顾皇帝的死活为自己捞取名利。这一招果然有效，从此寇准圣宠日衰，不久被降职为地方官。自从听了王钦若的话，真宗将澶渊之盟视为奇耻大辱，却又没有挽回面子的办法，于是王钦若献计："唯有封禅泰山，可以镇服四海，夸示外国。"封禅必须要有"天瑞"，但既然以往就有"以人力为之者"，那么只要真宗"深信而崇奉之，以明示天下，则与天瑞无异也"。他还进一步让真宗"解放思想"："陛下以为河图、洛书真有其事吗？无非是圣人利用神道设教罢了。"当真宗问直学士杜镐河图、洛书究竟是怎么一回事时，这位饱学的老儒也如此回答。但真宗还怕宰相王旦会反对，让王钦若去做说服工作。在得知王旦愿意顺从的信息后，真宗亲自召王旦欢宴，散席时又特赐酒一樽，让他带回去与妻儿同享。王旦回家后发现，樽中装的竟全是贵重的珍珠，他明白了皇帝的真意，更不敢再有异议了。至此，王钦若的奸计得售，达到了排斥寇准和摆布真宗的双重目的。真宗在向全国臣民撒下了天书降临的弥天大谎后，就像染上毒瘾一样，再也无法自拔，只能按照王钦若的导演不断地表演下去。他既需要欺骗臣民，也需要欺骗自己。以万乘之尊，他绝不会有承认错误的勇气。相反，在王钦若之流制造的祥瑞遍全国、颂歌响天下的狂热中，真宗"镇服四海，夸示外国"的虚荣心似乎真的得到了满足，陶醉在虚幻的"大好形势"下。

其实，直接参与王钦若阴谋的人极为有限，多数大臣只有附和而已，但宰相王旦的态度却起了决定性的作用。真宗最担心的是王旦的反对，实际要是王旦能与平时一样坚持正确立场的话，这场闹剧确实是演不成的。

王旦的出身、经历、能力、品行可以说是完美无瑕的。他出生在一个三代仕宦的家庭，父亲王祐是宋初名臣。王旦二十三岁进士及第，出任知县，仕途平稳，二十一年后升至参知政事，连续当政十八年。生前位极人臣，死后也备尽荣哀，以后还被配享真宗庙廷，所立碑上由仁宗御笔题为"全德元老"。

真宗亲征澶州时，留守开封的雍王元份得了急病，王旦奉命赶回代理留守。临行时他要求真宗召来寇准，并提出："要是十天之内未得到捷报，我应该怎么办？"真宗沉默了好久，才说："那就立太子为帝吧。"王旦敢于向皇帝提出如此敏感的问题，足见他的无私无畏。果然，他回首都后直接进驻皇城，严密封锁消息，直到欢迎真宗回京时，家人才惊奇地发现他居然是从城里出来的。

他深知寇准的忠直，尽管寇准一直在真宗前说他的坏话，他却总是赞扬寇准。真宗感到不解，王旦说："我任宰相日久，政务上的缺漏必定很多，寇准对你一点不隐瞒，更说明他对陛下忠诚，所以我更器重他。"寇准被罢相后，托人向王旦要求使相一职，王旦惊奇地说："将相的职位岂能自己要求？我不接受私人请托。"寇准十分愤恨。不久任命下来，竟是有使相一职的，寇准向真宗谢恩，说都是陛下的恩德，真宗告诉他是王旦举荐的结果，寇准深感惭愧，慨叹自己远不如王旦。寇准到任后过生日时大摆宴席，平时也超标准地享受，被人告发，真宗大怒："寇准什么事都学我的样，这还了得！"如果有人稍加发挥，这完全够得上大罪。王旦却不紧不慢地说："寇准人倒是贤能的，可就是呆得没有办法。"真宗的气消了，也就不再追究。

而对王钦若这样的奸臣，王旦力劝真宗不要任命他为宰相。直到十年后王旦逝世，王钦若才如愿以偿。但他对王钦若也留有余地，当王钦若因与人在真宗面前争吵，引起真宗愤怒时，王旦并没有落井下石，而是劝真宗按正常途径处理。虽然王旦不得不带头庆贺天书降临，但对那些借献祥瑞钻营的人却不屑一顾。当陈彭年通过副相向敏中送上一篇文章，王旦不看一眼就用纸封了。向敏中请他看一下，他说："还不是想通过献祥瑞往上爬。"太监刘承珪深受真宗宠幸，临死时请求封为节度使，真宗对王旦说："要不他死不瞑目。"王旦却不为所动，反问道："要是以后有人要当枢密使（国防部长），怎么办？"真宗只得作罢。

王旦家中经常宾客满堂，却从不接受私人请托。他了解了值得推荐的人后，总是秘密报告皇帝，即使被采纳后也从不声张。直到他死后史官修《真宗实录》，才从档案中发现很多官员都是他推荐的。谏议大夫张师德是新科状元，两次上王旦门都未见上，以为被人家说了坏话，托向敏中向王旦解释。当讨论任命知制诰（为皇帝起草诏令）一职时，王旦说："可惜呀！要不该是张师德的。"原来王旦一直在皇帝面前称赞张师德，但见张师德两次上门，很不以为然，说："中了状元，本来就前程无量，应该耐心等待。要是大家都靠走门路，没有门路的人怎么办？"他不顾向敏中的一再请求，还是决定暂缓提升张师德，"聊以戒贪进、激薄俗也"。

王旦的政治技巧也可谓炉火纯青。他到衮州执行公务，太监周怀政同行，想找机会与他见面，他必定要等随从到全，穿上公服在

133

办公室会见，谈完公事后就退场。以后周怀政因罪被杀，大家才佩服王旦的远见。一次发生蝗灾后，有人拾了死蝗虫报告真宗，真宗给大臣看了，第二天大臣们就带着死蝗虫要求在朝堂展览，然后率百官庆贺蝗灾的结束，只有王旦坚持不同意。过了几天各地上报，说飞蝗蔽天，真宗看着王旦说："要是真让百官庆贺了，岂不让天下人笑话？"一个算命人因为对宫内的事说三道四被杀了，在抄他家时发现了大批官员向他问吉凶的信件。真宗大怒，要御史立案追查，王旦说："这是人之常情，再说他们也没有谈公事，算不上犯罪。"真宗的气还不能平息，王旦就拿出自己问过卦的纸来说："我年轻微贱时也不免问过卦，一定要处罚，就将我送监狱吧。"真宗说："此事已经被揭露，总得有个交代呀！"王旦说："我作为宰相是要执国法的，岂能自己犯法？希望不要声张出去让别人抓把柄。"真宗碍着王旦的面子，答应让王旦处理。王旦回到办公处，立即将这些材料全部烧毁。果然真宗又改变主意，派人来取，却什么也没有得到，有关官员因此而逃避了一场灾难。

　　王旦敬重寡嫂，与弟弟王旭极其友爱，子女的婚姻不讲门第。平时生活俭朴，用的衣被都是极普通的。他从来不买田置宅，认为子孙应当自立，否则有了田宅，反使他们争夺出丑。真宗觉得他的住宅太差，要替他装修，他说这是先人的故居，不能改变。他对家人从不发怒，饮食不干净或不合口味，只是不吃，却不怪罪。家里人试他，故意在肉汤中放了点墨，他就只吃饭，说今天正好不想吃肉。下一次又在饭中放了些墨，他又说今天不爱吃饭，给我做些粥吧。

可见王旦完全够得上一位不可多得的贤相，不愧为道德的典范。王旦顺从真宗，为伪造的天书圆谎，并不是识不破王钦若的阴谋，更不是贪图一樽美珠，而是不敢与"最高指示"对抗。他可以千方百计化解真宗的怒气，保护寇准和其他官员；也可以巧妙地抵制太监的非分要求，拖延执行皇帝随心所欲的决定；但一旦意识到已经无法改变皇帝的决心时，就再也没有勇气不表示顺从了。固然，我们可以指责王旦的私心，但在专制君主的统治下，要求臣下揭露皇帝制造谎言实在是难乎其难，何况皇帝说的谎正是他本来就应该有的"天命"！

王旦为自己的失足付出了沉重的代价，从此他只能一次次带头欢呼庆贺，一次次奉着伪造的"天书"主持各种大典。他的良心受到强烈的自责，常常闷闷不乐，临终时给儿子留下遗嘱："我没有其他过错，只有不劝阻天书这件事，是赎不了的罪。死后要剃掉头发，穿上黑衣服（僧服）下葬。"他是有自知之明的，知道逃脱不了历史的评判。但宋朝社会付出的代价更加沉重，可以想象，这样大规模的巡游、庆祝、祭祀、建筑耗费了多少百姓的血汗和生命？这样狂热的运动又给社会留下了多少创伤？从这一角度，我们是无法为王旦开脱的。

比起王旦来，寇准的失足更不光彩。他受王钦若排挤后当了十三年的地方官，再也耐不得寂寞了。天禧三年（1019年），巡检朱能与太监周怀政勾结，谎称在乾祐山发现了天书。乾祐山就在寇准的辖境，他女婿王曙与周怀政关系密切，劝寇准与朱能合作，寇准就将天书降临的"喜讯"上报朝廷，因而得到真宗的好感。王钦若罢相后，寇准马上获得了代理宰相的任命。当时有人劝寇准："你的上策是到达首都附近后坚决称病要求改任地方官，中策是入朝廷后就揭发乾祐山天书的骗局，最下策是再当宰相，这会毁了你一生的声望。"但挡不住宰相的诱惑，寇准将宝押给了朱能和周怀政。一年后，寇准受丁谓陷害被罢相。一个月后，周怀政在权力斗争中被杀，丁谓与皇后揭发了朱能伪造天书事件，寇准被贬相州（今河南安阳市）。接着，朱能拒捕后自杀，寇准又被贬到道州（今湖南道县），真宗死后更被贬到了雷州（今广东雷州市），一年多后死于当地。本来，受丁谓这样的奸臣排斥会受到舆论的同情，但与朱能伪造天书联系起来就成了寇准洗不清的污点。或许有人要为寇准辩护：上报天书无非是随大流，目的是复出，以便重新施展自己的政治抱负。只要目的高尚，手段不妨卑鄙。我不想对寇准的政治伦理作出价值评判，但试问，要是他不与朱能之类划清界限，政治上还能有什么作为？他复出后一年就再次下台，不是很好的证明吗？

在君臣上下丧心病狂时，知识分子的良心并没有完全泯灭，依然有人公开批评真宗的行为。当天书降临，百官争言祥瑞时，龙图阁待制孙奭却对真宗说："我听过一句话，'天何言哉！'天连话都没有，岂会有书吗？"真宗决定祀汾阴后，孙奭上疏，从八个方面提出了反对理由。他一针见血地揭露群臣的丑态："现在见一只野雕、山鹿就当成祥瑞奏报，秋天旱灾、冬天打雷也要作为吉兆称贺，背地里说怪话取笑的人有的是。"他甚至将真宗与同样封禅泰山、祀老子的唐明皇相比，劝真宗吸取唐明皇的教训，"早自觉寤"，"无为明皇不及之悔"。王曾、张旻、崔立、张咏、任布等也都提出过各种反对意见。王曾还拒不接受"会灵观使"的任命，真宗责问道："大臣应该附会国事，为何竟不合作？"王曾的回答是："皇帝听意见称为明，臣子尽忠心称为义。我只懂得义，不知道什么合作不合作。"他因此而丢了副宰相的官，却没有改变初衷。尽管他们没有能够阻止这场闹剧，但显示了知识分子的良心和人格。

孙奭等人幸而生在优容士大夫的宋朝，真宗也还有一点容纳不同意见的雅量，所以至多只是罢官降职。要是生在明朝，少不了会被拉到午门外打一顿屁股，或许会被活活打死。要是遇到一位暴君，必定会有杀身之祸，说不定会殃及九族。要是生在"文化大革命"中，肯定会被批倒批臭，砸烂头，打翻在地，再踏上一只脚，永世不得翻身，甚至有人被割断喉管再枪毙也在意料之中。至于因此而揪出一个反革命集团或揭发出一条反动路线，更是阶级斗争和路线斗争的规律性结果。但即使如此，不也还是有人在说真话吗？

四

天书运动虽然随着真宗的去世而中止，却并没有受到任何清算，对于真宗的继承人和子孙来说，这当然是很正常的。但正因为如此，也为这类闹剧的重演留下了伏笔。果然，从崇宁四年（1105年）开始，徽宗将道教一步步抬上了无以复加的地位，一度使天书运动再现。

濮州（今山东鄄城县北）人王老志本是小吏，自称遇见了异人，授给他丹药，从此就能为人算命，作预言，据说很灵验。太仆卿王亶将他推荐给徽宗，被召至京师，住在蔡京家中。王老志曾送来一个密封的信封，徽宗打开一看，竟记着往年秋天自己与乔、刘两位宠妃说的悄悄话。徽宗更加信用，封他为"洞微先生"。洪州（今江西南昌）人王仔昔自称在嵩山遇见许逊，传给他《大洞》《隐书》和其他方法，能预知未来。蔡京推荐后，徽宗认为他的符箓很灵，封他为通妙先生。一时间，两人大受恩宠，百官争相奉承，门庭若市。

政和三年（1113年）十一月，徽宗在百名道士和仪仗队的簇拥下去圜丘祭天。出南薰门后，徽宗忽然问蔡京的儿子、典礼官蔡攸："玉津园东面好像有一片楼台，那是何处？"蔡攸答道："我看见云间有楼台殿阁，隐隐约约有好几重，再仔细看，它们离地面都有数十丈。"徽宗问："有人吗？"蔡攸说："有一些像道家的童子，举着旗幡等仪仗，相继出现在云间，连眉目都历历可见。"于是徽宗宣布天神降临，并亲自撰写了一篇《天真降灵示现记》。道教自然大行其道，十二月间徽宗下诏，向全国征求道教仙经。政和四年（1114年）元旦，为道士确定了二十六级，以后又改为二十六等道官，最高的相当于四品的中大夫，最低的相当于九品的将仕郎，高级道士可以享受"司局级"待遇。

但王老志、王仔昔等已没有什么新花样，渐渐失去了徽宗的宠信。徽宗命徐知常为他寻访本领更大的方士，政和六年（1116年）春，找到了林灵素。林是温州人，小时候当和尚，因为受不了师父的打骂，改当了道士。他会变法术，在淮、泗间小有名气。林灵素见了徽宗就胡吹一气:"天上的九霄,最高的一层称为神霄。上帝的长子是神霄玉清王,统治南方,号称长生大帝君,就是陛下。另外有仙官八百名,蔡京就是左元仙伯,王黼是文华吏,郑居中、童贯等都是仙官中有名字的,我是仙卿褚慧下凡,是来辅佐帝君治理的。"他知道徽宗正宠爱刘贵妃,就说她是九华玉真安妃下凡,听得徽宗龙颜大悦,立即封他为通真达灵先生,赏赐不计其数,还将温州改为应道军;又根据林的建议,立道学,与儒学一样实行科举考试,从元士到志士分为十三品。除了吹牛,林灵素没有什么本领,只是稍懂点天气预报,所以有时能装神弄鬼求雨。

徽宗听从林灵素的建议,大修宫观。先是在京城西北角建了一座上清宝箓宫,极尽奢华。为了徽宗去参加斋醮的便利,还专门在皇城开了一座景龙门,在城上建了一条封闭的"复道"。徽宗又下令在全国的"洞天福地"遍建宫观,每一观都拨给数百上千顷的田地,道士都领俸禄。每次举行大斋,都要耗费几万贯钱,称为"千道会"。有的穷人买一幅青布头巾戴上,冒充道士去赴会,除了每天能饱餐一顿外,还可以领取三百钱的布施。政和七年(1117年)正月,在上清宝箓宫聚集了两千余名道士,徽宗命林灵素传达帝君降临的信息,他还亲自率领官民去听林灵素讲经。可是高坐在上的林灵素实在没有什么高论,甚至不时说些无聊的笑话,引得哄堂大笑。徽宗却对林灵素的话深信不疑,认为自己是神霄帝君下凡,示意道箓院册封他为"教主道君皇帝"。林灵素也被加封为"通真达灵元妙先生",另一位道士张虚白则被封为"通元冲妙先生",都享受中大夫待遇,出入时甚至能与亲王抢道,被京城人称为"道家二府"。他们的门徒有二万人，都靠公费过着锦衣玉食的生活。只要假托天神降临，伪造帝诰、天书、云篆，就能使徽宗言听计从，没有办不成的事。为了报当年受和尚师父打骂的仇，林灵素请徽宗废佛为道，改佛号为大觉金仙；和尚称德士，改变服饰，使用姓名，尼姑改称女德；允许德士入道学，遵照道士法度。

就在道教如日中天，林灵素不可一世之时，他的丑事也不断败露，骗局开始失灵。为了专宠，林灵素毒死了同伙道士王允诚。京城大水时，林灵素奉命上城作法，愤怒的役士抡起棍棒要打他，吓得他狼狈逃跑，法术全无。在路上遇到太子，他居然毫不避让，引起太子不满，向徽宗告了一状，终于使徽宗在宣和二年（1120年）将他斥退，送回故乡，并下诏罢道学。

但徽宗对道教的迷恋依然如故，以至在金军兵临城下，被逼禅位于太子时，仍乐意被尊为"教主道君太上皇帝"。更可怕的是，林灵素之流余毒未尽，在国家生死存亡之际，朝廷上下竟寄希望于道家法术。开封城被围后，先后担任兵部尚书、尚书右丞、同知枢密院的孙傅，居然仅凭一句"郭京杨适刘无忌"的诗句就在禁卫军中访得一位郭京，并委以军事重任。郭京声称能施六甲法，只要用七千七百七十七人就能将金兵击退，生擒两位主将。朝廷对此深信不疑，立即封他为成忠郎，赏赐大批金帛，让他招募兵士。郭京招兵根本不讲武艺，只要八字符合六甲，结果收罗了一批市井无赖。有位武将应募，郭京却加以拒绝："你虽然本领高强，但命中注定明年正月要死，恐怕会连累我。"

金军加紧合围，形势危急，郭京依然谈笑自如，说："选个吉日出兵三百，就可使天下太平，一直打到阴山为止。"还说："不到危急时刻，我的军队不会出动。"孙傅对他非常信任，有人劝道："自古以来从来没有听说过这样的事。真要听他，也不妨先少给他一些兵，待他立了功再逐步提拔。现在给了他这样大的官，恐怕会影响国家的体面。"孙傅大怒："郭京是老天爷送来的救星。他对敌军的情况一清二楚。你幸而对我说这样的话，要是对别人说了，就得治你动摇军心的罪。"

后来，金军攻通津门、宣化门，宋军出战不利。在再三催促下，郭京于二十五日出兵，他下令全部守军下城，不得偷看战况，然后大开宣化门出战，自己与张叔夜坐在城楼观战。出城宋军受到金兵四面夹攻，那批乌合之众一触即溃，死了大半，余众逃回，紧闭城门。郭京对张叔夜说："我得自己下去作法。"但下城后就带领残兵向南逃跑。金兵登上空无一人的城墙，势不可挡。尽管张叔夜等拼死抵抗，开封城于当天就被攻陷。

靖康二年（1127年）四月初一，徽宗和他的儿子钦宗被金兵押解北上，最后魂断朔漠。在国破家亡之后，不知这位"教主道君太上皇帝"是否还相信自己是上帝的长子神霄帝君，是否还相信林灵素之流的谎言？但即使他有所悔悟，千百万生灵已遭涂炭，北宋江山已是落花流水。

此时离宋真宗宣布天书降临不过一百一十九年，离真宗将天书带进他的坟墓一百零五年，离那份"天书"上所许诺的"世七百"还差得远哩！

写到这里，我自然想到了我们都经历过的"文化大革命"，想到了当时更加狂热的"忠字化"运动，不少方面竟与天书封禅运动如出一辙。11世纪初的天书封禅运动居然会在20世纪的中国重演，其原因是值得我们深思的，后人是不会不作出评判的，就像我们今天看天书封禅运动一样。

几年前到泰安开会，在岱庙观赏"封禅大典"，看来是作为传统文化在向世人展示，或许也是为了吸引中外游客，适应市场经济的需要。若干年后会不会有人将"文化大革命""忠字化"搬出来表演一番？是作为传统文化，还是作为商品经济呢？

原载《读书》1995年第11期

重读《明史·海瑞传》

海瑞的名字是幼时就知道的，那是从戏曲、评弹和连环画中听来、看来的，自然不是历史。20世纪60年代知道的更多的却是对"大毒草"《海瑞罢官》的批判，但对海瑞其人反而越来越模糊了。80年代读到黄仁宇先生的《万历十五年》，对有关海瑞的内容留下很深的印象，于是翻出《明史》来读了一遍《海瑞传》。但那时对海瑞这样一位道德楷模却成为现实生活中的悲剧人物的社会原因不甚了了，也未及深究。最近，为应付文债，又读了一遍《海瑞传》，想不到却有了一点新的看法。

历来都把海瑞看作清官的典型。所谓清官，尽管没有明确的定义，但最基本的标准是"清"，即个人生活俭朴，为官清正廉明。当官的不贪污，不受贿，不徇私枉法，洁身自好，就可以算清官了。如果要求高一点，还应包括刚正不阿、疾恶如仇、不畏强暴、打击贪官污吏、为百姓申冤做主等条件。无论根据哪一种标准，海瑞都是当之无愧的清官。在当淳安知县时，海瑞穿的是布袍，吃的是粗米饭，让老仆人种菜自给，为母亲祝寿才买二斤肉。万历年间首辅张居正派御史来看他，也只用"鸡黍"招待。海瑞没有子女，到他死后，人们发现他用的是葛布帐子和破竹箱，比穷书生还不如，丧事还是别人集资为他办的。他任右佥都御史巡抚应天十府时，疏浚了吴淞江和白茆河，使百姓得到实惠；打击地主豪强，救抚贫民和受欺压者不遗余力，富家占有的贫民土地都被他夺回发还。正因为如此，海瑞深得民心。他任巡抚仅半年，但百姓听说他调离时，"号泣载途"，并在家中供上他的画像。海瑞在南京逝世后，载灵柩的船在江上经过时，两岸满是穿着丧服送灵的人，哭着祭奠的人延续到百里以外。

但是海瑞却非常不得官心，从《海瑞传》的记载可以看出，他在官场和朝廷是相当孤立的。黄仁宇曾经指出这一例子：明朝的官员按惯例可以为自己的父母请封赠，一般只有犯了罪或受过处分的才不获批准，但官居正二品的海瑞却没有能为他母亲请得太夫人的称号，在当时是少有的例外。海瑞一生提出过不少治国施政的意见和方案，但被采纳的几乎没有。他能够大刀阔斧地实行自己的政见，只有在巡抚应天十府任上短短半年时间。除了疏浚江河的成果得以保持以外，其他的措施在他离任以后就被废止了。所以我们如果用从政的实绩来评判明朝人物的话，海瑞不过是个一般的清官，对明朝的政治、经济和社会并没有很大的影响，而在很大程度上只是一个道德的典范。民间流传的很多海瑞故事，多数是出于百姓的良好愿望而编造的。

海瑞为什么不得官心呢？因为他的所作所为得罪了大多数官员。贪官当然恨他，总督胡宗宪的儿子路过淳安县时作威作福，海瑞将他扣留，没收了他带的几千两银子，说："以前胡总督巡视时，命令路过的地方不许铺张，现在这个人行装豪华，一定不是胡公子。"并派人报告胡宗宪。胡宗宪哭笑不得，不能治海瑞的罪，但心里不会不恨。都御史鄢懋卿巡视过县时，海瑞声称县小容不得大人物，招待很差。鄢懋卿很不痛快，却不便发作，但回去后还是授意下属诬陷海瑞，使他降了职。他出任应天巡抚时，下属官吏有贪赃行为的连忙辞职，有的地主豪强甚至闻风逃往他乡躲避，原来将大门漆成红色的豪强吓得将门漆成黑色，连负责监督南京织造的太监也减少了轿子和随从的排场。海瑞曾向皇帝建议恢复明太祖时的惩贪法律，即贪赃枉法所得满八十贯钱的处绞刑，更严重的贪官要剥皮实草，这自然要引起大小贪官极大的怨恨和恐慌。但恨他、怕他的还不止贪官。他在应天十府打击豪强时，据说一些"奸民"乘机诬告，使一些官僚大姓被错罚。他又裁减了驿站的费用，使过路的士大夫都得不到招待，纷纷表示不满。明朝南京的很多机构本来就是闲职，官员无所事事，懒散惯了，但海瑞却要加以改变。有一位御史偶然招艺人演了场戏，海瑞想按明太祖定下的规矩狠狠打他一顿屁股，使得官员们惊恐不安，叫苦不迭，当然巴不得海瑞早点下台。

平心而论，尽管海瑞有良好的主观愿望，他的措施和建议却往往是不现实的。在几乎无官不贪的情况下，如果真的要实施明太祖时的法律，大概很少有人不够处绞刑的资格，剥皮的刽子手恐怕会供不应求。如果像那位御史的过失也得挨打，该打的官就太多了，南京锦衣卫就得大大增加人力。因为根据明朝的制度，要打这样正七品的官员，得举行一个正式的仪式，由锦衣卫在南京午门前用刑，由守备太监监刑。正德年间（1506年—1521年）为了打御史李熙三十下屁股，锦衣卫挑选士兵先演习了几天。士兵们大概练得太地道了，差一点把他打死。取消各地驿站的招待虽然节约了经费，也使贪官少了一个揩公家油的机会，但正常往来的官员人等包括像海瑞自己一样的清官肯定会有很大的不便。《海瑞传》说他"意主于利民，而行事不能无偏"，是公允的评价。

但海瑞的悲剧主要还不在于他的偏激，对此，《明史》的作者并未涉及，以后的学者似乎也没有注意到。为什么海瑞这样一位清官会受到如此大的抵制和孤立？隆庆年间（1567年—1572年）的首辅高拱、万历初年的首辅张居正和此后的执政者，无不私底下尽力阻止皇帝重用海瑞。为什么明朝的吏治那么腐败，以至到了无官不贪的地步，海瑞成了凤毛麟角？总不能说，中国的士人到了明朝都变坏了，或者明朝必然是封建社会最黑暗的时代。窃以为不能不检讨一下明朝官吏的俸禄制度。

明朝的开国皇帝朱元璋出身贫民，因此对百姓的疾苦记忆犹新。他当皇帝后，一方面为了打击官吏的贪赃枉法，另一方面也为了树立自己的绝对权威，对贪官污吏的惩治采取了空前绝后的严酷手段。他规定官吏贪赃额满六十两的一律斩首示众，还要将皮剥下，中间塞上草，制成一具皮囊。他把府、州、县衙门左面的土地庙作为剥人皮的场所，称为皮场庙。又在官府公座的两侧各挂上一具皮囊，使办公的官员随时提心吊胆，不敢再犯法。他还采用挑断脚筋、剁手指、砍脚、断手、钩肠、割生殖器等酷刑。有时还让犯贪污罪的官吏服刑后继续任职，充当反面教员。他还屡兴大案，如：洪武十八年（1385年）户部侍郎郭恒贪污案，牵连被杀的就有万余人。

朱元璋又把官吏的俸禄定得出奇的低，如：洪武二十五年（1392年）确定的文武百官的年俸，最高的正一品只有一千零四十四石（米，部分折成钱支付），最低的从九品为六十石，未入流的为三十六石。例如：一省之长的布政使是从二品，知府是正四品，知县是正七品，年俸分别为五百七十六石、二百八十八石和九十石。相当于全国最高学府校长的国子监祭酒是从四品，年俸是二百五十二石。按照惯例，官员的部分幕僚、随从的报酬和部分办公费是要在年俸中开支的，所以官员们依靠正常的俸禄无法过上舒适的生活，低级官员更连养家活口都有困难。相比之下，皇子封为亲王后年俸有一万石，是最高官员的近七倍，还不包括其他各种赏赐。

由于官员的正常收入太低，所以尽管朱元璋惩治的措施十分严厉，贪污还是屡禁不绝，不过与明朝以后的情况相比，当时的吏治毕竟是比较清廉的。但在这位开国皇帝去世以后，后继者既不具备这样的权威来执行如此严厉的法律，也没有兴趣来对付越来越普遍的贪污现象。而且稍有作为的皇帝明知低俸禄的弊病，但又不能更改"太祖高皇帝"的制度。昏庸的皇帝自己沉溺于奢侈享乐，除了朝廷的正常开支外，还经常要大臣们贡献，自然不会管他们的钱从哪里来了。

明朝初年以后，大小官吏贪污成风，几乎无人不在俸禄以外设法搞钱，真正的清官就相当拮据。海瑞最后二年多任南京右都御史的年俸是七百三十二石，是高级官员中第三位的高薪，但相当多的下属是要由他支付薪水的，可以肯定他不会让下属去办"三产"赚钱，而他自己连子女都没有，生活又如此节约，死后却毫无积蓄，可见官员们靠正常收入是无法维持生活的。显然要让一般官员这样严格地遵守本来就不合理的俸禄制度，既不合情理，也是完全不可能的。所以奸臣赃官自然不用说，就是一些在历史有影响的人物，也免不了广为聚敛。明末坚持抗清，不屈不挠，最后在桂林慷慨就义的瞿式耜，在家乡常熟却是一名贪赃枉法的劣绅。清军攻下南京后，江南名流、东林领袖钱谦益率文官投降，为了表示自己的廉洁，向清军统帅多铎送了一份最薄的礼品，也有包括鎏金壶、银壶、玉杯及古玩等在内的二十种，其他大臣的礼物大多价值万两以上。明朝的权臣和太监迫害政敌或清流常用的手段就是给对方栽上"贪赃""受贿"的罪名，这固然出于诬陷，他也说明当时像海瑞这样的官实在太少，就是清流们也未能免俗，要说他们贪污再容易不过。

可是在名义上，太祖高皇帝定下的法律从来没有更改过，至多只能稍作些修正。正统五年（1440年）就有人提出：洪武年间物价便宜，所以定下枉法赃满一百二十贯免除绞刑充军；现在物价贵了，再按这样的标准就太重了，建议改为八百贯以上。到海瑞时又有一百多年了，却没有听说将标准再提高。看来并不是物价没有上涨，而是这些法律已经成空文，修改不修改无所谓了。海瑞建议要恢复明太祖的严刑，对贪官剥皮，不仅"议者以为非"，就是皇帝也觉得太过分。这说明法不罚众，到了大家都把俸禄以外的收入当作正常财源时，就是朱元璋再生也只能徒唤无奈了。海瑞只想用严刑肃贪，却没有提出消除贪污的积极办法，除了招致更多的怨恨外，必定也是于事无补的。

当然，在封建集权制度下要从根本上消除贪赃枉法是不可能的，但采取切实可行的措施减少贪污并非不可思议，清朝雍正皇帝的做法就有明显的效果。

清朝入关后，基本上继承了明朝的制度，官吏的俸禄也定得非常低。不仅如此，由于军事行动频繁，国家开支浩繁，朝廷还不断要官员们"捐俸""减俸"，地方存留的公费也一律上交，上级部门还以各种名义向下级摊派，甚至直截了当要下面"设法"，以至各级行政机构连办公费都没有。但是官员们不能不过奢侈的生活，衙门也不能不办公，于是各级官员和衙门都纷纷开辟财源，一方面截留本该上缴的赋税收入，另一方面就千方百计向百姓搜刮，包括在正常的赋税额度之外提高、加征各种地方性的附加费用，"耗羡"就是主要的一种。所谓"耗羡"（或称"火耗"）本来是指征收赋税、交纳钱粮时对合理损耗的补贴，如：粮食在收缴、存放、贮运等过程中会有损耗，银子在熔铸时也会有少量的损失，所以允许地方官在征收时每两加征一、二分（2%至3%）作为对合理亏损的正常补贴。按惯例，这项收入也不是都落入地方官的腰包，而是要分成不同的份额，馈送各级官吏。但由于国家并没有正式制度，各地征收的标准相差悬殊，加上公私都需要这笔"计划外"的收入，所以一般都要加到一钱（10%）以上，重的要加至五钱，甚至达到正额的数倍。这些钱固然有一部分用于官府的开支，但多数却成了官员们的额外收入。

康熙年间（1662年—1722年），官员的贪污现象已相当严重，一些大权在握的大官僚肆无忌惮地贪污公款，收受贿赂，如：满族大臣索额图、明珠，汉族大臣徐乾学兄弟、高士奇等。当时的民谣说："九天供赋归东海（徐乾学），万国金珠献澹人（高士奇）。"这些人的贪赃行为可见一斑。康熙皇帝也觉察到情况的严重，曾经惩办了一批贪官，还大力表扬于成龙、张伯行、张鹏翮等一批清官，作为各级官员的榜样。但是康熙却没有意识到低俸禄的弊病，没有在惩贪的同时解决官员的合理待遇问题。所以康熙渐渐发现不但贪污无法肃清，就连自己树为典型的几位清官也并不真是两袖清风，像张鹏翮在山东兖州当官时就曾收受过别人的财物；张伯行喜欢刻书，每部至少得花上千两银子，光靠官俸无论如何是刻不了的。晚年的康熙不仅不再致力于肃贪，反而认为："若纤毫无所资给，则居常日用及家人胥役，何以为生？"此论一出，各级官员自然更加无所顾忌了。可是这位并不昏庸的皇帝却没有想到，既然当官的必须有"居常日用及家人胥役"的开支，为什么不能从制度上保证他们有足够的合法收入，而不必收受别人的"资给"呢？

雍正皇帝继位后，决心改革积弊，严厉打击贪污，整顿吏治。他令各省在限期内补足国库的亏空，对查实的贪污官员从严惩处，追回赃款，抄没家产。当时雍正对一些大臣的惩办虽然还有政治上的复杂原因，但也确实起了打击贪污的作用。与此同时，雍正正视现实，解决了官吏俸禄过低和地方政府开支没有保障的问题。具体办法就是实行"耗羡归公"，将全国的耗羡统一规定为每两加征五分，列入正常税收，存留藩库，官员按级别从中提取"养廉银"，作为生活补贴和必要的办公开支。"养廉银"的数量一般大大超过原来的俸禄，官员们完全可以过上体面的生活，也不必再为办公费无处开支发愁了。这样做实际上并没有增加国库的开支，只是化暗为明，把原来不规范的惯例改成了全国统一的税收。百姓的负担也没有增加，相反，不少地方都有所减轻。而贪官污吏再要在耗羡上做手脚，既直接犯法，又不易隐瞒了。雍正期间，吏治有了明显改善，贪污虽不能说就此绝迹，但的确大大减少了。

雍正之所以能一举解决长期积弊，关键在于既有严厉的打击措施，又切实解决了官吏们的实际困难，使大多数人能够合法地获得较高的收入，地方政府的正常开支也有了保证，从而使真正的贪污行为失去了最普遍的借口。但惩贪与养廉必须同时并举，才能奏效。到了乾隆时期，对贪官污吏的惩处逐渐放松，吏治又趋于腐败。因此，如果没有对真正的贪污行为的严厉打击，仅仅依靠对官员物质生活上的满足，养廉银发得再多，也是无济于事的。

海瑞的道德、廉洁、刚正无疑远非雍正皇帝可比，但在解决官员贪污这一痼疾方面雍正却要高明得多，"高薪养廉"至今仍是文明社会公认的合理措施。或许有人说雍正作为皇帝拥有至高无上的权威，海瑞却只担任名义上受到尊崇的闲职。此话不无道理，但雍正的父亲康熙就没有解决问题，而海瑞如果真的提出过可行的办法，尽管不一定就得到实施，至少也会受到多数正直官员的同情和重视，作为一种先见之明载入史册。

我无意苛求于海瑞，但在重读《海瑞传》以后却更加体会到，道德的榜样和严刑峻法都不是万能的，解决社会矛盾还得有切实可行的办法，尤其是要注意消除产生这些矛盾的根源。海瑞一直没有认识到这一点，这是造成他的悲剧结果的真正原因。

原载《读书》1993年第12期

要是世界上只有中文

英国使臣马戛尔尼到北京觐见乾隆皇帝，到去年正好二百年了。我取来了两本书对着读：一本是故宫博物院掌故部编的《掌故丛编》，其中收录了《英使马戛尔尼来聘案》（以下简称《聘案》），是民国时从清朝军机处辑录的档案汇编；一本是英国人斯当东著的《英使谒见乾隆纪实》（Sir George Staunton: An Anthentic Account of an Embassy from the King of Great Britain to the Emperor of China，以下简称《纪实》）的中译本。读完后，说不出是可笑，可气，还是可叹，但还是有不少话要说——无论如何，这是中国外交史上值得我们永远记取的一页。

"文革"后期听说过一件事："文革"高潮中百业凋敝，但一位日本小商人与中国的贸易却一枝独秀。原来这位比之国内的"无产阶级革命造反派"毫不逊色。与这样一位友好人士做生意，自然要先算政治账，不要说少赚钱，就是赔钱也是对"世界革命"有利的，所以此人不久就发了"世界革命"财。

我本是以为日本人毕竟与中国"同文同种"，接受"革命"影响特别快，现在才知道这项专利至少要归于二百年前的英国人。当时英国迫切希望能打破清朝的闭关锁国政策，消除英国对华贸易受到的限制，争取能在北京派驻常任使节，但他们深知，直接提出这样的要求的使臣是不可能进入北京的，更不会得到重视，所以找了一个非常堂皇的理由——向乾隆皇帝祝寿。由于外国船只能停靠广州，英国人又找了一个很得体的借口：英国国王的礼物"体积过大，机器灵巧，从广州长途跋涉至北京，恐怕路上招致损伤"，因此特使的船只将在离北京最近的天津港口上岸。他们通过东印度公司人员正式将信件递交给两广总督郭世勋，但不等中国方面批准，船队就从万山群岛北上。这一招果然有效，郭世勋明知这样做不符合惯例，但事关向皇帝祝寿大事，岂敢怠慢？所以立即上奏。

乾隆得讯后，果然龙颜大悦，于乾隆五十七年（1792年）十月二十日（农历，以下同）下达圣旨："阅其情词极为恭顺恳挚，自应准其所请，以遂其航海向化之诚，即在天津进口赴京。"并命令浙、闽、江苏、山东督抚，"如遇该国贡船到口，即将该贡使及贡物等项，派委妥员迅速护送进京，毋得稍有迟误。"至此，马戛尔尼一行被清朝方面正式当作专程来向皇帝祝寿的"贡使"了，他们的船队成了"贡船"，所带物品成了"贡物"，接待他们也成了一项重大的"政治任务"。之所以要天津和各地预做准备，就是为了保证贡使和贡品能在皇上万寿前赶到北京。

尽管如此，各地官员还是没有深刻体察圣心，遇事拘于常规，以致皇上不得不一次次亲自过问。可是圣意多变，弄得臣子们诚惶诚恐，无所适从。

乾隆五十八年（1793年）六月，当英国船队经过舟山群岛时，曾与定海总兵马瑀联系，要求派熟悉天津航线的引水，马派出两人后就让船队开行，宁波知府克什纳也无异议。浙江巡抚长龄以马、克二人"不待咨覆，擅令开行"，上奏折要求对他们"严加议处"。乾隆见"素尚晓事"的长龄竟然"冒昧若此"，觉得这批督抚"非失之不及，即失之太过"，办事"殊属过当"。"外洋各国如至海口滋事，私自遣人前来窥伺，即应拏究。今英吉利国差人进京具表纳贡，系属好事"。长龄竟不加区别，实在糊涂。最使乾隆担心的是，长龄还将此事通报了江南、山东、直隶各省督抚，要是"各海口纷纷截查，致令该夷官误疑为盘诘拘拏，心生畏惧，成何事体？"看来，乾隆最担心的还是万一把贡使吓跑了，所以严令在"该国探船"经过时，"行止听其自便，不得稍涉张皇，致令外夷心生疑惧，此为最要"。

六月十七日，乾隆估计贡使不久可到天津，又对接待的原则作了具体指示："应付外夷事宜，必须丰俭适中，方足以符体制……此次英吉利贡使到后，一切款待固不可踵事增华。但该贡使航海远来，初次观光上国，非缅甸、安南等处频年入贡者可比。（直隶总督）梁肯堂、（长芦盐政）徵瑞务宜妥为照料，不可过于简略，致为远人所轻。"

六月二十日，根据山东巡抚吉庆报告，船已在十四日到达登州庙岛洋面，"经登州府及游击上船犒赏宣谕，贡使情愿敬赴山庄叩祝"。乾隆又指示："该国贡物甚多，辗转起拨，尚须时日。况现在天气炎热，贡使等起岸后自天津来至热河，尽可令其缓程行走，以示体恤。""俟该贡使到时，必须整列队伍，以肃观瞻。"

第二天，又传来了船在登州上岸的打算，乾隆表示准许，"但其贡物甚大，且极细巧，拨船尚恐磕碰，则用车拉运更易颠簸，必须人夫抬运，方为妥协"；并要吉庆赶到登州"亲为照料"，选择好"稳便"路线，"即饬沿途驿站，并飞咨梁肯堂、徵瑞速为预备。所有正副贡使品级较大，酌与肩舆（轿子），其随从员役止须与车乘"；令吉庆送至直隶交界，与梁、徵接替。同日，军机处又致函山东巡抚，要求打听清楚贡品的具体尺寸，以便决定是放在北京，还是运往热河。

二十二日，乾隆令军机处指示徵瑞向英使传谕："大皇帝因尔国王差尔等前来祝嘏，曲加体恤至意。""尔等如瞻觐情殷，或携带表文及轻小物件先赴热河，以便于初十边到热河，值万寿日叩祝，正合礼节。"其余贡物或随后缓行，或留在北京。

二十五日，乾隆认为沿途及天津已对英使颁赏牛羊米面等物，到热河后还要与其他贡使一并赐宴，所以指示徵瑞："其自天津登陆时不必再加筵宴，盖款接远人之道，固不可稍事苟简，致阻向化之诚，然加之体恤则可，若过为优待，隆其礼节，转使外夷不知天朝体统尊严，为其轻忽。徵瑞于应接款待之间，务宜加倍留心，不卑不亢，以符体制而示怀柔，此为最要。"至于对英使及其随从的供应，完全可以宽裕，从官项中开销。

二十七日，乾隆传谕梁、徵，由于英使从天津换小船至通州上岸，时间充足，所以全部贡物都可运至热河。"该贡使等航海远来，经过天津，地方官设筵款待，亦礼节所当。如该督等接奉此旨，该贡使业经过津则已；如尚未过津，仍着就近先行筵宴。""若该贡使于进谒时行叩见之礼，该督等固不必辞却；倘伊等不行此礼，亦只可顺其国俗，不必加之勉强。"他再次叮嘱他们要"留心款接，不可过于优待，转为所轻，以示怀柔而符体制"。估计梁肯堂接到上谕时，已来不及安排在会见英使时宴请，所以连忙将筵席送至船上，令英使"始终不明白""总督大人为什么采取这种特殊方式待客"。

次日（原书作二十九日，按内容应为二十八日），乾隆见徵瑞关于二十三日上船与英使会面的报告上没有说明具体"行礼情形"，指示他们立即上报。前天才说过"不必加以勉强"，这时却说："外夷遣使入贡，其陪臣与天朝臣工相见，礼节自有定制。即如：阮光平系安南国王，其与同知王抚棠接见时礼貌尚极恭敬，何况马戛尔尼等不过该国使臣，而徵瑞系钦差前往照料，该使臣进谒时自应倍加恭敬。""若过为优礼，夷性贪得便宜，待之愈厚，则其心益骄，转使外夷不知天朝体统尊严，为所轻忽，关系甚重。"

于是在梁肯堂与徵瑞在天津会面英使时，增加了一个新的礼节，《纪实》云："总督引导特使通过大厅至顶端一个阴暗深处，据云那里代表皇帝陛下御座，必须对之敬礼。虽然这是一个非常奇怪的要求，而特使也不得不对之鞠了一个深躬。不可理解的是，总督单独一人在大沽接见特使的时候，并没有提出这种礼节来。"

可是到二十九日，乾隆接到徵瑞报告，说由于英使坚持要平行相见，怕上船与他们会见"有失体制"，准备派一位属员上船；又下了另一道上谕，指责"所办又未免太过"，"殊属矫枉过正"，说自己前一道谕旨"原不令该盐政自居尊大，与远人斤斤计量"；又说："试思该使臣向徵瑞行叩见礼，亦无足为荣；即不行叩见礼，亦何所损？梁肯堂若亦计较至此，更成笑话。外省习气，非过则不及。况该使臣航海远来，至一年之久始抵天津，亦当格外加之体恤，岂可以此等相见礼节与之较论？殊非怀柔远人之道。若该盐政如此拘泥，不能体会朕意，转难向汝等降谕矣。"

三十日，乾隆在翻译出的"贡单"中发现了钦差字样，下令军机处一律改为"贡差"或"敬差"，并要徵瑞将底稿也改正。"此事原不值与之计较，但流传日久，几以英吉利与天朝均敌，于体制殊有关系，徵瑞等不可不知也。"

七月三日、五日、八日的上谕都是指示"贡品"如何装运，装在何处，但随着接见时间的临近，乾隆的注意开始转向具体礼节。在八日的上谕中，乾隆责问道："梁肯堂、徵瑞折内俱称筵宴时该使臣等免冠叩首等语，前据梁肯堂奏，与该使臣初次相见敬宣恩旨时，该使臣免冠竦立。此次折内何以又称免冠叩首？向闻西洋人用布扎腿，跪拜不便，是其国俗，不知叩首之礼，或只系免冠鞠躬点首。而该督等折内声叙未能明晰，遂指为叩首，亦未可定。著传谕徵瑞：如该使臣于筵宴时实在叩首则已，如仍止免冠点首，则当于无意闲谈时婉词告知，以各处藩封到天朝进贡觐光者，不特陪臣俱行三跪九叩首之礼，即国王亲自来朝者，亦同此礼。今尔国王遣尔等前来祝嘏，自应遵天朝法度。虽尔国俗俱用布扎缚，不便拜跪，但尔叩见时何妨暂时松解，俟行礼后再行扎缚，亦属甚便。若尔等拘泥国俗，不行此礼，转失尔国王遣尔航海远来祝厘纳贽之诚，且贻各藩部使臣讥笑，恐在朝引礼大臣亦不容也，此系我亲近为汝之言。如此委曲开导，该使臣到行在后，自必敬谨遵奉天朝礼节，方为妥善。"皇帝不惜亲自为臣下设计诱导英使拜跪叩首的方法，真是用心良苦。

八日，乾隆在接到徵瑞关于"贡使等十分恭敬"的报告后，仍不放心，怀疑他"恐不无代为粉饰"，"传谕徵瑞留心察看，该贡使究竟是否实系恭顺，抑或不免稍露矜傲情形，汝据实具奏，以便该贡使到时酌量接待，不必回护。"当天又通过军机处致函工部尚书金简和侍郎伊龄阿筹备接待英使一行"在圆明园、万寿山等处瞻仰，并观玩水法"，"进城时敬瞻太和殿、保和殿、乾清宫、宁寿宫之壮丽。所有水法等处届期预备"；还要他们预先疏浚昆明湖，以保证湖水充足，贡使乘龙船游湖时"临时不至有误"；圆明园观看演龙舟前也要"留心修饰"。

十二日，根据徵瑞报告："使臣等深以不娴天朝礼节为愧，连日学习，渐能跪叩。"乾隆十分得意，传谕："该使臣等奉伊国王差遣，远来祝厘纳赟，其敬奉天朝，自系出于至诚，断不敢稍愆礼节，致蹈不恭之咎。今该使臣等经徵瑞告知，途次敬谨学习跪拜，其瞻觐时自必能恪遵仪节。"对英使也显得格外关怀，恐他们"不习劳苦，于乘骑不便"，要徵瑞"沿途照料，缓程行走，即于八月初间来到热河，亦不为迟"。但当天军机处通知徵瑞，由于"该贡使到后，亦须先为学习礼体，倘有不合仪节之处，尚应逐一指示，拜跪娴熟，方可带领瞻觐"，所以应在七月二十八九日到达。

但实际上，英使马戛尔尼在这个问题上从未作过让步。他虽然不得不在御座前鞠过躬，并对中国官员在载运使节团的船和车上插

158

上"英国特使进贡"字样的旗子视若无睹，却始终拒绝单方面向中国皇帝跪拜叩头。对徵瑞的用心，英方是完全明白的，《纪实》写道："过去俄国使节关于觐见礼节也曾有过争执，钦差虽然完全知悉，但他仍然对英国特使可能无条件迁就他的要求抱有希望。假如办得成功，这将是他的一大功劳……他除了自己出马而外，还通过经常和特使有接触的中国官员从旁劝说。这些官员在这件事上确下了不少功夫。他们委婉地向特使解释，各国有各国的风俗，外人按照当地国家的风俗办事，对外人有利。他们假装认为特使已经同意行磕头礼，他们对特使说，为了避免不习惯而临时失仪，最好预先做充分演习。"自然，英国人不会想到，这一切竟都是出于皇帝本人的指示。

在北京时，英使通过徵瑞向当朝首相和珅递交了一份备忘录，表明："为了避免失仪，和向尊敬伟大的皇帝陛下表达地球上最远和最大国家之一的崇高敬意，本特使准备执行贵国臣民和贵国属地君主谒见贵国皇帝陛下时所行的一切礼节。本使准备在下述条件下这样做——贵国皇帝钦派一位同本使地位身份相同的大员穿着朝服在英王陛下御像前行本使在贵国皇帝面前所行的同样礼节。"文件交给徵瑞时，"他似乎并不反对信中内容，答应立刻转递"。但到达热河后，徵瑞突然将文件退还英使，显然他和和珅都不会有胆量向乾隆转达这样的要求。直到英使向和珅面交备忘录时，和珅还做出毫不知情的样子，在英使的坚持下才表示考虑后再答复。次日，徵瑞又带两名官员来劝英使无条件行跪拜礼，英使明确表示谒见乾隆时只能与谒见英王时一样，行单腿下跪礼。当天，英国人发现

"承办事务的下级官员突然把使节团的伙食标准大大降低了"。

其实这也是乾隆亲自过问的结果，八月初六的上谕说："此次英吉利国使臣到京，原欲照乾隆十八年之例，令其瞻仰景胜，观看伎剧，并因其航海来朝，道路较远，欲比上次更加恩视。今该使臣到热河后迁延装病，观望许久，许多不知礼节。昨令军机大臣传见来使，该正使捏病不到，止令副使前来，并呈出一纸，语涉无知。当经和珅面加驳斥，词严义正，深得大臣之体。现令演习仪节，尚在托病迁延。似此妄自骄矜，朕意深为不惬，已令减其供给，所有格外赏赐，此间不复颁给；京中伎剧，亦不预备，俟照例筵宴，万寿节过后，即令该使臣等回京。伊等到京后，着留京王大臣（亲王和大臣）在中左门之东值房收拾三间传见。王大臣等应照行在军机大臣传见之礼，按次正坐，使臣进见时亦不必起立，止须预备杌凳，令其旁坐。所有该国贡物，业经装好安设，自可毋庸移动。其发去应赏该国王物件，即于是日陈设午门外，王大臣等当面传旨赏给，令其下人并差人送至伊等寓所，仍着徵瑞照看。其正使臣求进贡件，已谕知徵瑞不必收接代奏，俟其在寓收拾一二日，妥为照料，赍发起身。该使臣等仍令徵瑞伴送至山东交代接替，亦不必令在京伺候回銮接驾。朕于外夷入觐，如果诚心恭顺，必加恩待，用示怀柔。若稍涉骄矜，则是伊无福承受恩典，亦即减其接待之礼，以示体制。此驾驭外藩之道宜然。"

但英使远航朝贡的事早已尽人皆知，乾隆大概无论如何没有料到竟有如此难题，而此时如再驱逐英使，或不让他觐见，丢面子的只能是他自己，所以最后只能允许英使按本国礼节觐见。而且他大概也感到这样的结果张扬出去，对自己在臣民中至高无上的威望并不有利，所以第二天又给留京的王大臣发了一道上谕："今该使臣经军机大臣传谕训戒，颇知悔惧。本日正副使前来先行谒见军机大臣，礼节极为恭顺。伊等航海远来，因初到天朝，未谙体制，不得不稍加裁抑。今既诚心效顺，一遵天朝法度，自应仍加恩视，以遂其远道瞻觐之诚。该使臣祝庆还京时，王大臣等毋庸传见，仍令在馆舍住宿，所有京中各处前拟令其瞻仰处所及筵宴赏赉事，俱俟回銮后再行降旨遵行。"

由于乾隆始终将英使来华的目的当作祝寿朝贡和兼做买卖，所以在英使拒绝以属国使臣地位拜跪叩见后就不再有兴趣了，十八日和十九日他两次下谕，安排结束英使的活动，准备尽快打发他们上路，英国国王派使节常驻北京的要求被断然拒绝。三十日，乾隆下达了最后一道上谕，对英使的返程安排作了指示，也对这次"祝嘏瞻觐"作了结论："此次该使臣等赍到该国王表文，并递呈禀，有越分妄请施恩之事，已颁给敕谕，明白详晰驳斥。此等外夷本属无知，今不准其所请，未免心怀怨望。虽经过省份，见天朝体制森严，断不敢妄滋事端，但所欲不遂，沿途或观望逗留，别生枝节，亦未可定。此次派出松筠及接护各提镇大员，原为催趱弹压，俾贡使等知所畏慑，趱程前进。所有经过省份，营汛墩台自应预备整肃。倘松筠等有稍需兵力弹压之处，即应听其核调，俾资应用若呼。"

当年英使对这位八十二岁的皇帝身体之健康、精力之旺盛叹为观止，我们今天阅读这数十道上谕时也不能不佩服他日理万机、事必躬亲的精力，但不禁要问，一个拥有一千余万平方公里领土、四亿人口的国家的统治者在两个月的时间内花如此多精力关注的究竟是什么？看来既不是中国与英国或其他国家的贸易和其他关系，也不是英国和其他国家的实际状况，更不是中国的国力在世界的地位，而是这位大皇帝自己的声威和天朝的体制。在这些具体而微的指示之下，从首相和珅、钦差、总督、地方文武官员，直到一切经办人员，都只是乾隆一人操纵着的工具，必须无条件地随着他多变的旨意不断改变自己的言行，纵然有再大的能力、再深的见解、再好的建议也是无济于事的。

不知什么原因，在读这些上谕时颇有似曾相识之感，因为很自然地回忆起了改革开放以前某些重要外宾来访时的情况。

两百年前中英两国的这场较量，表面看来似乎双方不分胜败，或者说都失败了：乾隆终于没有能使英国使臣下跪，英国也没有获得派代表常驻北京的许诺。但稍作分析就不难发现，英国人已经获得很多意想不到的成果，而清朝却在耗费了大量的人力物力之后一无所得。不仅如此，这还使中国丧失了一次与西方国家开始平等外交的机会，给以后数十年的中外关系留下了难以消除的痼疾。

乾隆以前的中国皇帝是只管内政不管外交的。因为在他们的眼中，中国是世界的主宰，普天之下，莫非王土，其他一切国家和民族都应该毫不例外地服从他们，向他们称臣纳贡。至于一些过于遥远或野蛮的地方，并不是不可以由他们来统治，而是这些地方没有资格，是那里的人没有做天朝臣民的福气。而任何外国或外族，只要没有和中国的行政制度和文化传统联系在一起，就必定是落后的蛮夷之地。所以朝廷中只有典属国、鸿胪寺，而不会有外交部。首都也只有蛮夷邸、藁街、四夷馆、蕃馆，不会有国宾馆。中原王朝与一切外国外族的关系都只是皇帝与臣子的关系，自然没有平等可言。幸运的是，高山、大海、沙漠、草原将中国与其他文明中心隔开了，使它成了东亚大陆最强大的也是唯一的文明中心。而在工业化以前，其他文明中心的武力，如东征的十字军、阿拉伯帝国（黑衣大食）的军队，没有一次能进入中国。北方游牧民族尽管曾经不止一次征服过中原，最终却毫无例外地成为文化上的被征服者。不幸的是，当沙皇俄国的势力已经扩展到西伯利亚以东，葡萄牙和荷兰的舰队已经航行在台湾海峡和南海，英国已经在印度建立殖民统治并通过东印度公司向东南亚和中国推进，天朝的皇帝和绝大多数臣民却毫无知觉，在自己紧闭的大门内继续做着天下之中的美梦。

如果说，乾隆五十八年（1793年）前中国人对英国的无知还可以推向客观原因的话，英使来华以后就只能怪自己了。英国使团的两艘军舰和一艘供应船经过十个月的远航，顺利到达天津，这本身就是英国航海实力的展示。英使带来的礼品中有铜炮、榴弹炮、毛瑟枪、连珠枪和剑刀片，也有加配了全套装备、拥有一百一十门重炮的英国最大的军舰的模型，还有展示英国的科学和工业水平的天文地理仪器、工艺品、日用品、工矿产品、图片、画像等，但这些送上门的信息丝毫没有引起皇帝和大臣的重视，只是当作蛮夷的贡品而藏诸深宫，普通民众是无缘见识的。《纪实》说乾隆曾在圆明园参观了全部礼品,并对军舰模型很感兴趣,"可惜翻译人员的水平太差,许多技术上名词译不出来,迫使他不得不减短他的问题";大概只是作者的夸张或一厢情愿的推测,至多只是乾隆一时的兴致,因为在他留下的数十道上谕中没有任何涉及了解英国国情的内容。要是乾隆和大臣们稍加留意,中国人对英国坚船利炮的认识完全可以提前四十八年,而不必等到鸦片战争。

如果说,以前将外国都当成属国的做法还没有受到直接的抵制的话,英使的立场已经给中国明确无误的信息——英使认为中国皇帝与他的国王的地位是平等的,他只能用与对待国王相同的礼节来觐见乾隆,根本不是因为西洋人的腿不便于拜跪。他还提出了对等的原则——中国一位与他级别相同的大臣对英王像跪拜,他就能向乾隆跪拜。一方面,大臣们无法驳斥他的要求,乾隆也不得不接受他单腿下跪的英国式礼节,另一方面却又把这解释为皇帝的宽大为怀,不与远夷计较,英国人的腿无法弯曲的神话也继续流传。所以半个世纪后还有一位忠心耿耿的大臣向皇帝建议,由于洋人的腿关节不能弯曲,中国军队只要以长竹竿为武器将他们拨翻在地,他们就会束手就擒了。

而最终答复英国国王的"敕谕"够得上是一篇自欺欺人的奇文:

奉天承运皇帝敕谕英吉利国王:朕光宅四海,统御万邦。远至迩安,泽既覃夫中外;薄来厚往,恩尤遍于怀柔。嘉兹恭顺之忱,式贲宠绥之命。(依然以世界各国的主宰者自居,视英国为下属。)尔英吉利世居西澨,地隔重瀛,名不隶于职方，事罕征乎史册，因向风而慕义，始献赆以趋廷。谓前者八旬，未预延釐之庆；今值万寿，来伸祝嘏之诚。荐陈备列夫多仪，利涉远逾乎万里，是谓一心以向日，敢云惟德之动天。（本来没有资格列为藩属，远道来祝寿，诚心可嘉，但这也是皇帝的功德感动上天的结果。）朕既召见使臣，俾遂觐扬之愿；偕兹藩服，同沾宴赏之荣。轸念勤劬，按日优颁饩廪；远虞匮乏，计年宽给糇粮。爰逮使还，聿彰宣告，所有锡赉珍绮具如常仪，加赐彩缎罗绮、文玩器具诸珍，王其祗受。（已与其他藩属一样对待，考虑使臣归途困乏，已供应大批给养，还破格赏赐你许多珍宝。）于戏！曰寿富，曰康宁，朕惟自强不息；有民人，有社稷，王宜敬事永无愆。其悉不宝远物之怀，永副同底太平之化。故兹敕谕，毋替钦承。（我会自强不息，享受健康长寿；你应该好好治理国家，不要懈怠；要理解我不稀罕远方宝物的胸怀，希望你永远接受我们达到天下太平的教化。特意给你作了指示，不要辜负我的期望。）

不错，英国后来是当了侵略中国的强盗，但马戛尔尼来华还只是为了宣扬英国的富强，争取同中国建立友好的、平等的外交和贸易关系，是一次和平的外交活动。当一个外人以朋友的身份来访时，一定要让他以下属的地位接受赏赐；而当他以强盗的方式来掠夺时，却不得不全部满足他的要求。作为主人，难道不应该承担历史的责任吗？作为后人，难道不应该记取这惨痛的教训吗？遗憾的是，我们在谴责西方列强将不平等条约强加在中国人民身上的同时，却很少提及，在英国的炮弹落到中国领土上之前，中国皇帝也是以不平等的"敕谕"对待英国的，尽管两者的实际后果并不能类比。

与中国方面的无知和自我封闭相反，英国却把这次出使当作了解中国的最好机会，所以组成了包括政治、军事、法律、测量、绘图、航海、医学、化学、天文、植物、商业、工艺、翻译等各方面人员组成的一百多人的庞大使团。在使团回到英国后的嘉庆二年（1797年），《纪实》的第一版就已在伦敦出版。这本相当于四十万字中文的书详细记载了使团在中国的见闻，在当时无疑是西方国家公众了解中国的最新资料，其他没有公开发表的资料自应更多。从《纪实》中我们可以看到，英国人在沿途都做了周密的调查、测量、绘图、记录，中国的行政、职官、军事、刑法、户口、面积、物产、贸易、宗教、风俗、家庭、城市、交通、风景、植物等都有闻必录。如：路过古北口长城时，对驻军和城防都做了仔细的观察，对城的构造作了特别详细的调查。在祝寿的旗号下，英国军舰在广州、舟山群岛、威海、天津附近海域自由往返，还得到中国的引水和供应，由此获得的知识和经验无疑有利于英国军舰以后对中国的进攻。当乾隆皇帝俯允其"向化之诚"而破例大开国门时，自然是想不到会给道光皇帝等后代留下后患的。

乾隆深信英国人来中国无非是为了获得赏赐，为了显示天朝无所不有的富厚，他一再指示供应和赏赐从优。使节船到达大沽口外时，由小船送上的礼品就有牛二十头、羊一百二十头、猪一百二十头、鸡一百只、鸭一百只、一百六十袋面粉、十四箱面包、一百六十包大米、十箱红米、十箱白米、十箱小米、十箱茶叶、二十二大篓桃脯、二十二大篓蜜饯、二十二箱李子和苹果、二十二大篓蔬菜、四十篮黄瓜、四十大包莴苣、四十大包豌豆、一千个西瓜、三千个甜瓜,还有许多瓶酒、十箱蜡烛、三大篓瓷器。由于数量太多,船上无法容纳,只能收下一部分。以后不须英国人开口,大批免费供应的物资源源不断送去。从《聘案》所载长达数页的赏单上可以看到,从英王到使团的最低级士兵,每人都有一份;留在船上的士兵水手六百五十人也每人有赏,离开时还宽给一年的给养;其价值大概远远地超过英国的"贡品",真做到了"薄来厚往"。为了搬运使团的礼品和行李,出动了九十辆马车、四十辆手推车、二百多匹马,动员了将近三千人。以后为使团从北京至热河,北京至广州,沿途动用的民夫、军队、官员,包括迎送的供应、布置、仪仗耗费的物资钱财更不计其数。有时使团成员想自己买东西,东西买到手后,钱又退回来,而卖东西的小贩却被中国官员施以体罚。在北京等地都是如此。船队中一千二百吨的"印度斯坦"号还被容许免税购回中国的丝茶等货物,使英国人大获其利。所以就是在经济上,英国也没有吃亏。

这倒不是乾隆的发明,从秦皇汉武开始,中国的皇帝都是如此的。隋炀帝让外国人在洛阳自由吃喝其实并非例外,只是因为规模搞得太大,后来又亡了国,才被作为劣迹载入史册。尽管皇帝们都把外国人当下属和奴仆,但在接待他们时却格外优待,并且都是只算政治账、不算经济账的。难怪20世界80年代前我们接待外宾时还颇有天朝遗风,即使在勒紧裤带的"三年困难时期"也没有亏待过洋人。尼克松访华后那一阵子，曾听到某商店为迎接外宾而百货充盈，一位不知趣的顾客居然想趁机买紧俏货，结果成为形势报告中的反面教员。不过有一次我带学生去虹桥机场迎接外宾时，倒在机场商店里买到一副市场上无货供应的尼龙手套，自然是沾了洋人的光。

原载《读书》1994年第7期

世界上不止有中文

写完了上一篇文章(《要是世界上只有中文》),觉得言犹未尽。特别是在将这两种书对照着看时,发现天朝大臣对中文的妙用不能不使人惊叹。英使携带的文件都是用英文书写的,有的附有拉丁文本,所以都得翻译成中文,才能进呈御览,这就使臣工们有了施展文字技能的机会。我们不妨将《纪实》所载原文的译文与《聘案》所载当时的译文作一对照:

东印度公司董事长佛兰西斯·倍林爵士致两广总督的信

最仁慈的英王陛下听说:贵国皇帝庆祝八十万寿的时候,本来准备着英国住广州的臣民推派代表前往北京奉申祝敬。但据说该代表等未能如期派出,陛下感到非常遗憾。为了对贵国皇帝树立友谊,为了改进北京和伦敦两个王朝的友好交往,为了增进贵我双方臣民之间的商业关系,英

英吉利国总头目管理贸易事百灵谨呈天朝大人,恭请钧安。我本国国王管有牙兰地密屯、佛兰西、爱伦等三处地方,发船前来广贸易。闻得天朝大皇帝八旬大万寿,本国未曾着人进京叩祝万寿,我国王心中十分不安。我国王称,恳想求天朝大皇帝施恩通好,凡有本国的人来广与天朝的人贸易,均各相好,但望生理

王陛下特派遣自己的中表和参议官、贤明干练的马戛尔尼勋爵作为全权特使代表英王本人谒见中国皇帝，深望通过他来奠定两者之间的永久和好。特使及随员等将要马上起程。特使将携带英王陛下赠送贵国皇帝的一些礼物。这些物品体积过大，机器灵巧，从广州长途跋涉至北京，恐怕路上招致损伤，因此他将乘坐英王陛下特派的船只直接航至距离皇帝所在地最近的天津港口上岸。请求把这个情况转呈北京，恳祈皇帝下谕在特使及其随员人等到达天津或邻近口岸时予以适当的接待。

愈大，饷货丰盈。今本国王命本国官员公举辅国大臣马戛尔尼差往天津，倘邀天朝大皇帝赏见此人，我国王即十分欢喜，包管英吉利国人与天朝国人永远相好。此人即日扬帆前往天津，带有进贡贵重物件，内有大件品物，路上难行，由水路到京不致损坏，并冀早日到京。另有差船护送同行。总求大人代我国王奏明天朝大皇帝施恩，准此船到天津或就近地方湾泊。我惟有虔叩天地，保佑天朝大人福寿绵长。

原来平等的行文被译成了下级对上级的呈文，而且一些重要的词句不是未全部译出，就是作了一厢情愿的修改。在以后的几个重要文件的翻译中也都是如此。

英王陛下给中国皇帝的信

英王陛下奉天承运，事事以仁慈为怀，践祚以后，除随时注意保障自己本土的和平和安

英吉利国表文

英吉利国王热沃尔日敬奏中国大皇帝万万岁。热沃尔日第三世蒙天主恩，英吉利国大

全，促进自己臣民的幸福、智慧和道德而外，并在可能范围内设法促使全人类同受其惠。在这种崇高精神的指导下，英国的军事威力虽然远及世界各方，但在取得胜利之后，英王陛下对于战败的敌人也在最公平的条件下给以同享和平的幸福。除了在一切方面超越前代增进自己臣民的繁荣幸福外，陛下也曾几次派遣本国最优秀学者组织远航旅行，作地理上的发现和探讨。此种举动绝非谋求扩充本国已经足以满足一切需要的非常广大的领土，亦非谋求获取国外财富，甚至并非谋求有益本国臣民的对外商业。陛下志在研究世界各地的出产，向落后地方交流技术及生活福利的知识，增进整个人类世界的知识水平。陛下常常派遣船只载动物及植物种子至荒瘠地区帮助当地人民。此外，对于一切具有古老文明国家的物质和精神生活，陛

红毛及佛郎西依拜尔呢雅国王、海主，恭维大皇帝万万岁，应该坐殿万万年。本国知道中国地方甚大，管的百姓甚多，大皇帝的心里常把天下的事情、各处的人民时时照管，不但中国地方，连外国的地方都要保护他。他们又都心里悦服，内外安宁。各国所有各样学问、各样技艺，大皇帝恩典都照管他们，教他们尽心出力，又能长进生发、变通精妙。本国早有心要差人来，皆因本境周围地方俱不平安，耽搁多时。如今把四面的仇敌都平服了，本境平安，造了许多大船，差了许多明白的人，漂洋到各处，并不是要想添自己的国土，自己的国土也够了；也不是为贪图买卖便宜，但为着要见识普天下各地方有多少处，各处事情物件可以彼此通融，别国的好处我们能得着，我们的好处别国也能得着。恐各处地方我们有知道不全的，也有全不知道的。从前的想头要

下更是注意探询研究以资借镜。贵国广土众民在皇帝陛下统治之下，国家兴盛，为周围各国所景仰。英国现在正与世界各国和平共处，因此英王陛下认为现在适逢其时来谋求中英两大文明帝国之间的友好往来。

知道，如今蒙天主的恩可办成了，要把各处禽兽、草木、土物各件都要知道，要把四方十界的物件，各国互相交易，大家都得便宜。是以常想着要将各国的风俗礼法明白了。如今闻得各处惟有中国大皇帝管的地方一切风俗礼法比别处更高，至精至妙，实在是头一处，各处也都赞美心服。故此越发想念着来向化输诚。

连英王所赠礼品单的序言也做了这样的手脚：

英王陛下为了向中国皇帝陛下表达其崇高的敬意，特从他的最优秀卓异的臣属中遴选出一位特使万里迢迢前来觐见。礼品的选择自不能不力求郑重以使其适应于这样一个崇高使命。贵国地大物博，无所不有，任何贵重礼品在贵国看来自都不足称为珍奇。一切华而不实的奇巧物品更不应拿来充当这样隆重使命的礼物。英王陛下经过慎重考虑之

红毛英吉利国王欲表明国王诚心贵重及尊敬天朝大皇帝无穷之大德，自其本国远遣贡差前来叩祝万岁圣安，特选国王之贵属亲族为其贡使办理此事，欲以至奇极巧之贡物奉上，方可仰冀万岁喜悦鉴收。又思天朝一统中外，富有四海，国内奇珍充斥库藏。若以金银珠宝等类进献，无足为异。是以红毛英吉利国王专心用工，拣选数

后,只精选一些能够代表欧洲现代科学技术进展情况及确实有实用价值的物品作为向中国皇帝呈献的礼物。两个国家皇帝之间的交往,礼物所代表的意义远比礼物本身更足珍贵。

种本国著名之器具,以表明西洋人之格物穷理及其技艺,庶与天朝有俾使用并有利益也。虔祈大皇帝恕其物轻,鉴其意重,是所颙幸。

最可笑的还是军机处保存的一份"英使马戛尔尼谢恩书",现照原格式(标点是新加的)录下:

英吉利国使臣马戛尔尼谢

大皇帝恩典。我们国王敬

大皇帝大福大寿,实心恭顺。如今蒙

大皇帝看出我国王诚心,准我们再具表文进献,寔在是

大皇帝大寿万万年,我们国王万万年听

教训。这实在是

大皇帝的恩典,也是我国的造化。

大皇帝又不嗔怪我们,又不限年月,我们感激欢

喜,口不能说,我国王也必

感激。求

大人替我们奏谢

大皇帝恩典。

此呈系多马斯当东亲手写

制造这份"谢恩书"的具体过程我们已无从查考了,因为《聘案》和《纪实》中都找不到相关记载,但大致还能推断。这位多马

斯当东又被称为"小斯当东",清朝方面把他当成副使斯当东之子,实际上是随使团而来的一位十三岁"见习童子"。这位童子"中文很有进步,除了偶尔充任口头翻译外,还学会书写中国文字"。由于中国翻译官不敢为英使缮写直接送呈官方的文件,所以一些正式信件都是由这位童子重抄后才发出的。大概清朝人不了解英国见习童子制度,就将这个使团中唯一的儿童当成副使之子,而且把他的位置置于使团的第三位,在拟定的"赏单"中就有几份是赏给"副使之子多马斯当东"的,其中有一次"副使之子绘画呈览,赏大荷包一对"以及另外一批礼物是单独进行的,很可能就在安排这位"副使之子"单独活动时,假他之手炮制了这份"谢恩书"。因为我们可以肯定,即使马戛尔尼当时发出过表示感谢的信件,也绝不可能用这样的语句,并在文件上按上手印。所谓"绘画呈览"及由此而发的赏品,很可能就是诱骗这个孩子抄写这呈文的过程和代价。

我在第一次读到《东华录》中乾隆颁给英国国王的"敕谕"时,曾忽发奇想:要是世界上没有英文、法文、拉丁文、西班牙文、葡萄牙文等文字,或者发生了什么天灾将这些文字记录的史料全部毁灭了,必定会有一批史学家根据清朝官方的记载考证出在18世纪末年英国向清朝"称臣纳贡"的事实,作为大清帝国的声威已经超越欧亚大陆和英吉利海峡的证据,同时也可证明英国必定已内外交困,国势衰弱,所以不得不远航万里来归顺输诚,以寻求清朝的庇护了。如果以后有一天,地球上有关20世纪六七十年代的其他文字记载全部毁灭了,只剩下中国当时的"两报一刊",后人岂不是以为人类的理想在世界早已实现过，那就是"到处莺歌燕舞"的"世界革命中心"中国吗？

这固然是笑话，但如果历史上与中国的中原王朝发生过关系的国家和民族都有自己的文字记载，又都保存到今天，恐怕二十四史中的多数"四夷传""外国传"都得重写了，某些史学家所津津乐道的"史实"也只是如此的笑话而已。

当翻译上的功夫无法胜任时，就干脆根据自己的需要编造了。英使的船舱中挂着一幅乾隆的画像，徵瑞就编造了一段话上奏乾隆："英吉利贡船舱内正中供奉圣容，外边装金，镶嵌珠石，外罩大玻璃一块，该贡使十分敬肃，不敢在此起坐。"果然乾隆对英国人对他的崇敬深信不疑，并对这幅画的来历发生兴趣："徵瑞是否亦曾目睹？若未经看见，或于无意中作为闲谈，向彼询问船中所供御容从何而得。如果伊国诚心供奉，亦足以见其敬意之忱，不妨令其据实登答。"徵瑞接旨后既不敢继续欺骗乾隆，又无法向英国人多作打听，所以连英国使臣都觉察到了他的尴尬。徵瑞向乾隆报告，说英国人正在练习拜跪，态度极为恭顺，都是同样手段。大臣们敢于作假固然是为了应付和讨好皇上，但皇上既需要别人欺骗他，也需要欺骗自己。明知英国人的立场毫无改变，却要通知留京的大臣，说经过训诫英国人已经"颇知悔俱""礼节极为恭顺"，就是一个明显的例子。

所以我很怀疑历史上的这类记载，至少有一部分是皇帝和臣子们串通了制造出来的，或者是在皇帝的授意或默许下的产物。近现代的政治家和官员中自不乏精于此道的高手，使我们得以重温历

175

史。"文革"时，报纸上常出现整版的"世界人民支持文化大革命"，图文并茂，具体生动，无数感人的例子曾经使人热血沸腾。现在看来，这类报道的真实性是可想而知的，但当时却曾使六亿人民倍受教育鼓舞，至少我是深信不疑的。

我不想为自己当时的无知辩解，但却要为中国历史上无数可怜的官员和知识分子说句公道话，因为这不是他们的责任。试想，在一个完全封闭的环境中活了一世的人，又如何能想象出一个正确的外部世界呢？在一个"腹诽"（肚子里说坏话）都可以处死罪的专制社会里，又有谁敢怀疑皇帝的至高无上和绝对权威呢？在"文革"中，一份经过精心裁剪的报纸是我唯一的外部消息来源，这还是作为中学教师的干部身份和"革命群众"才能享受的权利，听说小学教师就不够格了。而偷听"敌台"够得上反革命罪行，则既是一般人的常识，也已是身边"反面教员"作了证实。知道了这些，今天的年轻人大概可以对我们少一点责难吧！

不过，在中国的大门已经打开以后，尤其是在改革开放的今天，再要用这样的理由来解释就站不住脚了。所以在有些人继续用乾隆皇帝的眼光看待历史，或用他的行事方式对待世界时，就不能不使人怀疑，他们是不是故意装聋作哑，或者有什么难言之隐？也正因为如此，我希望更多的人了解中国外交史上这一页，并且懂得这个最基本的事实：世界上不止有中文。

原载《读书》1994年第11期

悠悠长水

在谭其骧先生离开我们九个月后,汇集了他1982年以后主要论文和他在编绘、修订《中国历史地图集》过程中所写大部分考释文字的《长水集续编》(以下简称《续编》)终于可以发往人民出版社了。遗憾的是,这个集子没有一篇他自己写的序言或后记,而他为《长水集》所写的自序曾经以其严谨求实的作风、恳切直率的态度为学术界所传颂。如今,我只能用这篇文章叙述先师的最后岁月和我受命编《续编》的缘由,寄托那道不完、写不尽的哀思和怀念。

一

在《长水集》的《自序》中,先师曾谈到他对自编论文集一直"兴趣不大"的原因:"旧作反正已经发表了,如有人要看,可以在旧刊物上找到,何必再费工夫去搜集汇编?有这个时间,再为集体工作多尽一点力量或多写一二篇新作,不是更好吗?"尽管我们曾以他几十年前已经批驳过的错误陈说至今依然在流传为例,向他说明汇编出版论文集的必要性,并终于促成了《长水集》的问世,但实际上他始终没有改变原来的想法。自我1980年担任他的助手后，他发表论著前多数时候都将原稿交我校读，出版后也都将他亲自改定的副本交我保存。积累渐多，我就请示他是否考虑编为续编，但他总是回答："文章已经发表了，编论文集的事以后你们可以做。有时间的话，我还不如多写一点，该写的题目多得很。"

另一方面，他也的确没有什么时间顾及个人的研究，更不用说续编论文集的事。1982年，当他耗费了二十多年心血主持编绘的《中国历史地图集》刚开始出版，不少后期工作还有待完成时，一项新的更艰巨的任务又摆在他的面前：由政协委员提案、经国务院批准，国家决定编绘《中华人民共和国国家地图集》，其中《历史地图集》的主办单位中国社会科学院提名由他担任总编辑，主持《图集》的编绘。当时他已年过七十，1978年的一次中风使他住院一年半，并从此半身不遂，工作和生活都受到很大影响。不少友人劝他不要再承担这样大的集体项目，一位老先生直截了当地对他说："我的经验就是不参加集体项目，这些年才能写出几部书来。我劝你不要再揽这样的事，把来不及写的文章写出来。"但他还是毅然受命，1982年年底在北京主持了第一次编委会。

工作开始以后，就遇到了在编绘《中国历史地图集》时从未有过的困难。经费奇缺，不仅分到各个图组的经费极少，连支付绘图费都不够，就是他这位总编辑能使用的也相当有限。编绘人员虽然几乎包括了国内各主要单位和历史地理学界的大部分同行，但大家同时承担的科研和教学工作很多，国家重点项目也不少，不可能集中精力于这一项。由于《图集》涉及历史自然地理和人文地理的各个分支，许多图组很难找到可以利用的成果，在国内外也都没有先例可循，前期研究的任务很重。当年编绘《中国历史地图集》时要人有人，要钱有钱，一路绿灯，编绘内容又集中在疆域政区，处在四五十岁的盛年驾轻就熟，现在的情况实在不可同日而语。但他还是亲自拟订图组和大部分图目，审定各种工作条例和文件，主持历次编委会和工作会议，审阅了大多数已完成的图幅。特别是在保持和提高图幅的质量方面，他总是认真考虑、反复推敲，竭尽全力。

1991年春，他最后一次在北京主持《图集》的工作会议，常常显得精力不济，所以我与中国社科院科研局的高德同志（现任《图集》编委秘书长）商定，下一次会议时不再请他到北京去，我们可以随时用电话请示。他得知后对我说："从1982年以来，编委会副主任中已经走了夏鼐、翁独健，我也不会等到《图集》出全的，但希望能看到第一册。"他还不止一次对我说过："现在大家对《中国历史地图集》的评价那么高，老实说这是因为以前没有。但这毕竟只有疆域政区，称历史地图集是名不符实的，只有《国家历史地图集》搞出来了才能算数。这件事情完成了，我这一辈子也就不白活了。"我深知，他把编绘出一本足以反映我国历史自然地理和人文地理研究成果的、世界第一流的巨型地图集当作他一生的最终追求，作为他对祖国、对学术的最后奉献，明知不可为而为之，一切困难和个人的利益早已置之度外了。

在他重病卧床的十个月间，已经无法说话或写字，每当我们向他提到《图集》或给他看高德同志的来信时，他常常号啕大哭，不能自已。我将《图集》编委会主任张友渔同志逝世的消息告诉他时，他更是久久不能平静。只是在我从北京回来，告诉他《图集》

第一册的图幅已大致完成，可以转入设计时，他才露出欣慰的笑容。弥留之际，我对着他耳朵大声说："你放心，我们一定把《图集》编出来。"我不知道他究竟能不能听到，但我相信这一定是他最愿意听到的话。

我多次听他早年的友人、同事谈过他勤奋工作的例子，在跟随他的十多年间我也亲身感受到他忘我的工作热忱。在我随他数十次的外出期间，从未有过一天他是在十二点钟以前入睡的。在最后一次发病前的那几天，他都是到后半夜才结束当天（实际已是前一天）的工作的。如果他把这些精力花在自己的论著上，他晚年的产量完全可以是现在的数倍。可是他积累了不少札记并早已开始准备的《水经注》研究却来不及动笔，他计划主持的历代文化区的演变的课题只得取消，连自己的论文集都未能有审订的机会。

二

季龙先师曾经以"锲而不舍，终身以之"作为自己的座右铭，也常常以此激励我们。在他的最后岁月，面对一次次袭来的病魔，他总是坦然处之，依旧不倦地从事科研和教学，真正做到了锲而不舍、死而后已。

1988年7月底，我随他在京西宾馆出席中国史学会代表大会。整天的会议加上晚上接连会客，他已非常疲惫。午夜12点半洗完澡时，我发现他站立不稳，言语不清，就劝他赶快上床休息。就在这时，他突然昏迷倒下，经医生急救后送往301医院，他才慢慢清醒过来。医生严肃地对他说："老同志，不能再这样工作下去了。"但第二天上午，他又出现在会场，金冲及先生等人再三劝阻，他才回房间休息。我们原定在这次会后直接去东北参加《东北历史地理》的审稿会和黑龙江地区的考察，这是一个他很关心的项目，因此坚持要按计划去哈尔滨，我们只能以买不到车票为由使他返回上海。

1990年6月17日，他又因脑血栓住进了华东医院，当时他原来健全的右侧也已麻痹，右手无法握笔，连翻身都不能自主。经过一个月的治疗，病情虽有好转，但写字和走路仍很困难。我们都不确定他还能不能出席将要在11月份举行的国际中国历史地理学术讨论会，他却信心十足地说："我不能坐在轮椅上进会场。"每天下午，他在护士的搀扶下练习走路，还坚持每天写日记。奇迹终于出现了，他不仅自己走上了开幕式的讲台，而且顺利地宣读了主题报告。

1991年6月23日，他在京西宾馆参加中国科学院增选学部委员的会议。深夜就寝前，他说忘了吃药，就又坐到了写字台前。过了好一会，我发现他还是坐在椅子上，无论如何也叫不醒。我马上打电话叫来医生，可是在打了急救针后他还是昏睡不醒，于是又被送往301医院。回到上海后，他似乎不愿意谈论那天晚上的事。友人与学生们不时劝他珍惜身体，细水长流，他对我说："我何尝不知道休息，不知道保命？但活着不工作或者不能工作，又有什么意思？"工作早已成了他生命中不可或缺的部分，成了他不可取代的、或许是唯一的乐趣。

经常在他身边的我感到他的精力和体力都明显地衰退了，那天晚上的事更使我产生了一种不祥的预感，于是加紧了《续编》的整理选编，在9月间打印出了一个目录请他审定。10月初，他打电话给我，问我哪一天可以在上午去他家，并说白天家里没有人，中午可以在他家吃饭，这样可以有时间谈些事。因为白天交通拥挤，从复旦大学往返淮海路他家往往得花好几个小时，我一般是晚上去的。我意识到他肯定有重要的事要我办，就约定了时间。7日上午9点多我到他家时，一向晚起的他已经端坐在客厅的沙发上。果然，他郑重地向我交代了捐资两万元的决定，作为设立一项资助历史地理研究的基金的首批捐款，委托邹逸麟先生与我管理，要求我们务必对捐款的来源保密。他还谈了对身后事的安排，包括骨灰撒海的意愿。我尽力用理智克制情感，认真记下他的嘱咐，并请示了一些细节问题。

其实在两年前他就与我谈过，想捐一笔钱资助历史地理研究。他说："看到现在中青年做研究这样困难，《历史地理》出版一拖再拖，我很不安。我没有什么积蓄，但还能拿一点出来。你替我想个办法，怎样捐出去帮助大家。"我知道他因长期主持集体项目，个人论著不多，稿酬有限。他主持了二十多年的《中国历史地图集》，分得了七千多元稿酬，平均每年不到三百元。上海市政府给《图集》颁特别奖，发了两千元奖金，他得了最多的一份——二百二十元。他最大的一笔稿酬是1987年出版《长水集》的，也不过一万多元，扣掉税款和购书的钱后实际才拿到六千多元。而他病后家中开销颇大，1981年师母也中风瘫痪，直到1985年去世，护理、保健和雇佣保姆的费用一直是不小的负担。所以我几次劝他把钱留下，以待不时之需："将来我可以替你办，现在你先留着。"但这次他却说："我的时间不会多了，等我走了，恐怕你不一定办得成。""我知道这点钱做不了什么事,如果我不死,以后还可以捐,你们也替我想想办法扩大基金。"我自然没有任何不接受的理由了。

午饭以后,他拿出《续编》目录稿,告诉我已想了几个栏目。我看到在《秦关中北边长城》一条后面写着"四毋斋丛考",旁边的空处还写着"方志论丛"。他说可以将补白一类编在一起,名为"四毋斋丛考",取孔子"毋意,毋必,毋固,毋我"(《论语·子罕》)之意。又说:"这几年有关方志的文章倒有好几篇,可以编为'方志论丛'或'地方史志论丛'。""有几篇文章是不是可以合为'悼念故旧',但这个名称不大好,你帮我再想想。""集子的名字也不一定再用《长水集》,可以换一个,但我一时还想不出,以后再说吧。"

还讨论的一个问题,就是《续集》要不要收他在编绘《中国历史地图集》过程中所写的考释文字。原来在编绘工作基本结束后,研究所(当时是室)已经将大家写的释文一起汇编装订,除供同人因工作需要查阅外,还准备进一步整理出版。1981年我刚当他助手时,就已经开始抄录他所写的释文,以便他修改增补后可收入《续编》。但考虑到如果将他所写的释文单独整理,先行发表,必定会影响其他释文的顺利出版,他就要我停止抄录。尽管所里的整理计划因种种原因未能实行,那天他还是要我不要急于将释文收入,先与所长邹先生商量一下。

几天后,我根据他的意愿起草了"捐资意愿书"以及邹逸麟先生与我的"接受委托书",将它们同修改后的《续编》目录一起邮寄给他。18日中午12时，他打电话到所里来，正好由我接到。在谈完其他事后，我问他信收到没有，他说："收到了，你什么时候来我就签字。目录也没有什么意见，就这样编吧。"我与他约定第二天晚上去取回这两份文书和目录，可万万没有想到，就在放下电话不久，他就在餐桌上突发脑出血倒下，从此直到次年8月28日去世，再也没有能够说过一句话，写过一个字，这次电话成了他对我的最后嘱咐。

三

对于先师以"四毋"命名他写的一些补白，我一时并没有体会到他的深意，但在整理文稿的过程中却产生了深刻的感受：他的学术生涯已经对"毋意，毋必，毋固，毋我"这八个字赋予了实事求是、追求真理的新意。

他的一生可以说从未离开过学校，不是读书，就是教书和研究，但他对真理不倦的追求却贯穿了一生的活动，即使是在书桌旁或讲台上。

十五岁时，为了抗议教会学校当局无理开除进步同学，他愤然离开了家乡的秀州中学，到上海进了由共产党人主办的上海大学，加入了共产主义青年团，并参加了上海第三次武装起义。

在暨南大学，他敬佩进步教授夏丏尊，认真听他的课，还随他一起见了鲁迅。当守旧的教授取代夏丏尊时，他就从中文系转入外文系。他不止一次带头轰走了混饭吃的骗人教授，给教务长许德珩留下了很深的印象,以至在他离开暨南后发生的学潮中,许德珩还在问:"又是谭其骧领头在闹吗?"

1934年,他协助顾颉刚先生发起成立禹贡学会,出版《禹贡》半月刊。在解释为何以《禹贡》这篇中国最早的地理著作为刊物名称时,他们写道:"以彼时闭塞之社会而有此广大之认识,其文辞又有此严整之组织,实为吾民族史不灭之光荣,今日一言'禹域',畴不思及华夏之不可侮与国土之不可裂者!"在"九一八"以后的华北,这不啻是一篇抗日爱国的檄文。他还针对"迩来日人盛倡满蒙非中华旧有之说,以为侵略东北之借口",专门著《辽代"东蒙""南满"境内之民族杂处》一文,以使国人了解"东北之土地,初不仅曾为吾中华朝廷所有,亦且曾为吾中华民众所有;不仅在汉族统治下为属于吾中国之土地,即在其他民族统治之下,亦曾为吾中华人民生息繁衍之地也。"

抗战期间,他在内迁遵义的浙江大学任教。担任他助手的吕东明是当地中共地下党负责人,在了解吕的党员身份的情况下,他多方给予保护,一直与吕保持着极深的情谊。在悼念一位早逝的学生的会上,他愤怒地斥责那些倒行逆施的反动派:"为什么该死的人不死,却让不该死的学生死呢?"这些话至今留在一位地下党员的日记上,成为他历史上的一页实录。

他的这种态度越老越坚定,在原则问题上绝不让步。在修订《中国历史地图集》的过程中,曾经因为对历史上海疆画法的意见与某部门相左,早已定了稿的七、八两册一拖几年不能出版。他认为自己的意见完全符合历史事实,对国家也无不利,坚决不同意改变。他表示：主编可以不当，图可以不出，原则不能迁就。

1989年12月18日，他应邀在复旦大学召开的"儒家思想与未来社会"国际学术讨论会开幕式上讲话。事前他对我说："我还是要说真话，绝不说假话。"在当时的气候下，我免不了为他捏了一把汗。果然，在短短几分钟的讲话中，他直截了当声明了自己的观点：

> 在我的脑子里，儒家思想和未来社会扯不上关系。一定要讲这两者有关系，是违心之论。
>
> 我认为中国之所以曾长期持续发展，汉族之所以长期屹立于世界民族之林，这主要是因为长期吸收各种文化，兼收并蓄，不排斥其他优秀文化……我们不能搞民族虚无主义，如《河殇》把中国的落后完全归结于黄河、长城。"全盘西化"是行不通的。但现在又有人说《河殇》否定传统文化，所以我们要肯定传统文化，甚至以为传统文化就是儒家思想文化，那同样是行不通的。现在如果提倡儒学，事实上已经回不到孔子那里去，倒很可能回到明清时代的程朱理学、陆王心学那一套东西上去。明清时代的社会，是《金瓶梅》里面反映的社会，是《儒林外史》《二十年目睹之怪现状》等里面反映的社会。这四十年来，一些提倡传统文化的人，总是强调以前中国比外国强，中国的落后应归结于帝国主义的侵略。其实中国落后于西方至少已有五百年历史，远在鸦片战争以前。中国的落后只能怪自己。20世纪只剩十年了，假如还要提倡儒家文化，拒绝接受他人的优秀文化，那后果是不堪设想的。

与会学者报之以长时间热烈的掌声,唐振常先生还当场起立说:"谭先生说的话,是我们大家想说而不敢说的。"当然这并不是说每个人都同意他的观点,但他坚持追求真理、坚持不说假话的崇高人格赢得了大家的尊敬。

但另一方面,他从不回避或掩饰自己研究中的失误或不足,即使对数十年前的旧作或者仅仅发生在研究过程中的也毫不例外。

在他的病中,中国历史博物馆的洪廷彦先生给我提供了他在1976年写的两封信和三篇关于清朝新疆伊犁西境几个湖泊位置的文章。这三篇文章分别作于7月17日、20日及27日,但在最后一篇中他写道:"所以我在7月17日所写的那份资料里认为和什池以下的大段楚河形成于18世纪以后,那是错的,在7月20日所写的那份补充说明里建议和什池以下的一段作为季节河处理是可取的。"在20日致洪先生的信中,他希望洪先生能在讨论会上为他"张目",但又说:"这是假定你同意我的看法的话,要是你不同意的话,那当然应为你自己的看法张目。"值得注意的是,17日、20日两篇文章是他同时寄出的,但他没有改动前一篇,而是把探索的过程原原本本地保留下来,并且在27日的文章中坦率地加以说明。我将三篇文章一字不改地收入了《续编》,相信是符合他的意愿的。

发表在《历史地理》第十辑上的《历史人文地理研究发凡与举例》,是先师来不及完成的最后一篇论文。由于我在撰写《中国人口发展史》和《中国移民史》时曾向他提出了他在1934年发表的《晋永嘉丧乱后之民族迁徙》一文对南迁人口数量的估计和移民分布区域的问题，他执意要在文章中写进一段自我批评的话："该文以大明侨州郡县的户口数当南渡人口的约数，从而得出南渡人口占当时南朝人口百分之几，又占西晋时北方人口百分之几这样的结论，实在很不严谨……此文内容只讲到境内汉族的南迁而题为'民族迁徙'，更属名实不相称。"实际上，这篇论文的开创性贡献和在中国移民研究史上的地位是不可动摇的，这样的写法既体现了他终身坚持的严谨求实的学风，也寄托着对我们学生一辈的殷切期望："若欲将这个时代的人口移动作出较完备的论述，显然还有待于今后有志于此者的成十倍的努力。"

1991年10月14日（实际是15日凌晨）他给博士研究生靳润成的复信，是先师除日记以外留下的最后手迹。在信中他写道："拙撰《释明代都司卫所制度》系二十多岁时所作，此后即未尝再事钻研，恐内容不免有差错疏漏，决不可奉为准绳。你在使用核对过程中，如发现问题，请随时予以指出见告。该文只讲到都司卫所的统隶关系，完全不接触制度的具体情况，这是由于我取材只限于《兵志》《地理志》之故。现在你翻阅全部《明实录》，正可搜集制度方面的材料，把这方面的制度讲清楚。"这封信成为他的绝笔或许纯属偶然，但严肃、求实的学风一以贯之，直到他学术生命的最后一刻，却完全是必然的。

我凝视着桌上的文稿——明天就将寄往北京。时间虽然已过12点，但在以往，我可以毫不犹豫地拿起电话，向季龙师报告这个消息，他必定还在伏案工作；或许他也会打个电话来，谈谈他忽然想到的事。而今，电话悄然无声，季龙师，我如何向您汇报？但我相信您会知道，而无须我多此一举，因为您的骨灰已随着悠悠长水汇入浩瀚大海，您已与大自然共存；而《中国历史地图集》《长水集》和将要问世的《长水集续编》《国家历史地图集》也将把您的贡献长留人间。您没有离开我们，永远不会离开我们。

1993年5月18日2时于复旦大学寓斋

附 记

《长水集续编》已由人民出版社于1994年12月出版，共三十八万字。因篇幅所限，本拟收入此书的《中国历史地图集》释文和本文提到的关于清朝新疆伊犁西境几个湖泊位置的三篇文章共约四十万字未能编入，今后将另行出版。

"开风气者"与"为师者"

1982年8月,季龙(谭其骧)先师在衡山宾馆审校《中国历史地图集》修订稿,顾颉刚先生生前的助手王煦华先生寄来顾先生致先师的两封信的抄件,说某杂志想发表,能否请先师写一个跋。先师看后觉得颇为难,一时未置可否,又将信交我,说:"你仔细看看。我很难写,有些话我不写别人是不知道的,但由我写了公开发表又不合适。"先师就将有关的情况告诉我,我边看边听,看完后,也觉得有些事情的确不便说,还是不写为宜。由于先师的跋一直未写,这两封信也一直没有发表。

当时,王先生正筹划出版回忆纪念顾先生的文集,向先师约稿。有几次先师已经拿起笔来,但写了数行又停下了。他对我说:"我与顾先生关系最密切的是两件事,一是关于汉武帝十三州的争论,一是办《禹贡》。前一件事已经写文章发在《复旦学报》上了,不能再炒冷饭,另一件事上我们是有分歧的。现在大家写回忆《禹贡》的文章都说我们好话,可能是真不知道,也可能是为我们隐讳。我是当事人,要是不讲实话,今后就更搞不清楚了。但在纪念文章中讲这些事又实在不合适。"我曾经向先师建议,能不能避开《禹贡》这一段,找一点其他事写写。先师考虑再三,说:

"难！我离开北平后就没有再与顾先生共事过，在重庆、上海、北京都是难得见面。再说我写纪念顾先生的文章不提《禹贡》行吗？"以后王先生来信催过，见到先师时也提过。一段时间内每次去北京时，先师都会对我说："要是碰到顾师母、王煦华怎么交代？"这篇纪念文章始终未写成。

1982年10月，香港一位青年学者给先师写信，询问既然他当年在北平开沿革地理课，何以顾先生不与他合作写《中国地理沿革史》，并问及《禹贡》的有关情况，先师命我作答，告以目前不便详谈。1983年夏，牟润孙先生从香港到北京，先师适也在京开会，6月26日去北京饭店看他。说起此事，才知这位青年学者是牟先生的学生。牟先生说："这个呆学生，他曾经问过我，老实说我也不知道，教他不必深究，他怎么还直接写信问你！"先师说："是应该问的，只是我现在不便说。反正都已经告诉他（指当时在旁的笔者）了，以后让他写出来吧。"

先师曾命我为他作一学传，在1991年10月他最后一次向我嘱咐身后之事时，又提到了学传，他说："总而言之，要实事求是，不要因为我是你老师就只讲好话，或者说假话。"先师归道山后，我着手撰写学传，先师的遗嘱时时在耳，在努力做到实事求是方面不敢稍有松懈。去年11月在北京拜访王煦华先生，得知《史学史研究》将发表这两封信，后又承王先生提供抄件，故先将这一段写出，作为学传初稿的一部分。

为了行文和阅读的便利，省略了对顾先生、先师等的尊称。

191

1934年初，顾颉刚有了创办学会和办刊物的打算。2月4日，他约谭其骧去燕京大学的印刷所，了解印刷业务。燕京大学邓嗣禹教授在海淀斌泰酒店请他们吃饭。当晚10时，谭其骧去顾颉刚家，并留宿。在这一天，顾颉刚正式邀他共同发起筹组一个以研究中国沿革地理和相关学科为宗旨的学会，商定以我国最早的一篇系统描述全国自然地理、人文地理的著作——《禹贡》作为名称，还决定创办《禹贡》半月刊，作为未来学会的机关刊物。当时，他们正在北京大学、燕京大学、辅仁大学讲授中国地理沿革史，所以准备以三校学生为基本成员，并以学生们的习作为主要稿源。

学会的筹备处和刊物的编辑部就设在燕京大学旁成府蒋家胡同3号顾颉刚家中，全部人员就是他和谭其骧这两位主编，由顾的女儿顾自明担任刊物的发行人。经费主要靠顾、谭月捐二十元，有时捐四十元维持；一部分来自会费：他们广泛邀约班上的学生及平、津、沪、宁、杭、穗等地的熟人参加学会，普通会员每月收会费一元，学生会员收五角。刊物不设稿酬，写稿、审稿、编辑和全部工作都是义务的。《禹贡》半月刊的创刊号在3月1日问世，16开本，连封面、封底在内24页。此后基本每半月正常出版，到当年8月已出了十二期，约四十万字，每期的发行量也增加到数千册。那时，顾颉刚对谭其骧的才华和能力都极为赞赏，在给胡适的一封信中写道："谭君实在是将来极有希望的人，他对于地理的熟悉，真可使人咋舌。任何一省，问他有几县，县名什么，位置怎样，都能不假思索地背出。对于地理沿革史，夙有兴趣，且眼光亦甚锐利，看《禹贡》半月刊、《史学年报》《燕京学报》诸刊物所载可知，他在燕大研究院毕业生中应列第一。今年我所以敢办《禹贡》半月刊，就为有了他，否则我一个人是吃不住的。"

关于建立学会的条件和具体出发点，《禹贡学会募集基金启》指出："是时燕京大学中，郑德坤先生研究《水经注》，重绘《水经注图》；朱士嘉先生研究地方志，编《中国地方志综录》；冯家昇先生研究辽金史，作《契丹名号考释》等论文；张维华先生研究中西交通史，注释《明史》佛郎机、吕宋、和兰、意大利四传。从事于历史的地理之研究者日多。而燕京大学以外，北平学界之研究甲骨文及金文中之地名与其地方制度者有董作宾、于省吾、吴其昌、唐兰、刘节诸先生，研究古文籍中之地名及民族演进史者有傅斯年、徐炳昶、钱穆、蒙文通、黄文弼、徐中舒诸先生，研究地方志者有张国淦、瞿宣颖、傅振伦诸先生，研究中西交通史者有陈垣、陈寅恪、冯承钧、张星烺、向达、贺昌群诸先生，研究地图史者有翁文灏、王庸诸先生。是诸家者，时有考辨之文揭载于各定期刊物中；风气所被，引起后生之奋发随从者不少。顾、谭二君担任此课，于学生课卷中屡睹佳文，而惜其无出版之机会，不获公诸同好。"

《禹贡》第一期所刊《发刊词》由谭其骧撰写，顾颉刚作过修改。这篇文章对于了解和研究他们当时的学术思想和研究计划十分重要，也是《禹贡》杂志和以后成立的禹贡学会的纲领，全文如下：

历史是最艰难的学问，各种学科的知识它全部需要。因为历史是记载人类社会过去的活动的，而人类社会的活动无一不在大地之上，所以尤其密切的是地理。历史好比演剧，地理就是舞台；如果找不到舞台，哪里看得到戏剧！所以不明白地理的人是无由了解历史的，他只会记得许多可佐谈助的故事而已。

自然地理有变迁，政治区划也有变迁。如果不明白这些变迁，就到处都成了"张冠李戴"的笑柄。例如认现在的黄河即是古代的黄河，济水将安排何处？认近代的兖州即是古代的兖州，其如那边并无沇水！打开二十四史一看，满纸累累的都是地名。要是一名限于一地，那就硬记好了；无奈同名异实的既很多，异名同实的也不少，倘使不把地理沿革史痛下一番功夫，真将开口便错。我们好意思让它永远错下去吗？

这数十年中，我们受帝国主义者的压迫，真受够了，因此，民族意识激发得非常高。在这种意识之下，大家希望有一部《中国通史》出来，好看看我们民族的成分究竟怎样，到底有哪些地方是应当归我们的。但这件工作的困难实在远出于一般人的想象。民族与地理是不可分割的两件事，我们的地理学既不发达，民族史的研究又怎样可以取得根据呢？不必说别的，试看我们的东邻蓄意侵略我们，造了"本部"一名来称呼我们的十八省，暗示我们边陲之地不是原有的；我们这群傻子居然承受了他们的麻醉，任何地理教科书上都这样地叫起来了。这不是我们的耻辱？然而推究这个观念的来源，和《禹贡》一篇也有关系。《禹贡》首列在《书经》，人所共读，但是没有幽州,东北只尽于碣石,那些读圣贤书的人就以为中国的东北境确是如此的了。不搜集材料作实际的查勘,单读几篇极简单的经书,就注定了他的毕生的地理观念,这又不是我们的耻辱?

研究地理沿革在前清曾经盛行过一时。可是最近十数年来此风衰落已到了极点。各种文史学报上找不到这一类的论文,大学历史系里也找不到这一类的课程,而一般学历史的人,往往不知《禹贡》九州、汉十三部为何物,唐十道、宋十五路又是什么。这真是我们现代中国人的极端的耻辱!在这种现象之下,我们还配讲什么文化史、宗教史,又配讲什么经济史、社会史,更配讲什么唯心史观、唯物史观!

我们是一群学历史的人,也是对于地理很有兴趣的人,为了不忍坐视这样有悠久历史的民族没有一部像样的历史书,所以立志要从根本做起。《禹贡》是中国地理沿革史的第一篇,用来表现我们工作的意义最简单而清楚,所以就借了这个题目来称呼我们的学会和这个刊物。我们要使一般学历史的人,转换一部分注意力到地理沿革这方面去,使我们的史学逐渐建筑在稳固的基础之上。我们一不偷懒,因为故纸堆中有的是地理书,不读书的便不能说话;二不取巧务名,因为地理是事实并且是琐碎的事实,不能但凭一二冷僻怪书,便大发议论。我们一方面要恢复清代学者治《禹贡》《汉志》《水经注》等书的刻苦耐劳而谨严的精神,一方面要利用今日更进步的方法——科学的方法,以求博得更广大的效果。

至于具体的工作计划，大致有下列几个方面。

一、现在我们还没有一部可以供给一般史学者阅读的中国地理沿革史。王应麟的《通鉴地理通释》太古老了，又很简陋。顾祖禹的《读史方舆纪要》卷帙太繁冗，非普通读史者所宜读，且顾氏多承明人之弊，好空谈形势，对于历史地理之实际考证，往往未尽精确。此外近年来坊间也曾出了二三本标着这一类名目的小册子，益发是杂糅胡钞，不值一顾。本来中国地理沿革史不是一部容易编的书，因为其中还有许多重要的问题，至今没有解决，有如：上古传说中的"州"与"服"，东晋南朝的侨州郡县，北魏六镇和唐代六都护府的建置沿革，明朝都司卫所的制度，等等。在这许多问题没有解决之前，中国地理沿革史是没有法子可以写得好的，所以我们的第一件工作，便是想把沿革史中间的几个重要问题研究清楚，从散漫而杂乱的故纸堆中整理出一部中国地理沿革史来。

二、我们也还没有一部可用的地理沿革图。税安礼的《历代地理指掌图》早已成了古董，成了地图学史中的材料了。近三十年来中国、日本两方面所出版中国地理沿革图虽然很多，不下二三十种，可是要详备精确而合用的却一部也没有。日本人箭内亘所编的《东洋读史地图》很负盛名，销行甚广，实际错误百出，除了印刷精良之外一无足取。中国亚新地学社所出版的《中国历代战争疆域合图》还比箭内氏图稍高一筹。至于苏甲荣的《中国地理沿革图》，最为通行，但其讹谬可怪尤有甚于《东洋读史地图》者。比较可以称述的，只有清末杨守敬所编绘的《历代舆地图》。此图以绘录地名之多寡言，不为不详备，以考证地名之方位言，虽未能完全无误，亦可以十得七八，可是它有一种最大的缺点，就是不合用。一代疆域分割成数十方块，骤视之下，既不能见其大势，检查之际，又有翻前翻后之苦。所以我们第二件工作是要把我们研究的结果，用最新式的绘制法，绘成若干种详备精确而又合用的地理沿革图。

三、我们也还没有一部可以够用的历史地名大辞典。李兆洛的《历代地理志韵编》太简略了，检索也不方便。北平研究院所出版的《中国地名大辞典》和商务印书馆所出版的《中国古今地名大辞典》虽然都以"大"字命名，实际可是连正史地理志和一统志所载的地名也没有完全搜录进去。而且此等辞典皆不过钞掇旧籍，对于每一个历史地名很少有详密的考证。所以我们第三件工作是要广事搜罗所有中国历史上的地名，一一加以考证，用以编成一部可用、够用、精确而又详备的中国历史地名辞典。

四、考订校补历代正史地理志是有清一代学者对于地理沿革学最大的贡献。名著有全祖望的《汉志稽疑》、吴卓信的《汉志补注》、钱坫的《新斠注地理志》、汪远孙的《汉志校本》、洪颐煊的《汉志水道疏证》、陈澧的《汉志水道图说》、毕沅的《晋志新校正》、方恺的《新校晋志》、温曰鉴的《魏志校录》、成蓉镜的《宋志校勘记》、杨守敬的《隋志考证》等。可是除了《汉志》一部分的成绩尚可称述而外，其他部分都还粗浅得很。《晋志》《魏志》、两《唐志》最为芜乱难读，但上述几部书实际上并没有把它们考订清楚。《明史·地理志》讹谬脱漏的地方也很多，却并不曾有人去理会过它。所以我们的第四件工作是要完成清人未竟之业，把每一代的地理志都加以一番详密的整理。

以上所述都是对于地理沿革本身的研究工作计划。再者，地理书籍中往往具有各种文化史料，例如：各正史地志什九皆载有州郡户口物产，那岂不是最好的经济史料？州郡间有详其民户所自来者，那岂不是最好的移民史料？所以我们的第五件工作是要把这些史料辑录出来，作各种专题的研究。

除此之外，我们还要提出若干关系自然地理而为我们自己所不能解决的问题，征求科学家的解答。例如：自汉以后，言河源者都以为是发源于昆仑，其上流即今塔里木河，既潴为罗布泊，复伏流至积石，出而为中国河。伏流之说是否可通，这完全有待于自然地理学者的研究。不但是自然地理方面的问题，我们要请教那些专家，就是社会和政治方面，我们需要专家的解答正同样的迫切。例如：《禹贡》五服，《王制》的封国，《山海经》中的原始宗教，《职方》中的男女人数比例，都不是我们自己所能研究出最终的结论来的。

以前研究学问，总要承认几个权威者作他的信仰的对象，好像研究《毛诗》的，就自居于毛老爷的奴仆。在这种观念之下，自然会得分门别户，成就了许多家派。我们现在，要彻底破除这种英雄思想，既不承认别人有绝对之是，也不承认自己有绝对之是。我们不希望出来几个天才，把所有的问题都解决了，而只希望能聚集若干肯做苦工的人，穷年累月去钻研，用平凡的力量，合作的精神，造成伟大的事业，因为惟有这样才有切实的结果，正如砖石建筑的胜于蜃气楼台。我们确实承认，在这个团体中的个人是平等的，我们的团体和其他的团体也是平等的。我们大家站在学术之神的前面，为她而工作，而辩论，而庆贺新境界的开展，而纠正自己一时的错误。我们绝对不需要"是丹非素"的成见，更无所谓"独树一帜"的虚声。愿本刊的读者能这样的认识我们，同情我们。

1934年2月22日

在实际编辑工作中，《禹贡》的第一、二期是由顾颉刚编的，第三期由谭其骧编。谭其骧毕竟缺乏编杂志的经验，稿子排出来后是二十六页半，装印不便，临时由顾颉刚补了三个短篇和校记，凑满三十二页。

8月中旬，顾先生因母丧南归，请假期间《禹贡》的编务及燕京、北大的课程均由谭其骧负责。11月下旬，顾先生回北平。次年1月底至5月初，顾先生南归度假及葬母，谭其骧单独编了《禹贡》第三卷第一至五期。

在离平前的1935年1月8日，顾颉刚向谭其骧提出合编一本中国地理沿革史，谭答应先试写一部分。但顾颉刚到上海后即与商务印书馆签订了出版《中国地理沿革史》的合同，希望尽快写出，致函谭其骧催促。谭其骧复函顾颉刚，答应不久将先寄出一部分。虽然谭其骧已经开了三年的地理沿革课,又写过一些专题论文,但动笔后却发现写沿革史并非如此简单;加上独自编《禹贡》和三校的课程,深感力不从心,《禹贡》第三卷第一期也迟出了一星期。3月6日,顾颉刚得知后十分不满,在日记中写道:"季龙编《禹贡》太不上劲,三卷一期,予送他多少稿件,而尚须迟一星期出版,真有'才难'之叹!"次日他向谭发出一函,除催促沿革史外,又提出《禹贡》务必不能脱期,信中对谭颇有责难。13日,顾颉刚收到第一期《禹贡》,又生"才难"之叹:"《禹贡》第三卷一期寄到,错字满目。甚欲想一能任校对之人,而竟无之,不胜'才难'之叹。季龙为何如此不中用?"(当日日记)正在此时,谭其骧的回信也到,针对顾的诘难诉说了自己积郁已久的烦闷,谈到"自己不能安心写一篇比较像样的文章,不能好好儿看一点不为作文章而看的书"。

3月18日,顾颉刚给谭其骧写了一封三千多字的长信,告诉他《沿革史》"书肆之约已定,不可愆期","请将大作已成者及其他必要之参考书"寄来,"当急遽写成,寄沪而后回平也"。接着又就谭对自己烦闷和繁忙的诉说,谈他的看法:"这个愁闷不是某人某人加给你的,乃是这时代、这国家加给你的。""兄之忙,从表面看来都是我给你的……但你须知道……乃是我想帮助你。"他力劝谭应面对现实:"最苦的一件事,就是做了现代的中国人,无论你学问怎样好,无论你将来的学问可有多大的成就,而依然不能不顾生计问题,依然不能不受生计问题的压迫。""所以,你固然忙得没办法,但这忙是在社会上奋斗所不得不经过的难关;而且这忙的性质是一贯的,并不是乱忙……所以,我劝你尚友古人固是要'论世',评论今人和为自己计划也应'论世'。须知今日绝不是乾嘉承平之世……我们的不成熟的作品,并不是我们自己的罪过,乃是受了时势的压迫,不得不然。只要我们不存心欺世,发现了自己的错误就肯改正,那就对得起这时代。若一味希望'水到渠成'的作品,这仿佛责乞儿以鱼翅席,得无望之太奢乎!"

顾颉刚说:"我深知和你性情学问有很不同之点。龚定庵诗云'但开风气不为师',拿适之先生的话来说,开风气者是敢作大胆的假设的,而为师者是能作小心的考证的。这两种精神固然最好合于一个,但各人的才性不同,不得不有所偏畸。我是偏于开风气,你是偏于为师,这是没法强同的事情;但正有此不同,故得彼此救蔽。这半月刊由我们二人办,以你的郑重合上我的勇往,以相反而相成,事就做得好……不幸你不甚热心,弄得偏重到我的肩上。"

对《禹贡》的办刊方针和方法,顾颉刚重申了他的看法:"我说《食货》篇幅多,《禹贡》不应少,为的是有了比较。你说东西好坏在质不在量,不必计较这个。你的话固然很对,但你的经验实在不够。试问懂得质的美恶的,世上能有几个?大多数人是只懂得量的多少而已。你将说,办这刊物何须取悦于大多数人!学问之道何必妥洽于一班庸众!话说得自然对,但试问《禹贡》半月刊的基础建设在哪里?如果订户与零售减少,我们能不能存在?""去年我奔丧时,曾请你收一部分软性的作品,例如地方风俗之类。这种事很易,只要出一题目,叫学生每人写一篇,就可挑出十余篇应用。但你似乎没有照办。单靠沿革史,固有永久的价值,但必不能得群众点头。""说到分量的凑足,并非坏事,亦并非难事。要胡乱发议论,增多篇幅,固然不对。但以中国历史之长,地域之广,多的是材料。我们于议论文重其质,而材料文重其量,这就没有缺稿之虑了。(例如柳彭龄君一文,你所删去的,仍可另立一题而发表。)"

信写完后,顾颉刚意犹未尽,在日记中写道:"季龙纯粹为一读书人,自不能耐烦作事。但要生在这世上,又何能奚落此事。《禹贡》半月刊原是他自己事业,乃予在平他丝毫不管,予走后他编了一两期就起怨恨。此等人看谁能与之合作?予处处提拔之而反被埋怨,其可气也。"

但顾颉刚的信并没有说服谭其骧,他于23日复信,说本来没有能力编辑《禹贡》,也不可能在短期间内写出一部沿革史,所以勉强从事只是遵顾先生之命,对顾的其他批评也申述了自己的看法。因此顾颉刚在28日又给他写了一封三千余言的长信。

顾颉刚写道:"一个人的才性不能勉强,我没有认清你的才性,徒然加给你工作,这诚然是我的不是,但这不是我勉强加给你的,而是我请求了你,你自己答应的。我此来携有日记,在日记上一查,知你答应同发起禹贡学会,出版半月刊,是廿三年二月四日在斌泰吃饭时事;你答应编《地理沿革小史》,是廿四年一月八日在我寓里的事。我固然没有认清你的才性,而你自己却也没有认清自己的才性,否则哪会乱答应呢!"

接着,顾颉刚对"中国知识阶级的不济事"大发感慨,联系到自己参与过的新潮社、朴社、景山书社、技术观摩社等都不能善终，感到"真是使我伤心极了"，说："中国人为什么竟不能合作？我为什么永远找不到一个合作的伴侣？"又谈到他之所以要个人出版《禹贡》，而不在一个机关，是因为以前在北大编《歌谣周刊》和《国学季刊》，以往广州中大编《语言历史学研究所周刊》《民俗周刊》都是人一走就烟消云散，"我办《禹贡》，就是要避免机关中的厄运，让我用一个人的能力维持下去"。他表示下学年决计不离开北平，把《禹贡》办下去。"但是这个刊物，终究有一半为了你而创办的"，所以，他与谭约定，"此后你应当担负下列两个责任：一、你常做小篇的考据文章；二、凡属于汉以后的沿革文字，我把排样寄给你看，如有大笑话，请你改后寄我，免得又有'唐三十六道'等语句出现。此外都由我来做，好吗？"

顾颉刚认为他们的分歧之一，是创办刊物的胸怀太不相同。"我办这刊物，因要使你成名，但世界上埋没了的人才何限，可以造就的青年又何限，我们纵不能博施济众，但也应就力之所及，提拔几个，才无负于天之生才。"他举钟凤年、孙海波、马培棠三人为例，说明通过《禹贡》"使许多有志有为的人都得到他的适当的名誉和地位，岂不是人生一乐？""所以我们若为自己成名计，自可专作文章，不办刊物；若知天地生才之不易与国家社会之不爱重人才，而欲弥补这个缺憾，我们便不得不办刊物。我们不能单为自己打算，而要为某一项学术的全部打算。"

其次是治学方法的差异："现在研究学问，已不是一个人目不窥园可以独立成就的，分工合作乃是避免不了的方式。你要一个人编一部中国地理沿革史，而实际上是无数人帮着你编。一个人精神有限，对于一种学问，无论怎样用心，必有看不到的材料，想不到的问题。几个人一讨论，就都看到了，想到了。你说你不赞成编《禹贡》，试问你将来编纂沿革史时能否不看《禹贡》？"

再次是工作精神的不同："你说我的笔头快，也是当编辑的便利，这话也可商量。诚然我写字快，写议论文章也快……但考据文字，你要查书，我也要查书；你要整理材料，我也要整理材料；彼此便没有大差异。实告诉你，我的作文是拼了命的。"在叙述了他因写作致病的经过后说："所以常对我妻说，'别人只知道顾颉刚以作文成名，解决了生计问题；谁知顾颉刚的奋斗生涯是这样艰苦的！'"他告诫谭："你如不欲解决生计问题则已，如果打不破这现实的需要，而犹欲解决之，那么，照你这样慢吞吞地干去是不成的。一个人有一个人的才性，我固然绝不该希望谭季龙也成了顾颉刚，作同样的艰苦奋斗；但至少也须把精神紧张起来，才可在社会上打出一个自己的地位。"

最后，顾颉刚批评了谭其骧的骄傲，指出对人对己要全面看："这三四年中，我在燕大里，或在城里，很听得人家批评你的话，归结起来不外'骄傲'二字。你这次来信说，许多人不给你稿子。我看，这二字就是一个重要的理由。""你的骄傲，是瞧不起人，觉得人家是浮薄，是平庸，是孤陋。实则一个人总是多方面的，有坏处也必有好处。从坏处看，但觉得可厌，而从好处看，则又觉得可亲……你在学问上很不苟且，不肯随便写作，这是好处。你在办事上十分马虎，以至答应了的事情不做，定期刊物变成了不定期，这是坏处。如果我的眼睛只看见你的坏处，那么，我真不值得把你做朋友。但我不是这样的人，我也见到你的好处，所以要写这样的长信来给你，希望你前途可以减少不幸的遭遇。你如此，别人当然也如此。"

顾颉刚在信的结尾写道："不知你能受我这'尽言'否？但无论能与不能，总希望你把我这两封信保存起来，到将来受到别方面挫折时候，再拿来一看，我想你必可在这两封信上找到些橄榄味儿。"在当天日记中他记下这样的话："写季龙信，心中一畅快。他如见我此信而犹不动心，则予亦未知之何也已矣！"

1935年5月初顾颉刚回北平，《禹贡》从第六期起仍由他主编，谭协助。至暑假，谭其骧决定应广州学海书院之聘，正式向顾颉刚辞去《禹贡》编务和学会事务。顾无法挽留，心中却十分惋惜和遗憾，在谭其骧向他辞行的当天又在日记上写下了"才难"之感。《禹贡》改由顾颉刚和冯家昇主编。

谭其骧之所以要应学海书院之聘，一方面是经济原因。他的家庭早已没落，父亲长期抱病在家，唯一的固定收入就是出租房屋的租金，所以他每月要寄一笔钱回家奉养双亲。在他长期保存着的几封他父亲的来信中，常常可以看出经济上的压力。这年春天辞去了北平图书馆馆员之职后又缺了一份固定收入，靠在北平"拉散车"（在各校任兼职讲师）的薪水往往入不敷出。当时禹贡学会还没有获得张国淦的捐赠和中英庚款的资助，《禹贡》半月刊到第三卷开始才收支相抵略有余存，在此前他与顾颉刚经常在月捐二十元之外再作临时捐助，编《禹贡》及为《禹贡》写稿都是尽义务，经济上自然只有损失。就在此前不久，谢国桢已介绍他认识了李永藩，他自然不得不考虑未来结婚的费用。到学海书院当导师可以得到相当于在北平当教授的工资,经济上不会再有问题。

另一方面是其他老师的作用。邓之诚先生对他相当器重和关怀,曾以一联相赠:"释地正堪师两顾,怀才端欲赋三都。"[①]足见期望之殷。学海书院是广东军阀陈济棠委托张君劢办的,张自己忙于搞政治活动,无暇办学,就推荐张东荪当院长。张东荪本是燕京大学哲学系教授,与邓之诚熟悉,就向邓要两个教历史的,邓推荐了谭其骧和姚家积。谭其骧在犹豫之际征求过洪业(煨莲)的意见,洪也力劝他离开北平。邓之诚和洪业都认为谭其骧学术上前途无量,应该集中精力做学问,跟顾颉刚搞学会、编《禹贡》只会荒废学业。

不过最重要的原因显然还是他与顾颉刚在治学、处世、为人方面的分歧。顾颉刚在信中将自己称为"开风气者",而把谭当作"为师者",实在是一语中的。如果真能做到"以你的郑重合我的勇往,以相反而相成",无疑是最佳组合,但实际上却办不到。

顾颉刚做学问倾向于大胆假设,想到的观点就要见诸文字,立论恢宏而不计小疵。谭其骧则善于小心求证,非有十分把握不发议论,非有十分证据不写文章。顾颉刚认为新的观点要赶紧发表,学术文章能多写快写的,不能为求成熟而拖延。在《禹贡》第二期的《编后》中,他说:"谨慎的前辈常常警诫我们,发表文字不可太

[①] 两顾指明末清初学者、地理学家顾炎武和顾祖禹,前者著有《天下郡国利病书》《肇域志》等,后者著有《读史方舆纪要》。三都指西晋左思所作《三都赋》,曾引起洛阳纸贵。

早，为的是青年作品总多草率和幼稚，年长后重看要懊悔。这话固然有一部分理由，但我敢切劝青年不要受他们的麻醉。在学术上，本没有'十成之见'，个人也必没有及身的成功。学术的见解与成就，就全体言是一条长途。古人走到那里停下了，后人就从他停止的地方走下去；这样一代一代往前走，自然永有新境界。就个人言也是一条长途……你要进步，就得向前走。"谭其骧则以为：文章千古事，自己都不满意如何能发表？学术研究不能赶时间；如在学术争论中，他们可以相得益彰，但要合作完成一项事业，又没有第三者来协调，就只能南辕北辙。

如：对《中国地理沿革史》，顾认为谭既然已讲了几年沿革地理，有现成的讲稿，据以成书又有何难？只要不拖拉，有个把月时间就够了；谭却觉得自己对沿革地理尚缺乏研究，讲稿可以采用前人成说或重复旧说，写书就不能马虎，非经过研究、有自己见解不可，因而不愿从命。实际上顾颉刚早就有写一部《中国古代地理沿革史讲义》的打算，在《禹贡》创刊号的《编后》中曾写道："预计这几年中，只作食桑的蚕，努力搜集材料，随时提出问题；希望过几年后，可以吐出丝来，成就一部比较可靠的《中国古代地理沿革史讲义》来（我只敢说讲义，不敢说真正的沿革史，因为要做一部像样的史是数十年后的成就），让愿意得到常识的人有地方去取资。"在顾颉刚心目中，这本书不过是带普及性的"讲义"而已，何况已与商务签约！谭其骧既然坚持不干，就只得另找他人。顾颉刚有此不满，以后出版时既没有署上谭其骧的名字，也没有说明此事的过程，但此书秦汉以后部分自然离不开谭其骧的讲义，这就引起了知情人的不平。

又如：作为禹贡学会一项重要工作的沿革底图的编绘，是由顾颉刚和郑德坤编纂，吴顺志、张颐年绘制的，从1933年3月至1934年4月已完成三十九幅，由谭其骧负校订之责。顾颉刚认为很快可以问世，所以在《禹贡》刊出《〈地图底本〉出版预告》，说"此后谭先生校好几幅，即付印几幅"。但经谭其骧审校后，原稿几乎全部作废，至年底时能够付印的仅十二幅。

顾颉刚办事气魄大，富有进取心和想象力，可以同时举办多项事业，而且都有庞大的计划，但往往对困难估计不足，一些计划不得不半途而废。对此，燕京大学的洪业曾经叫苦不迭，因为他是哈佛燕京学社在燕京大学的代表，顾颉刚等申请的项目都是由他经手办理的，但到了规定完成的时间，顾颉刚往往无法拿出预定的成果，或者只能用与原申请计划不相干的成果充数。这倒不是顾颉刚不愿意或不可能完成，实在是手中的工作太忙，开展的项目太多。《禹贡》发刊词列出的学会工作计划有六项，实际上直到1937年学会因日寇侵略而停止时，这六项任务中只有第一项勉强能算完成，其余都还差距甚远。但学会的计划和进行的活动都在不断增加，远远超出了这些范围，相反原定的任务并没有都落实，顾颉刚认为是正常的发展，谭其骧却觉得有违初衷。

顾颉刚希望学会迅速扩大，要求《禹贡》半月刊的篇幅应该不断增加，认为对文章的质量不能要求过高，只要保证有一半或三分之一的高质量文章，其他的内容过得去就可以了，更不能为了稿件的修改而造成脱期。在《禹贡》出满十二期时，顾颉刚写了一篇

《后记》，针对一些人评论《禹贡》"性质太专门""看不懂"，他认为"若只顺应了环境做事，这种不费劳力的成功，有何可喜！这种迎合潮流的心理，又有何价值！"同时又指出："但若永远板着脸说话，专收严整的考据文字，在没有这方面兴趣的人必然是望而生畏的，这绝不是引人入胜的好法子。所以我个人的主张，（是）只望材料新，不怕说得浅。"他并以《食货》杂志篇幅迅速扩大为例，促使谭其骧改变主张。他说："一个唱戏的名角，他所受的捧场，内行远不如盲目的群众为多，倘使他失去了群众，他能不能靠了几个内行吃饭？天下本来先知先觉最少，不知不觉最多，然而先知先觉者的能自下而上与否，完全决定于不知不觉者的肯捧与否。"谭其骧既不以《食货》的做法为然，也不同意顾颉刚这样的看法，他认为一种学术刊物最重要的是质量，而不是数量；脱期固然不好，草草出版更坏。所以尽管顾颉刚要他编入或组织一些稿件，他却不愿意采用。

顾颉刚奖掖后进不遗余力，对青年学生几乎有求必应，他常采用的方法是将题目布置给学生，让他们写成文章，然后加以修改和补充后在《禹贡》发表。这对于青年学生自然是莫大的鼓舞，甚至就成了他们走上学术道路的第一步。六十四年后，著名历史地理学家侯仁之忆及往事：

> 一次在上课时颉刚老师告诉我们说，《禹贡》半月刊的出版给我们提供了一个练习写作的园地。他还亲自为我们每一个人拟定了写作的题目。我分到的题目是《汉书地理志中所释之

职方山川泽寖》。当时我们每个人都很兴奋,跃跃欲试。但我自己的旧学根底很差,分到这个题目,还得去参考一些前人的著作,例如孙诒让的《周礼正义》、全祖望的《汉书地理志稽疑》都是必读的。好在这一写作的要求,乃是以辑录为主,最便初学,因此我还是努力按期交卷了,至于是否能够发表,却没有什么信心。出乎意料的是这样一篇习作,很快就在《禹贡》半月刊上登载出来。尤其使我惊异的是这篇文章的绪论和结语,都经过了颉刚老师的修改、补充和润饰,竟使我难于辨认是我自己的写作了。这件事大大激励了我,我决心去钻研古籍,就是从这时开始的。[①]

王树民教授的回忆是:

于是顾先生又鼓励同学们作读书札记,同学们都高兴去写,我也写了几篇。不料其中有些篇竟选作讲义附录,印发给同学们了,后来还选刊在《禹贡》半月刊上。那些札记虽不足道,但从学术研究工作来说是条正路,行远必自迩,登高必自卑,当时已不知不觉地迈出了可喜的第一步。[②]

已故中国社会科学院历史研究所研究员杨向奎,当年承担了另一项任务:

[①] 《回忆与希望》,载《历史地理》创刊号,上海人民出版社,1981年。
[②] 《纪念禹贡学会》,载《历史地理》创刊号,上海人民出版社,1981年。

从最初成立起，我就加入了禹贡学会。当《禹贡》半月刊出版时，我又是一个热心的读者。顾先生要我担任一个具体的职务，就是在各报刊上寻找有关历史地理方面的消息，作为集锦，每期刊出，所以我的名字几乎是每期都在刊物上出现。我也写过一些不成熟的论文，现在还记得清楚的是《夏民族起于东方考》（实为《夏代地理小记》）。这篇文章是有针对性的，当时傅孟真先生在《庆祝蔡元培先生六十五岁论文集》上发表了《夷夏东西说》，他说夷夏对立，夷在东方，而夏在西方。我不同意他这种说法……我认为我是言之有据的，写完了交给傅先生看。他当时是一位权威教授，而我是一个二年级的学生，不是势均力敌的。当他看过并把论文退还给我的时候，并没有说什么，但我知道他不同意我的看法。后来，我交给顾先生，遂在《禹贡》上发表。[①]

他的回忆与事实稍有出入，检《禹贡》半月刊原刊，他发表的第一篇文字是第一卷第一期的《自战国至汉末中国户籍之增减》，而从第四卷才有他与葛启扬、张佩苍所辑的《国内地理界消息》的补白。不过有一点是可以肯定的，即使是这类补白的发表，对青年时代的杨向奎也是很大的鼓舞，更不用说他的《夏代地理小记》（刊第三卷第十二期）了。

[①] 《回忆禹贡》，载《历史地理》创刊号，上海人民出版社，1981年。

顾颉刚对杨向奎发表在第一卷第十二期上的《丰润小志》特别重视，认为可以作为刊物今后的一个方向，在这期的《编后》中他写道："例如本期中的《丰润小志》，是作者的随笔，和本刊它期的文字不同，似乎不该收。但这虽不是精密的调查，确是作者意识中最深的印象，他写了出来，我们读后也会对于丰润县发生较深的认识，这就是它的效用。正如列了许多统计表的《北平市调查》（或《年鉴》）固然真确，然而，一个画家绘出故宫一角或北海之秋来却会给人一个更深挚的印象，使人忘记不了。所以我们固然称赞科学家，而亦不肯菲薄艺术家。由于这个理由，我主张此后每一期总当有一两篇地方记，作者各就自己最熟悉的地方，作一些不背事实的描写。"

谭其骧并不同意顾颉刚这些办刊方针，他认为，学生作业中基础好的可以修改后发表，但不能降格以求。他虽不反对发表游记和风俗志一类文字，却坚持要有一定的学术性，否则就不像《禹贡》了。顾颉刚《后记》中这段话似乎就是写给谭其骧看的，说明到1934年8月，他们之间的分歧已经出现。从培养学生的角度出发，同时也为了刊物的生存和发展，顾颉刚的主张无疑更正确，但更加执着于学术的谭其骧却不能接受。

顾颉刚主张对各类人兼收并蓄，所以很快为禹贡学会的筹备组织起一支人数可观的队伍，但也难免有个别既无能力又不愿踏实工作的人混迹其中。当时燕京同学中有一位颜某、一位李子魁，因学问平庸，为人华而不实，被大家戏称为"颜李学派"。李子魁善于迎合顾颉刚，对顾交办的事十分卖力。顾认为李子魁"资质之低诚无庸讳,但他作事的忠诚则为同学中少见。如果没有他,《禹贡》的经费就不会收到这样多。"所以他要谭其骧将李子魁的文章尽量发表,在谭表示无法修改时,顾不惜要谭以同一题目重写,然后以李的名义刊出。如在《禹贡》第六卷第六期(1936年11月)刊有一篇署名"李子魁"的《汉百三郡国守相治所考》,前面有顾颉刚的按语:"去年李子魁君为本刊作《西汉郡治综录》,由王先谦《汉书补注》中录出诸家之文。以其颇多浮词,交谭其骧君剪裁之。谭君毕意考求,裁成定稿,辞寡而事明,虽谢山(全祖望)、竹汀(钱大昕)无以逾之。易以今题,仍署李作。敬志于斯,借章让德。"内行人不难看出,李子魁的原稿根本算不上什么研究,重新撰写的论文与他实在没有什么关系。谭其骧以为这种做法不妥,尽管照办了,李却因之而颇自得。但这位李君其实并不忠诚,以后在杨守敬、熊会贞《水经注疏》整理稿本流布的过程中也扮演了一个很不光彩的角色,详见陈桥驿所著《关于〈水经注疏〉不同版本和来历的探讨》[①]。

顾颉刚稿约甚多,他一般有求必应,但对一些不太重要的或应酬性的文字,他往往找人代笔,有时讲一些观点,有时就让人家照题目写,有时他修改一下,有时连看也来不及看。他这样做或是为了在经济上帮助学生或同人,写出来的文章虽用他的名义发表,稿费却都让执笔人拿。而学生或青年学者的文章合署上他的名字后,不仅很快就能发表,稿费也能拿得高,对解决经济困难不无小补。

---

① 载《水经注研究二集》,山西人民出版社,1987年。

新中国成立后，贺次君一度因为"政治问题"找不到工作，更不能发表论著，顾颉刚就让他代笔，收入《中国古代地理名著选读》第一辑[①]的《禹贡》全文注释就完全出于贺次君之手。以后有人对其中将江源释为今嘉陵江的说法提出异议时，顾承认自己当时并没有看过。谭其骧的做法截然不同，他不愿找人代笔，也不愿为人代笔，他对顾先生这种做法颇不以为然，即使是为了解决别人的经济困难。所以他一生连与别人合作的文章也很少。

顾颉刚交游之广，在北平罕有其匹，他不仅结交学界，也结交政界、商界，来往的不仅有中外教授学者、青年学生，还有党国要人、地方军政大员、蒙古王公、宗教领袖、社会名流。1936年，为了到北平研究院上班和应酬之便，他购置旧汽车一辆，这在北平学界是绝无仅有的，因此邓之诚说："顾颉刚是要当大总统了。"其实他毫无政治意图，更不想做官发财，只是想通过自己的交游扩大学术影响，为学术活动寻求经济上的资助和政治上的保护。这些活动无疑给他的事业带来很多好处，禹贡学会能得到前教育总长张国淦的资助和中英庚款委员会的大笔补助，对边疆史地和现状的调查研究能够开展，要是没有顾颉刚的广泛交游是完全不可能的。又如：他任社长的通俗读物编刊社一度有工作人员四十人，每周可出版八种读物，每种第一版就可发行十万册，固然是因为适应了抗战的需要，但也得益于南京国民政府和二十九军军长宋哲元等地方实力人物的支持。但谭其骧性情淡泊，寡于交游，疏于应酬，不愿为

[①] 科学出版社，1959年。

学术以外的事花费时间,就是与几位情谊甚笃的友人也相交如水。胡适当时是北平学界第一名人,青年人都以受胡适之知为荣。顾颉刚不止一次向胡介绍过谭其骧,并在信中对谭大加赞扬,但谭从未去见胡适。我曾问他为什么,他答道:"不为什么,就是因为没有什么事要见他。"陈寅恪也是声望极高的名教授,不少人攀附惟恐不及。谭的好友俞大纲是陈的表弟,陈曾向他问过谭的情况,谭得知后也没有去见陈寅恪。年轻时如此,功成名就后依然如此。这样的性情对治学固然有益无害,但要办学会、编刊物、拉稿子、求赞助就无计可施了。

顾颉刚说没有了解谭其骧的才性,这是事实。他对胡适的介绍虽然并非过誉,但他大概没有了解谭其骧的另一面。谭其骧有的文章的确写得很慢,而且拖得很久。像地理沿革史,不但顾颉刚要他写的始终未写出来,连他自己的书也一直没有写成,1981年开始我们作过几次努力,但直到他逝世都没有能促成他写出一部中国历史地理概论。他最讨厌的一件事,就是别人要他限期交稿,尽管期限很宽。我曾问他,你编《禹贡》时也是这样吗?他坦率地承认:"差不多。但顾先生在北平时由他作主,他等不及了往往自己动手,或者换上其他稿子。他不在北平时就糟糕了,他隔几天就来信催,有时凑不满像样的稿子,免不了脱期,他很不满意,我也很痛苦。"在质量和期限面前,谭其骧会毫不犹豫并无条件地选择质量,脱期或不发表也在所不惜。作为作者,这应该是很大的优点;但作为编者,这无疑是致命的缺点。不幸顾颉刚选择他当了编者。

还有些事是顾颉刚不了解具体情况而产生的误解。如:他认为谭其骧在北平要不到稿子是因为骄傲，人家不愿意把稿子给他。实际上愿意将质量高的文章交给刚问世又没有稿酬的刊物的人毕竟有限，顾已是名教授，在北平名气大，交游广，别人卖他的面子。就是这样，因为他见了人又拉稿又要捐款，一些人还有意躲着他。谭是刚步入学术界的年轻人，又不善于交游，就是不骄傲也是难拉到稿子的。

顾颉刚对学生奖掖不遗余力，但颇主观，既先入为主，也易受到他人影响。如：在此前的1932年12月，曾在日记中称"燕大史学系学生，以齐思和、翁独健、冯家昇、谭其骧四君为出类拔萃之人物。唯谭君为嘉兴人，不能用苦功，他三人将来必有成就"[①]。又如：在1933年2月，顾颉刚从朱士嘉处得知，"谭其骧与俞大纲等交，专事看戏饮酒，学问已无望，闻之伤叹"。甚至以为"其骧此次来平，独不见我，盖畏我也，亦厌我也"[②]。顾在给谭的另一封信中告诫他不要沾染"江浙名士习气"，是有所指而发的。

不过顾、谭都不愧为和而不同的君子，事情过后都不再提及。谭其骧离开北平后，遵守对顾的诺言，继续为《禹贡》撰文审稿，《禹贡》也不时刊出他的文章来信。1936年5月24日禹贡学会在燕京大学举行成立大会，选出的七位理事中就有正在广州的谭其骧（其余六位为顾颉刚、钱穆、冯家昇、唐兰、王庸、徐炳昶，候补理事为刘节、黄文弼、张星烺三人）。当年夏天，陈济棠反蒋介石

[①] 《顾颉刚日记》第二卷，第718页，台湾联经出版社2007年版。此数条日记承冯筱才君提供，谨致谢忱。

[②] 《顾颉刚日记》第三卷，第19页，台湾联经出版社2007年版。

失败下台，学海书院被封，顾颉刚在为历史系向校长司徒雷登争取到五千元追加款后就聘请谭其骧为兼任讲师，谭其骧回北平后也还是学会积极的一员。1953年顾颉刚与章巽合编成《中国历史地图集》后，特请谭其骧审校。1979年中国地理学会历史地理专业委员会筹备出版《历史地理》辑刊时，谭其骧任主编，顾颉刚是两位顾问之一。总之，他们一直保持着良好的师友情谊。

谭其骧在将这两封信的情况告诉我以后，说："这些事我从来没有给任何人说过，现在顾先生走了，我要不告诉你，等我走了就没有人知道了，以后你可以作为历史写出来，但千万要说真话。"

至于《禹贡》半月刊，在顾颉刚和冯家昇的主编下，出到了第七卷。卢沟桥事变后的7月16日，第十期发行，自此即被迫停刊，共出了七卷八十二期。禹贡学会会员星散，不得不停止活动，在北平的房屋、图书资料先后由赵贞信、冯世五、吴丰培等守护，得以保全。抗战胜利后，顾颉刚于1946年2月由重庆飞回北平，3月10日在太庙（今劳动人民文化宫）召开了禹贡复会会议，会员三十余人和苏秉琦、商鸿逵等十五名新会员到会。会议决定在《禹贡》半月刊一时无法恢复的情况下，先在《国民新报》上辟一专栏——《禹贡周刊》，由王光玮、张政烺、侯仁之主编。《周刊》出了十期，又因时局多变、资金无着而停刊。

全国解放后，民间性质的禹贡学会已不适应需要，顾颉刚于1954年8月应召进京任中国科学院历史研究所研究员后，就与学会理事、监事商议，作出了正式结束学会的决定。1955年2月6日，禹贡学会理事、监事在民族学院开会，决定将房屋捐献政府，图书赠送民族学院，刊物分送各大学及图书馆，所存现金慰劳军队。当天，顾颉刚在日记上记下"禹贡学会从此终了矣"，其心情于此可知。

1990年，辽宁省社科院孙进己研究员向谭其骧提议重印全部《禹贡》半月刊，邗江古籍印刷厂周光培厂长乐意承担。考虑到中国台湾虽已影印，但价格昂贵，大陆学者使用不便，谭其骧欣然同意，并提供了他所珍藏的全套刊物。所缺的10期《周刊》也由顾颉刚家属提供复印件配得8期。谭其骧是《禹贡》前后三位主编中唯一健在者，出版社请他为重印写一篇前言，岂料他在次年发病，未能写成。1992年底，重印的《禹贡》出版在即，我只能写下一篇《重印后记》，了却了谭其骧的遗愿。

浩劫中的忘我追求
——纪念季龙（谭其骧）先师八十四周年诞辰

今年2月20日是先师季龙（谭其骧）先生八十四周年诞辰。记得1990年的2月24日，我们集会庆祝他的八十寿辰，在致答辞时他说："我不懂什么养生之道，既不注意锻炼身体，也没有好的作息习惯，但居然能活到八十岁，并且还能做些工作，我想大概是靠了两条：一是不计恩怨，一是坚持做学问。"在随侍先师的十多年间，对他这两条为人的原则我有过不少亲身的体验。但最近整理他的日记才了解到，即使是在"文化大革命"这场空前浩劫中，他也没有放弃自己的学术追求。

1965年下半年，先师应上海古籍出版社的前身中华书局上海编辑所之约，为即将出版的宋本《方舆胜览》写一篇前言。但由于其他工作很忙，还到朱行学习、劳动了一个多月，只是在11月间做了一些准备。到了1966年的4月27日，他又开始了《方舆胜览》的研究。当时正是"文化大革命"的前夜，"山雨欲来风满楼"，批判斗争的火药味已经很浓。他所写的《漫谈"清官"与"好官"》一文在4月23日《文汇报》刊出后，他就发现已被编辑部篡改，原意已被歪曲。他赶紧写了一篇《关于〈清官与好官〉一文的几点说明》，在5月7日寄往报社，希望能得到发表，以便读者了解他的本意，但两天后批判文章广播，他已经避之不及。就是在这样的情况下，从4月27日至6月1日，有二十三个晚上他都在研究《方舆胜览》。

6月2日上午，先师到研究室继续写《唐宋泸领羁縻州考》。下午学校召开全校师生大会，"声援北大师生"（《谭其骧日记》，以下引文同），会后就贴出大字报，"文化大革命"的浩劫在复旦大学开场了。4日上午，周予同教授首先被抛出，受到全校大字报的围攻。迫于形势，先师也贴了一张表态性的大字报，但接着就在办公室写完了《唐宋泸领羁縻州考》一文。

此后，在劫难逃的形势已越来越明显，在他的日记中记着：

11日　"傍晚知老教室大楼各系贴出大字报，急往观看。每系二三室，历史系贴余者五六张。"

12日　"上午到老教室大楼，研究室、青年同志贴余大字报十余张，甚尖锐。"

13日　"上午先看大字报，又有新增。"

14日　"今日余之大字报似无增加。"

15日　"×××、×××各贴余一张。"

17日　"意志消沉，未能工作。晚与××、××（二女儿）长谈。"

可是根据日记的记录，5日、7日、10日、12日的晚上他依然在研究《胜览》。而且就在他感到"意志消沉"并与女儿作了长谈的次日，日记上还是记着"晚《胜览》"。最令人惊叹的是，7月13日，大字报已贴到他的办公室内，他居然还在下午"五时入市，至古籍书店，购《经义考》四部备要本一部三十六册"。

7月30日，先师在上午八时到校时，发现贴他的大字报已经"上街"，"列举罪状八项，尚未完，待续"。从此，他不得不天天应付看大字报、写检查、交代问题、写材料了。8月8日，他"上午看大字报，至学生宿舍，被学生截留，被斗……皮肤被抓破多处，颈部、腰部扭伤"。以后批斗逐步升级，8月31日开始被打入"牛鬼蛇神劳动改造队"，每天挂黑牌监督劳动，还有无休止的检查、汇报、交代、揭发、批判，经常到半夜还写不完材料。

1967年1月初，复旦大学的"造反派"正处于"夺权斗争"阶段，先师这样的"反动学术权威"并非重点，因而除了日常的劳动、学习、看大字报和写汇报外没有什么新的花样。从他1月18日的日记中，又开始出现了"晚杂览"这样的记录，到2月7日共有十五天，除了"写汇报"的日子外，几乎每天都有。在当时形势下的日记，先师自然不可能记下"杂览"的具体内容，但2月8日的日记还是透出了线索："连日翻阅东北地志地图，注意其城市位置所受铁路线之影响。读日人所著《白山黑水录》（清光绪间），谈及帝俄筑东省铁路之计划。"这一天正值除夕，先师所记大概是前阶段的总结。至3月16日，日记中又十七天有"杂览"，直到17日研究室内×××"宣布加强管制，以后每星期仍须写汇报"，才暂时中止。

221

先师的"牛棚"生活直到1968年2月25日（正好是他的五十八岁生日）才以"给出路"的名义正式结束，但在"批字当头"的方针下，依然免不了每天的批判、检查和经常性的体力劳动，他只能忍辱负重，夜以继日地从事编绘《中国历史地图集》的工作，对《方舆胜览》和东北交通地理的研究一时无法进行。

1983年，上海古籍出版社已做好出版《宋本方舆胜览》的准备，再次敦请先师完成前言。所幸"文革"前的部分旧稿尚在，他终于写成了《论〈方舆胜览〉的流传与评价问题》一文。这篇饱经劫难，历时八年的论文在《中华文史论丛》1984年第四辑上发表，并作为《宋本方舆胜览》的前言刊于书前。读者阅读此文时，大概不会知道这一段悲凉而感人的经历吧。

在整理先师遗物时，我还意外地发现了五页抄在五百格稿纸上的旧稿，题为《东北地区县治移驻铁路线》，辑录了吉林、辽宁、黑龙江和内蒙古四省级行政区数十个县、市治地移往铁路沿线的资料。虽然这未必就是"文革"时所录的原件，但肯定是1967年初"杂览"的成果。尽管先师没有来得及将它整理成文，但它显示了一位不懈追求真理的学者在极端困难的条件下所作的努力，是值得我们永远珍视的遗产。

1995年1月

原载《社会科学报》1995年1月19日副刊

长水琐忆

戒烟和戒酒

　　1981年秋，我随先师去陕西师大参加学术会议，有一次筱苏（史念海）师对我说："你知道谭先生以前出门要带什么东西吧？光抽烟就得有好几件——香烟、烟盒、烟斗、板烟、雪茄、火柴、打火机。"我听了觉得很奇怪，因为从1978年夏研究生入学口试在龙华医院的病房中见到先师起，我从来没有看他抽过烟。以后才知道，原来他的确曾以烟瘾重出名。

　　先师说他年轻时就开始抽烟，以后读研究生时养成了夜里写文章的习惯，烟也越抽越多了。不过他说自己并不能算烟瘾大，他举例说："在暨南大学听林语堂的课时，他讲一会儿烟瘾就来了，又不便当着学生面抽，只好走到教室角落吸上几口，过了瘾后再继续讲课。""我至少不会在课堂上抽烟。"

　　至于戒烟的过程，先师却讲得非常简单：六十岁那年支气管炎越来越严重，冬天气喘得晚上不能躺下，只能坐在床上过夜。医生问他是要命还是要抽烟？说只有戒烟才能治好病。他就此把烟戒了，以后再也没有抽过。我问他："听人说戒烟很难，你用了什么方法？"他说："什么方法也没有，说戒就戒掉了。"

先师还曾以酒量闻名，年轻时有过好几个醉酒的故事。1946年8月底，浙江大学从贵州遵义搬回浙江，房东王梦九为先师、陈乐素先生和浙江大学的一位校医饯行，拿出几瓶陈年茅台酒。对于这次饮酒的数量，先师回忆是四个人喝了四瓶，其他三人都喝醉吐了，他却没有什么事。不过陈先生的说法略有不同，房东或校医中有一人没有喝，实际是三个人喝了四瓶。现在四人都已作古，自然无法查考，但无论如何，这是先师饮酒的最高纪录了。

他最后一次醉酒是在1963年，江苏师范学院（今苏州大学）的柴德赓教授来上海，他在文化俱乐部宴请。由于喝多了，又喝了两种酒，与柴先生道别时他已酩酊大醉，从三路有轨电车上下来就再也支持不住，就地坐在站头上。先师说，当时耳听得一批批上下车的人在说"这人醉了"，却一点力气也没有，过了好久才半醒着回家。但快到家门口时又来了醉意，在门口坐到半夜才进屋。从此他决心戒绝烈酒，三十年间一直只饮啤酒，偶尔喝些绍酒，数量也很节制。

还好没有迟到

1982年10月，先师去昆明参加《肇域志》整理工作会议。由于这是国务院古籍整理出版规划小组的第一项重点任务，会前又曾由国务院办公厅通知云南省政府，省府在开幕的15日晚上安排了一次电影招待会。当天下午的会议结束后，先师到云南大学宿舍访问了李埏和方国瑜教授，五点多又到了暨南大学的同学江应梁教授家，由江先生与方先生做东宴请，作陪的还有他的老友周咏先。故人聚首，分外热烈，我虽知已过预定时间，也不便催促，饭后到达小影院时已近八时，场内陪看的观众已恭候良久。等先师在第一排沙发上坐定，电铃就响了，电影随即开映，他对我说："还好没有迟到。"我听了暗笑，就对他说："今天你到得再晚也不会迟到，你不来，电影是不会放的。"他还觉得奇怪，问："有这样的事吗？"

你吃得起吗？

1983年夏，为了集中时间完成《中国历史地图集》的修订，先师住进学校外宾招待所。开始几天，正好一位校长也在招待所开会，因为人数不多，先师和我就被安排与校长一起用餐。几天后校长回去，我们发现伙食的质量明显下降了，尽管我们的"标准"并没有变。一次先师忍不住向管事发问："怎么这几天的菜那么差？"管事却直言不讳："你们的标准本来就是这样的。前几天是校长在这里，又不是为你们做的。"

1987年7月31日，日本和歌山大学一位青年学者来访，先师请他到城隍庙老饭店吃饭。这位青年是研究中国史的，又会说中文，先师本意是让他逛逛城隍庙，并品尝一下有上海特色的菜肴，可是拿起菜单一看，却大失所望，于是就问服务员："没有你们的特色菜吗？"服务员的回答倒也爽快："怎么没有！你吃得起吗？"说罢，报了几个菜和价格，在先师听来即使不是天文数字，也是完全出乎意料的。结果，这顿五菜一汤的饭不仅"味平平"，而且菜中的肉丝已变味，宾主的兴致自然也高不起来了。

《徐霞客游记》合璧

《徐霞客游记》是闻名中外的地理名著，但长期流传的只是乾隆、嘉庆年间的刊本，内容残缺不全。1980年，上海古籍出版社整理出版的《徐霞客游记》问世了，字数比原来增加了三分之二以上，游记多了一百五十六天（原来为三百五十一天），这主要得益于先师的贡献。

早在30年代，先师的老师邓之诚（文如）先生获得了徐霞客的孙子徐建极的六册钞本，并且得知其余几册曾藏于吴兴刘氏嘉业堂，他在封面上题识："《徐霞客游记》季会明原本。此本存六、八、九、十凡六册（九、十分上下），其七原阙（缺）。一至五册昔在刘翰怡家，若得合并，信天壤间第一珍本也。"以后，邓先生将这部钞本赠给先师。

当先师得知古籍出版社组织整理《徐霞客游记》时，就提供了这一珍本。根据邓先生的题识，几经周折，整理者在北京图书馆找到了五册季会明钞本，使这部湮没了三百多年的原始钞本终于重见天日，形成了一个自《徐霞客游记》写成以后最完整的本子。

先师没有向出版社索取任何报酬，并在1981年5月19日将这六册钞本送还给邓先生之子邓珂，建议他出让给北京图书馆，使两部残本合璧。一位友人得知此事，颇不以为然，问先师："这是邓先生送给你的，为什么要还给他儿子？"先师答道："邓先生送给我，是供我使用的。现在新版已出，我不必再用这套钞本了，应该物归原主。如果真能由北京图书馆配全，不是更好吗？"

1995年8月

最忆康桥风雪时

读研究生时就知道杨联陞先生的名字,知道他是美国当今多数汉学家的老师。1983年9月24日,我随先师季龙(谭其骧)先生去北京大学历史系,当天作报告的除先师外还有武汉大学的吴于廑先生。在他们报告后,周一良先生致辞,他谈到当年在美国哈佛大学的中国留学生中有两位最杰出的:一位是现在美国的杨联陞先生,一位就是吴于廑先生。这使我更增添了对杨先生的崇敬和仰慕。但由于国门始开,我们所能看到的杨先生的论文还很有限,就连先师也只闻杨先生的盛名,知道他是自己的好友缪彦威(钺)先生的亲戚,而未曾有过交往的机会。

所以,当我在1986年7月1日一到康桥(Cambridge的旧译名),就向哈佛燕京学社(Harvard-Yenching Institute)的职员了解杨先生的近况,得知杨先生已经退休,平时不来校,开学后每周还来两次,还得等上两个月。快开学时,图书馆的戴廉先生告诉我,老先生去了香港,并将从香港回内地,一时不会回来。由于与戴先生已熟识,他还告诉我,杨先生近年来精神受过刺激,心情一直不好,加上已经退休,不再参加学术活动了。

在新英格兰的红叶落尽时节,一天我刚走进图书馆善本室,戴先生就对我说:"杨先生来了,他说现在就可以见他。"我赶快跑到杨先生的办公室,终于见到了这位向往已久的大师。面对这位慈祥睿智的银发老人,就像我第一次见到先师那样,我感到学术泰斗与普通人的距离似乎从来就没有存在过。我转达了先师对他的问候,他说:"我与你老师可惜从来没有见过面,但我们的朋友都是熟人。"我说:"这几年我随谭先生见过周一良、缪彦威、吴于廑等各位先生,多次听他们谈到过您。"他说:"我知道大家老是传这句话,其实并不是这样。""我与你老师本来是有机会成为同事的,抗战胜利后,浙大一度想聘我,可惜后来没有去成。"他还告诉我,中美关系恢复后,他曾回国访问,但那时还不能自由行动,他的内兄缪先生他们都是赶到北京去,在宾馆中见面的。这次本来是想由香港回内地,不料摔了一跤,怕身体支持不住,只好返回美国,失去了一次会见亲友的机会。他说:"你来了很好,还可以多告诉我一些老朋友和国内学术界的情况。"我见早已过了12点,就向他告辞,他说:"门上贴的时间表不是对你的,下次我们尽可以谈得长一些,我把午饭带来,我们边吃边谈。"于是我们约定下星期四再见。

戴先生知道了我们的约会后,高兴地说:"好!老先生好久没有这样的兴致了。"我问戴先生,到时候我要不要根据美国人的规矩自己也准备一份午饭。他说:"这可使不得,杨先生会替你带来的,他约人一起吃午饭都是这样的。杨师母的菜可做得好呢!"果然,第二次在我们谈了一会后,杨先生拿出带来的菜和面包,还递给我一罐啤酒,说:"我不喝,这是为你准备的。"我不敢拂他的好意，毫不推辞地喝着酒，吃着菜，我记得其中有很可口的鸡。以后这样的会见方式就成了惯例。

我将带去的论文呈送给他，请他指教。他说："指教是谈不上的。美国人说我对中国史无所不知，那是因为他们知道得太少，真正无所不知的还是你们大家。但文章我一定认真看，看过后再同你讨论。"然后他详细地问了有关《中国历史地图集》编绘的情况，最后他约我两星期后再谈，说："天冷了，我不一定每星期都来，你的文章我也要花时间看。"我知道他住在阿灵顿，自己不开车，来学校是乘公共汽车的，车子班次少，下车还得走一段路，来一次不容易，就说："我反正都要到图书馆来，如果到时候您不方便就别来了。"

尽管朋友们说，这是一个多年不见的少雪冬天，纷纷扬扬的大雪还是撒满了康桥。当我踩着雪，花了比平时多一倍的时间到达图书馆时，心里希望杨先生今天千万不要来了。11时快到时，我忽然想起，最好到车站去看看，可发现他已经出现在走廊上，或许觉得任何感谢的话已属多余，我居然没有说出什么话来，只是随着先生走进了他的办公室。这次谈的话题自然是我的论文，杨先生谈得很多，还把文章拿给我，说上面有他写的具体意见，可能一时记不得了，可以带回去看。他说历史地理是很重要的，以前我们对地理（环境）对历史的影响注意不够，不具体，主要原因是懂得太少，并说以后要多看一点地理书，特别是自然地理方面的。他说话的态度是那么认真，使我不能不怀疑戴先生说过的话了。事后我看到文章上果然是好几处意见，如在《秦汉时期对西北地区的人口迁移》

一文论述"强制性人口迁移"一页上,他写道:"前些年的干部下放和青年下乡,是否也是强制性迁移?是否也应作历史总结?"在另一处写着"可能还有其他解释"等。

一次我到图书馆地理类书架前翻书,见杨先生也在架上找书。我没有打扰他,却再也不相信他会有真正退出学术活动的念头了。下一次我们又在这里碰到了,他问我:"你看过李好文的《长安志》吗?书里有很好的水利资料,以前好像没有人注意过。"我回答没有看过,他说:"那我算没有白看了,看来历史地理的题目真不少呀。"这段时间他果然已经查阅不少历史地理书籍。我想,这大概就是他能获得"无所不知"的美誉的真正原因吧!

我们仍然每两星期谈一次,我请教过日本人来华行记、他与法国汉学界的交往、台湾史学界的现状、制度职官的英译等方面的问题。在我请教他的治学方法时,他却不愿多谈,倒向我介绍了香港严耕望先生的一本谈治学的小册子。在问到美国汉学界的情况时,他说对他的学生还是满意的,其中有很杰出的学者,对学生的学生却并不满意。

可是到了冰雪消融后不久,就因我不时外出开会或访问,见杨先生的次数减少了,而我回国的时间也接近了。根据美国方面的规定,我们回国前填写的表格中应该有一位美国教授签署意见,我想请杨先生写,办公室的穆瑞小姐说,由于杨先生已经退休,我必须先征得他同意。五月七日向他告别时,我提出了这一要求,杨先生说当然可以。他拿出一本自己的论文集《国史探微》,说由于书已不多,只能合送给谭先生与我这一本。我接过书,说希望他有机会来上海。他微微叹道:"去不了啦,还是你再来吧!"我说:"那一定再来看你。"我将我们合拍的照片送给他,他高兴地收下了,还在我留下的一张上签了名。就这样我告辞了,他站在门口,默默地目送我下楼,直到我在楼下挥手。

我没有能再见到杨先生,即使再去康桥也见不到他了。但我记下了康桥永远的风雪,杨先生在风雪中来到的情景时时犹在目前。两年前先师也归道山,或许杨先生能与先师研讨历史地理,弥补生前未能聚首的缺憾。两位老师,你们不会寂寞吧!

科举、考试与人才

提起科举，人们就会想起《儒林外史》中的范进和八股文，想到孔乙己，或者想到前人对科举制度的批判，似乎这项制度一无是处。把科举与人才联系起来，更会得出科举制度扼杀人才、两者水火不能相容的结论。其实问题没有那么简单。

科举制度的雏形出现于两千多年前的汉朝，正式形成于6世纪末的隋朝，到20世纪初清朝废科举、兴学堂，科举制在中国存在了一千三百年。在中国历史上的各种具体制度中，这是历时最久、变化最小却影响最大的一项。所以我们首先得想一下，如果科举制度真的不适应中国社会，对历史不起积极作用，会存在那么长的时间吗？为什么历史上很多具体制度或者经常变化，或者旋立旋废，甚至后世都不知道是怎么一回事了，而科举制度的影响会那么大呢？

其次，我们不得不面对这样一个历史事实：在实行科举制度的历史阶段中，除了皇帝、贵族等世袭者外，从中央到地方的绝大多数官员都是科举出身的，也就是说，中国有一千三百年时间主要是由科举制度培养选拔出来的人员管理着的。虽然我们可以举出一些杰出人物并非科举出身或者一生都是科场上的失败者的例子，但大批各方面的人才，包括很多杰出人物，却是由科场的胜利而踏上历史舞台的。

当然这并不是说,前人对科举制度的黑暗面和消极性的揭露批判没有必要,而是说对待科举制度应该有全面的认识,就像我们对中国传统文化的其他方面一样。要做到这一点,就得走出两个误区。

误区之一,是对人才的片面理解。

什么是人才?我认为是指那些某一方面的才能高于同类人的人。才能是多方面的:治国平天下是才能,处理日常行政事务也是才能;斗酒诗百篇是才能,拟公文填报表也是才能;发明创造是才能,操作器具娴熟也是才能。高于同类人,从标准上说是绝对的,既然称为某方面的人才,在这一方面就一定要比别人强。高于某一级别的官员都可称为高级官员,但只有这些人中管理能力和领导艺术最强的人方可称为高级领导人才。会做菜的人都可以当厨师,但只有烹调技术比其他厨师高的人有资格算烹调人才。但同类人的概念却是相对的,可以是为数不多的人,也可以是全国以至全世界的人;可以是当代的人,也可以是一个很长的历史时期甚至人类有史以来的人。正因为如此,人才可以并且应该分为不同的等级,代表不同的空间或时间,如:某人是某工厂的管理人才,而某人是某国第一流的生物学家,某人是当代的超导材料权威,而某人是有史以来最多产的作曲家。

社会对人才的需求是多样的,现代社会是如此,古代社会也是如此。如在中国中央集权的封建社会中,既要有辅佐皇帝总揽全局的一品丞相,也要有管理一个县的七品知县;既要有李白、杜甫这样的诗人，也要有处理行政事务的官吏；既要有王羲之、怀素这样的大书法家，也要有笔画工整、书写迅速的抄书匠。有些人才是能够互相替换的，如：丞相贬为知县后或许也能胜任，知县出身的人以后也可能成为名丞相。但相当多的人才是不能角色互换的，如：李白未必能处理好行政事务，而一名干练的老吏肯定赋不出"黄河之水天上来"一类名句；抄书匠或许写不了一笔狂草，而怀素也不一定能有耐心并在规定的期限内用正楷抄完一份公文。

不同的人才需要有不同途径来培养造就，也应该用不同的方法加以识别选拔。一般说来，初级和中级人才是可以通过正常的途径培养的，如古代和当代的各类学校、训练班或教师的个别指导。多数高级人才也可以用这类常规的方法来造就，但其中最杰出的那一部分又当别论，至少还需要有他们自身的天赋或潜力这方面的条件。一位资深塾师能教会他的学生写八股文或作诗填词，但无法培养出一位大诗人；而一位大诗人或许从来没有进过正规学校，或者从未受过哪位名师的具体指导。世界上的著名大学每年能培养出一批合格的高级研究人员，但却不能保证多少年出一个爱因斯坦。所以，初级、中级人才完全可以用一般的考试方法来鉴定和选拔，对他们的评定标准不会有大的分歧，并不需要特别高明的伯乐。多数高级人才也还可以通过复杂一些的考试来分出高低，识别真伪，对他们的评定标准大致也能统一。但对杰出人才就不一定了，有的标准是全社会都能接受的，如：体能指标和单项智能指标，跑得最快、跳得最高、力量最大、记忆力最强、心算速度最快、音域最宽等，都容易确定，综合性的智能指标就困难得多。但有的标准却是见仁见智，并不相同，甚至会截然相反。有人认为是天才的预言，有人会斥为疯子的梦呓；有人说是世界艺术的高峰，有人讥为精神垃圾；有人惊叹为划时代的进步，有人会断定为伪科学。涉及意识形态的评判更是如此。还有的标准需要很长时间的检验，当时无法作出结论，或者会因时而异。在这类情况下，考试或常规的鉴定方法自然无能为力，非请出最高明的伯乐不可了。

不过我们应该看到，对任何一个历史阶段推动力最大的固然是当时最杰出的人才，但任何一个社会需要量最大乃至维持其正常运转最必需的还是初中级人才和大多数高级人才。从这一角度看，正常的培养和选拔方法是适应社会的基本需要的。不能因为一所大学没有培养出一个爱因斯坦，就认为这所学校没有成绩；不能因为一位未来的发明家没有被高校录取，就说高考制度失败了。同样，不能因为李白没有上过金榜，就证明科举制度只会扼杀人才。

误区之二，是对一项制度的功能和具体内容的混淆。如果把制度比喻为一条流水生产线，那么需要由这项制度来操作的具体内容就像投入流水线上的原料，原料不同，最后的产品自然也不同。所以，制度是否合理就像一条生产线的设计是否合理一样，而产品的优劣并不仅仅取决于流水线本身，还与投入的原料及操作人员有关。这样来评判一项制度，就可以区分哪些是制度本身（流水线）的毛病，哪些是执行制度者（操作人员）或具体内容（原料）的问题。

就制度本身而言，科举不愧为中国传统文化的杰作，在中国历史上起了极其重大的作用，它至少有公平、公开、公正的优点。

在科举形成制度以前，官吏的选拔主要采用世袭制和举荐制。世袭制的弊病不言而喻，它使官吏的选择面严格限制在少数贵族和所谓"高门大族"的范围里。出身这些家族的人，稍有才能的不用说，就是白痴往往也能获得一官半职。而"寒门素族"的子弟却进身无门，再有本领也不能担任某些职务，不知埋没了多少人才。举荐制虽然破除了血统的限制，但一方面有资格推荐的人很少，他们了解的面也有限，能有被他们推荐机会的人不多；另一方面由于没有统一的标准，对被推荐者的评价基本取决于推荐者个人的学识、品质和感情，不同推荐人之间无法比较竞争。而科举制则敞开大门，除极少数"贱民"身份者外，不论贫富或门第高下，都能报名应试。"朝为田舍郎，暮登天子堂"的话虽不无夸张，但的确有不少出身农家或贫民的人通过科举踏上仕途，脱颖而出。

从最基层的考试到最高级的殿试（由皇帝亲自主持），都有固定的日程，除非发生战乱，从不间断。考试的规则、方法、形式，阅卷、评分、分别去取、核定名次、公布等手续都有规定，应试者以至全社会都了解，完全有充分时间做准备。另一方面，应考者必须按正常渠道，一个个台阶逐级上升。

在考试的全过程中，防止舞弊的措施相当严密，并且形成了一整套制度，如：考生的姓名在阅卷过程中要密封；为了防止评阅人辨认笔迹，入选的试卷先由专人重新誊写；主考人员去考点途中不许接客，到达考点后即被隔离，至考试结束后才能解除；对舞弊的考生与主考官员的处罚相当严厉，因此而被判死刑的也不在少数。

科举制度体现了对人才和教育的尊重。如明清时任何人只要中了举人，就可以享受免除徭役的优待，见地方官时不必跪拜，不受刑讯。唐朝新及第的进士都由朝廷赐宴，在曲江亭聚会，大雁塔题名，极一时荣耀。宋朝的进士也被赐宴琼林苑，获第一名的状元除了赐予紫囊、金带、靴笏外，还在家乡立牌坊，地方官设宴庆贺。所以"登龙门""金榜题名"不仅成为读书人梦寐以求的目标，也是无数家庭为之追求的理想。在这种情况下，教育自然会受到重视，教师也能排在"天地君亲"后面作为受尊敬的对象，那些教出了秀才、举人以至进士的教师格外受到社会的尊重更是理所当然的。

科举的主要弊病是出在考试的内容和主考官吏的腐败上，如：明清时采用八股文，一些官吏利用科举营私舞弊，等等。但这是投入的原料和操作人员的问题，不能都归咎于生产线，不能因此而否定整个科举制度。试问，如果不采用科举制，在封建时代又用什么方法选择官员呢？不通过考试，又能用什么办法选拔人才呢？

走出这两个误区后，我们就不能不肯定科举制曾经起过的积极作用，同时也不能不承认今天的人才培养和选择需要继承这些积极的精神，如：公开、公平、公正性，尊重人才，尊师重教。我们也不难发现，今天世界上大多数国家，包括发达国家在内，也都是通过各种形式的考试，运用公开、公平、公正的原则选择人才的，如一些国家全国统一的入学考试、公务员（文官）考试、各类人员的招聘考试等。虽然我们不能说这些方法都来源于我国的科举制，但可以肯定科举制是世界上最早、最完整、最严密的人才选拔制度。

近年来，报刊上发表过一些对现行高考制度的批评意见，有的还出自著名学者。他们所用的例子，基本上都是个别"人才"的落选。如：某一有发明天赋并已获奖的学生因未达到分数线而未被录取，在某方面有突出表现的学生因其他学科成绩差而进不了名牌大学，等等。于是有人呼吁要扩大或实行推荐，甚至建议取消考试。也有人认为考试与人才是格格不入的，似乎一考试就会把人才考掉了。其实，无论他们举出什么事例，都只能证明考试的方法和内容有改革的必要，却根本无法推翻考试制度本身。例如：使考试的内容不仅包括书本知识，也能体现创造能力；对超常学生增加一些特殊的考试内容，结合平时的考试成绩以减少偶然失常的影响。这些都不难实行，有的已经在部分实行。而考试制度本身，特别是它所体现的公开、公平、公正的原则，正是现在要大大加强的。

不仅是各类学校的考试，就是选拔国家公务员、社会所需要的各类人才，也都应该采用考试的方法，实行公开、公平、公正的原则。考试并不是只有书面一种，可以是口头答辩、撰写论文、提出方案、现场处理等多种形式，但基本原则是不能改变的。推荐只能作为一种辅助手段，绝不能代替考试。即使推荐者完全出于公心，他也只能推荐自己所了解的人，只能用自己的标准来衡量被推荐者。在目前还很难做到人人秉公举荐，社会上的干扰又相当严重的情况下，单靠推荐更是有百害而无一利。

如果真的严格实行了考试制度，杜绝了各种"捷径"，要成为人才就得老老实实学，老老实实考，考上了就能获得相应的待遇和荣誉，那只会激励更多的人走上成才之路，社会所需要的绝大多数人才是完全可以满足的。当然，对李白、爱因斯坦那样的人才可以用不同的选拔方法,但这些毕竟是个别的特殊情况。

毋庸讳言,新中国成立以来教育制度曾经有过严重失误。那些貌似极其革命的措施,实际上正是科举制度中糟粕部分的延续或复活。例如:片面强调"阶级路线",以出身、成分甚至无中生有的所谓"政治问题"为由,无端剥夺了不少人接受教育的权利,机械的户口制度也使很多没有城市户口的青少年不能具有同样的求学条件,更不用说获得公平、公正、公开的考试机会,因此而受到影响的人不会比科举制度下的"贱民"少,"文化大革命"中选拔"工农兵学员"以及提升干部的方法比科举制度不知倒退了多少年,相当长一段时间内的政治、语文考试的内容绝不比八股文逊色。近年来,一些地区或部门的考试舞弊不仅远远超过了科举时代,主管部门和社会的冷漠态度也已到了令人寒心的地步。

所以,今天重提科举制度的积极意义是完全必要的。我坚信,如同传统文化的精华部分一样,科举制度的积极部分是值得我们继承和发展的,它将继续为我国的人才培养和教育事业作出贡献。

知识分子的历史地位和主人意识

近年常听到某人下海发财，某人出洋不归，某人从政当官，但听得更多的却是读书人的潦倒寒酸，上至院士、博士生导师、资深教授，下及研究生、本科生、中小学教师，事例不胜枚举。这不能不使人寒心，面对"商品"和"市场"大潮，莫非我辈读书人真的在劫难逃了？

不过我倒以为，知识分子的命历来不好，自古皆然，现在也未必就是最倒霉的时候。以前听先师季龙（谭其骧）先生说过一则抗战期间流传于大后方的故事：某教授去理发，与理发师发生争吵。理发师大怒，骂教授道："你这个人这么坏，下一辈子还得当教授。"故事的真假不得而知，但与时下不少奚落文人的笑话和故事颇有异曲同工之妙。可见时代虽然不同，文人之为人所鄙视如出一辙，大可不必大惊小怪。

根据我的历史知识，古代的知识分子或者称为"士"者，从来不过是当权者的工具和玩物，并不像有的朋友所说的那样具有什么独立的人格或地位。所谓"士为知己者用，女为悦己者容"，正说明士的主要功能是为人所用，不过为谁所用要有所选择。所以士们所掌握的知识技能以至他们自己的生命都在等待用他们的主人，仅有一技之长以至鸡鸣狗盗者自不必说，就是有经纬天下之术的盖世英才也只有"货与帝王家"，做皇帝臣仆的份。一言以蔽之，知识分子即使可以做到最高级的奴才，也不能成为社会的主人，无法主宰自己的命运。

当然并不是所有的知识分子都是甘心如此的，有人甚至不惜以死抗争，于是有了"士可杀，不可辱"的成语。但仔细观察一下就不难发现，这句话不能理解为士有了自己的独立人格。因为既然士只是工具或奴才，就是既可杀也可辱的，主人顾及你的身份，让你体面一点地死固然可以，要辱你一下，或者先辱了再让你死也未尝不可。司马迁由于替李陵说好话而得罪了汉武帝以后，就没有让他痛痛快快地死，先是被"交手足，受木索，暴肌肤，受榜棰"（手脚被用绳索和刑具捆绑，裸露着身体挨竹板打），接着又被割去生殖器，受刑后还得当中书令，在皇帝身边忍辱效劳，受到表面的尊宠。有了这一段经历，司马迁在给任安的信中不得不承认，"刑不上大夫"只表示"士节不可不勉厉"，要说受的刑罚不算"辱"，那是打肿脸充胖子。司马迁要活下来自然还有他自己要完成《史记》的目的，但如果他真的想死，恐怕也得在被阉割以后。尽管他忍了辱，写出了《史记》，最后还是不明不白地死了，显然不是善终。

其次，判断是不是"辱"的标准也是不同的，既然当了奴才，就只能用奴才的标准。这就是说，当奴才本身并不是"辱"，岂但不是，而且是荣，当不上才是"辱"。享受奴才的待遇也不能算"辱"，被主子整得过了分才是"辱"。知识分子既然没有抗争的权利，就只有忍受的义务了，所以只能用精神力量来慰藉自己，甚至把"辱"看成荣。明朝中后期的皇帝对看不顺眼的或敢于提不同意见的官员有一个法宝——廷杖，就是在午门前剥下裤子打屁股，而且打得十分厉害，皇帝的圣旨就有"重打""着实打""用心打""切实打""好生打"等具体要求，所以常常把人打死。嘉靖皇帝创造的一项纪录是一次打了一百八十多名官员，打死十七人。可是皇帝却万万想不到，当时的士人对这种待遇居然"羡之若登仙"，挨了打的人不但不感到耻辱，反而成为众人的楷模。有一人被打过两次的，有父子两人先后被打的，都成为一时佳话。还有一位挨打者屁股上的肌肉坏死脱落，他太太制成"腊肉"供在家里，作为教育子孙的传家宝。这固然显示了知识分子的人格力量和价值观念，但却不能不使人感到深深的悲哀。

但更悲哀的是，不少人在挨了打后或者被杀前还得向皇帝谢恩，有些人自觉地高呼"太祖高皇帝"、"苍天"或"万岁万万岁"。

那么知识分子不当官行不行呢？皇帝真的要你当官，不当也不行，尽管大多数人想当也当不了。虽然先秦时就有伯夷、叔齐一类与当局不合作的人物，但从汉朝开始就不时有不识抬举的士人被杀的例子。有时皇帝下令征召，被征召者却架子十足，一再躲避，结果被砍了头。到了明朝初年，朱元璋索性在他亲自制定的法律和案例书《大诰》中规定"寰中士大夫不为君用"，就可以"诛其身而没其家"，本人杀头外，还要将全家老小罚为奴隶。连遁入空门的和尚也不例外，一旦被皇帝选中，就得还俗蓄发当官，抗拒者无一善终。

至于议论和思想的自由，也不是知识分子的囊中物。由于交通工具和传播媒介远不如今天发达，在天高皇帝远的地方发发牢骚，骂几声娘，只要没有人检举揭发，大概不会出事。但如果有人找你麻烦，那就不需要任何凭据。早在两千多年前的汉武帝时，就产生了一种罪名——腹诽，就是肚子里说坏话。当今最先进的测谎机大概也只能肯定被测者是不是说了实话，而无法知道他心里想说什么，可是我们的老祖宗却能知道一个人肚子里藏着什么话。连还没有发表的议论都可以定罪，更何况已经说出嘴的呢？

我说这些的意思，并不是要大家忆苦思甜，证明今天的知识分子已经形势大好，而是想讲清楚，知识分子的劫难并不是今天才有的，更不是"商品"或"市场"带来的。我的目的也不是要提倡阿Q精神，只要没有受批斗、挨板子、砍头，就是最大的幸福，就应该安贫乐道，三呼万岁了。我认为，既然知识分子历来都没有当过主人，现在无论是政府要解决知识分子问题，还是知识分子自己要争取改善待遇，都必须抓住关键，就是要改变知识分子的社会地位，让他们成为社会的主人。

从理论上，这似乎已经不成问题，因为邓小平早已肯定知识分子是工人阶级的一部分。工人阶级是国家的领导阶级，知识分子既然是其一部分，那就也属领导阶级。连领导都当得了，岂会不是主人？但实际情况如何，恐怕不必多说了。"文革"前知识分子充其量只能做附在皮上的毛，"文革"中更被定性为资产阶级（个别"革命知识分子"例外），是"臭老九"，一旦脱帽加冕，不仅自己感恩戴德，社会上一般人也会肃然起敬。但如今大家都是工人阶级了，或者根本不论阶级了，这"一部分"又能值几文钱？所以现在再重复邓小平这句话是远远不够的，而要着重阐发他的另一部分话，即科学技术和教育对中国的重要意义，认识到知识分子是这个社会中最先进、贡献最大的一部分，代表了进步的方向，应该成为社会的中坚和领导。

如果领导们认识了这一点，就不会说出"现在国家有困难，还拿不出更多的钱来改善知识分子的工作和生活条件"这一类话来。因为知识分子不是乞丐，不是向国家要救济，他们所要的只是自己劳动成果应得报酬中的一部分，他们要求改善工作条件是为了给国家做更大的贡献。今天国家的资产中，就有相当大一部分是知识分子数十年来含辛茹苦以至节衣缩食创造积累起来的，现在给他们一点绝不是恩赐，更不是占其他阶层的便宜，也不是重奖，而是价值回归。再说正因为国家还穷，就更应该赶快让知识分子帮你富起来。不依靠知识分子，难道真的能靠那些贪官污吏、大款倒爷、不法奸商、文盲半文盲致富吗？至于知识分子是不是真有这个能耐，只要看看如今的发达国家，那里的商品经济和市场经济可谓发达已久了，但知识分子不是不值钱了，而是越来越值钱了，白领和中产的比例越来越高了，唯利是图的资产阶级总不会做贴老本的蠢事吧！

如果全社会认识了这一点，就不会再有"你们穿着我们工人织的布，住着我们盖的房，吃着我们农民种的粮，却不为我们服务""我们工人农民一千个不答应"一类的笑话；也不会患什么"红眼病"或"白眼病"（现在知识分子已没有什么值得红眼的了，要有只能是白眼了）。我很怀疑这些话本来就不存在，只是一些无聊文人根据上级的意图编出来的，因为工人农民是通情达理的，也是最容易接受现实的，近年来一些地区农民抢科技"财神"，工人为经营有方的厂长请功发奖就是明证。而且，知识分子的门始终是开放的，如果大家真的羡慕了，通过学习成为知识分子就是了，如果自己这辈子来不及了，可以教育子女成为知识分子。到了那一天，一支宏大的知识分子队伍就自然会形成了。

如果知识分子自己认识了这一点，就应该堂堂正正地做主人，理直气壮地争取自己应有的权利，不要像乞丐那样哀求什么人的施舍，更不应该无所作为坐以待毙。要下海的，尽可以放心赚钱，靠自己的知识和本领赚来的钱不但合法，而且光荣。古代陶朱公可以"三致千金"，外国也有凭知识挣钱的亿万富翁，为什么当代中国的知识分子就赚不得？想当官的也不必羞羞答答，知识分子不当官，难道让大字不识一箩的人当？国家的最高领导不都有大专以上的学历？世界上又有几个国家的元首或内阁官员没有受过高等教育？当然如果试下来不行就不要硬干，老老实实下台；犯了法的应该治罪，这与其他出身的官员本来就没有什么不同。想出国的不妨大大方方地去闯荡一番，科学文化属于全人类，人类又生活在同一个地球，为什么一定要把中国的知识分子锁在国门之内？有本事的，争个诺贝尔奖，挣个亿万资产，竞选个国会议员以至大总统，既是对全人类的贡献，也将是中国人的光荣。中国开放了，发展了，不仅出去的人会自由回来，别国的精英也会来中国工作或定居。

当然绝大多数知识分子是不可能下海、当官、出洋的，但一样要自尊、自重、自强，因为我们是社会的主人，要靠自己。如果自暴自弃，怨天尤人，无所作为，不仅不像个主人，也不会等来完美无缺的知识分子政策、优厚的工作和生活条件。除了用知识技能去换取更多的报酬外，我们还应该通过各种形式、各种途径使全社会从领导到我们的学生，都懂得知识和知识分子的价值。知识分子本人还要以自己的知识和人格来展示这种价值。

中国正处在改革开放的新时期，世界正在走向和平和发展的新阶段，历史虽多曲折，却不会倒退，中国知识分子当奴隶、做工具、依附于什么皮的漫长历史应该结束了。作为社会的主人，我们需要的是主人的意识。我们对未来完全可以感到乐观，当然还要十分谨慎。

人文精神与市场经济

多年来,一种说法一直在流行:只要经济发达了,文化教育事业自然会得到相应的发展。改革开放十多年来,全国的经济都已有长足的进步,一些发展快的地区早已到了小康水平,但那里的文化教育事业未必受到重视,更不见得能与经济的发展同步。

这几年,又出现了一种说法:随着市场经济的形成和完善,人文精神非但不会沦丧,而且会不断得到弘扬,现在的问题只是市场经济初期不完善、不发达的产物。根据历史事实和这些年的经验教训,我以为这只是一些人的善良愿望,或者只是一些人编造出来的神话而已。

持这种看法的人列出的论据之一,是西方发达国家的发展过程:在资本主义原始积累阶段出现的无序和罪恶在市场经济下逐渐得到规范和消弭,鄙俗贪婪的暴发户繁衍出温文尔雅、乐善好施的世家,基督精神和新教伦理依然是西方社会的精神支柱和道德基础,古典的文化艺术被作为人类的瑰宝而继续存在。

这些都是事实,却颠倒了因果关系。残酷的自由竞争之所以能发展为规范的市场经济,冒险家、暴发户之所以能成为新贵族,固然有经济规律和物质基础方面的原因,但更主要的还是传统的人文精神的力量。西方的人文传统，特别是文艺复兴和宗教改革以来形成的人文精神不仅顽强地延续着，而且始终在积极地影响着全社会。尽管贵族绅士们在物质上已非首富，或者已沦为贫穷，但精神上的贵族身份并没有消失，甚至在走向断头台时也不失其优雅风度。主要为这些人服务和拥有的音乐、舞蹈、绘画、雕刻等艺术和文学、哲学、宗教、历史等人文科学尽管也受到过冲击和破坏，却并未丧失其崇高的地位。正因为如此，政府的法律和政策才会受到传统价值观念和伦理道德的约束，积累了亿万财富的暴发户才不得不效法旧贵族的精神生活，根本没有经济效益的艺术和学术活动也不至于因为没有钱而绝了种。正因为传统的人文精神没有丧失，所以才能起到社会导向的作用，知识分子才能扮演社会良心的角色。要是这些国家也搞过一场彻底的"文化大革命"，并且隔几年就横扫一次，岂会有这样的结果？

另一个貌似有理的论据，是人都离不开精神生活，随着物质条件的改善，人们自然会注重精神生活；反之，人文精神的存在和弘扬也离不开物质基础，没有一定的物质条件，艺术和学术活动也无法开展。

的确，除了白痴和植物人，任何人都必须有精神生活，就是只讲究吃喝的人也会注意食品和饮料的色彩与形状之类口味或营养以外的方面，但所追求的精神生活却可以截然不同。一个人有了足够的钱和余暇时间，既可能去欣赏古典音乐或芭蕾舞，也可能去看脱衣舞或嫖妓女；既可能捐资公益慈善事业，也可能用于行贿犯罪。同样一幅裸体画，在有的人手中是高尚的艺术，在另一些人那里却是淫乱的工具。今天中国社会中出现的一些丑恶现象并不都是贫穷的产物，涉及的人们也不都是为了物质利益，大多倒是钱太多了在找花的地方。没有必要的书籍、工具、器材、设备固然难以进行艺术或学术活动，但有了条件而不搞创作的毕竟还是大多数。

这一论点致命的错误，在于过分夸大了人文精神或精神生活对物质生活的作用。体现人文精神的艺术、学术、伦理、观念等并不是对所有的人、所有的社会都发生作用的；而只有人和社会有了接受的基础，人文精神才能显出其重要性，才能成为不可或缺的一部分。先富起来的个体户不会因为看不到芭蕾舞而活得不自在，一个乡镇企业不会因不赞助学术活动而影响经营效益，大邱庄庄主的倒台是因为犯罪而不是缺乏人文精神，交响乐就是一场不演也不至于影响经济增长率，甲骨文研究即使完全停止也不会使国民收入下降，更不会亡党亡国。我们当然可以举出一些人文精神有利于当前政治、经济发展如进行爱国主义教育、增强民族凝聚力、推动改革开放、促进社会稳定等例子，但应该承认，相当大一部分体现人文精神的艺术、学术并不具有这样的功能，或者说不是它们的主要功能。即使在经济文化最发达的国家里，真正懂得艺术和学术的人又能占总人口的百分之几？要不是把听古典音乐当作高雅的象征、名流的身价，阔佬们不会自愿坐到音乐厅的荣誉席（必须捐款）上。想用实用主义的"重要性"来吓得当权者或暴发户们老老实实地把钱拿出来，无异于画饼充饥。

回顾中国的历史，我们不能不感到更大的危机。中国的传统人文精神虽然源远流长，但也有其自身的弱点，而几十年来的"扫荡批判"却不是在消除这些缺点,而是针对着它的积极方面。尤其是经过了这场"史无前例"的运动,优良的传统已经不断消失。如果连这一线传统也断绝了,历史就不会重演西方国家出现过的进程,到头来既回不到中国的传统,就是想"全盘西化"也化不过去了。

市场经济不会自发产生人文精神,西方的历史进程如此,中国的未来也必然如此。但这样的结论并不意味着我们知识分子只能坐以待毙,而是重任在肩。要弘扬人文精神,首先自己要坚持人文精神;要成为社会的良心,就得当社会的典范。中国的知识分子固然很穷,但还没有到活不下去或者已经说不动话、写不了字的地步。中国的知识分子已比以往享有更广泛的思想和学术自由,完全应该理直气壮地倡导人文精神,积极主动地影响全社会,特别是各级政府的领导人和企业的负责人。汉高祖刘邦没有当皇帝前瞧不起读书人,经常出口骂人,还往儒生的帽子里撒尿。但当时的知识分子既为刘邦建功立业,用实际显示自身的价值,又不断对他规劝诱导,终于使这位流氓天子认识到"马上"得来的天下不能只靠"马上"来维持,开始接受儒家的学说和礼仪。如果当时的知识分子都像《儒林外史》中的读书人那样,或者一致拥护刘邦的"革命行动",把自己的帽子改为尿壶,结局肯定会大不一样。

国以人兴，教以育人

近年来，对中国人口数量的控制已经取得显著成效，但对提高中国人口的素质，特别是通过教育来提高中国人口素质，却尚未引起政府和民众应有的重视，或者还没有采取相应的措施。实际上，提高人口素质的重要性和紧迫性并不亚于控制人口数量，时不我待，刻不容缓。

回顾中国历史，各个民族、各个地区的进步和繁荣是不平衡的，像汉族及其前身华夏诸族能够发展成为中国的主体民族和世界上人口最多的民族，但另一些民族却衰落甚至灭绝了；有的地区由盛转衰，有的地区却始终能保持先进的地位。产生这样结果的原因当然是多方面的，但一个民族、一个地区人口的素质如何，是否在不断提高，是否在吸收外来的优秀成分，无疑是兴衰的决定性的因素。

但20世纪前的中国毕竟还是农业社会，绝大多数人口从事体力或手工劳动，脑力劳动和科学技术所起的作用相对有限，教育对提高人口素质的作用更多的是体现在道德风尚、行政管理和人文科学方面，对生产力的发展、生活水平的提高和国力的增强所产生的直接影响较小。而今天的中国面临着21世纪的机遇和挑战，面对着世界各国的激烈竞争，要使这样一个人口众多、资源相对贫乏、起点普遍较低、历史包袱沉重的国家不再落后已属不易，要赶上发达国家就更有难度。应该承认，这几方面的不利因素都是无法在短时期加以改变的，唯一有可能转变为有利因素的就是人口——将人口众多由负担变为动力。这就得提高人口的素质。

就总体而言，中国不是一个资源型国家，不可能像有些国家那样主要依靠石油、森林、矿石、土地等天然资源发展经济，也不像另一些国家那样能完全依靠本国的资源来满足现代化的需要。中国也不应该是一个自给自足型的、封闭型的国家，如果只依靠中国有限的资源和土地，不参与国际经济活动，要使中国庞大的人口迅速提高生活水平是根本不可能的。以往几十年间，中国曾经主要用自己的原材料和初级产品换回外国的精加工产品、设备和技术，也曾经片面地强调"自力更生"而把自己局限于国门之内，事实证明这条路是走不快、走不通的。21世纪的中国只能向加工型、外向型、市场型、服务型、智力型的国家发展，充分发展和发挥人力资源的优势。

世界上人口的比较密度（即国土中的单位农用土地面积中的人口数量）与中国相近或大于中国的国家和地区中，发达和富裕程度相差悬殊，其中发达和富裕的国家和地区，如亚洲的日本、新加坡、韩国、我国的香港和台湾，欧洲的荷兰、德国、英国等，都是依靠科学技术充分利用国内外的资源，对原料和产品实行深加工、精加工，使产品的附加值大大提高；它们都积极参与国际大市场、大流通、大循环，具有高度发达的第三产业。一句话，能够使有限的资源转化出无限的财富，能够在少消耗甚至不消耗本国资源的条件下创造巨额财富。否则就无法摆脱人口的重负，只能在落后的贫穷中挣扎，如亚洲的孟加拉等国。

日本是一个典型的例子。日本人口的比较密度远高于中国，人均资源占有量普遍远低于中国。这样一个人口众多、国土狭小、资源贫乏的国家，不仅可以建成一个高度发达和富裕的社会，而且能使人民的生活质量得到提高，自然环境得到保护。日本能做到的，为什么人均资源占有量普遍比它更多的中国就不能做到呢？

以往我们在与日本的条件和发展过程作对比时，往往片面强调对方的有利因素，如美国的扶植、军事开支的节约、良好的工业基础等，似乎中国的落后是理所当然的。其实，在地理环境方面两国互有优劣，自然资源方面日本远不如中国，国际条件得靠自己争取和利用，最关键的差距还是人的素质。毋庸讳言，要走加工型、外向型、市场型、服务型、智力型的发展道路，中国现在的人口素质是远远不能适应的，目前能够基本适应的人在中国人口中所占的比例是相当低的。这种状况如果不能迅速改变，中国不但实现不了现代化，还会越来越落后贫穷。要使大多数中国人从不适应转化到适应，就只有大力发展教育事业。

现在就有很多工作没有人干或干不了，更不用说将来。珠江三角洲和长江三角洲人口不可谓不多，密度不可谓不高，但改革开放，经济起飞后，劳动力就不足了，还得从外地输入。相反，一些"老少边"地区尽管人口稀少，仅仅靠黄土地还是消化不了本地的人力，养不活本地的人口。上海的教育水平在全国不可谓不先进，各类人才所占比例不可谓不高，但一些门类的高中级人才现在已捉襟见肘，到下个世纪缺口会更大，与此同时下岗待业的人员也在不断增加。世界上不少发达国家都出现了限制或驱赶移民的现象或者加强了打击非法移民的措施，但同时又在争相引进高素质的、迫切需要的人才。如：日本放宽了几类专业人员的居留条件，新加坡大力引进专业人才，美国对科技人才一直给予移民优先的政策，计算机软件开发人才在各国普遍受到欢迎。对外国投资者来说，工资水平的高低固然重要，劳动力的素质更有吸引力。何况世界上便宜的劳动力有的是，如果仅靠这一点吸引外资，是无法与别国竞争的，而且只能永远为他人作嫁衣裳。

公开否定教育的重要性的人大概极少，但往往以国家穷，拿不出钱来办教育为理由，其实还是不认识教育与现代化的关系，是本末倒置。正因为国家穷，所以更要通过发展教育来提高人口的素质，使国家尽快地富起来。试问，除此以外，还有什么能使国家富起来的途径？办教育是要花一些钱，但人口素质的提高能不通过教育吗？日本和同类发达国家并不是富了以后才重视教育，才在教育上花钱的，而是重视了教育、花了办教育的钱才富起来的，查一下它们历来的政府开支就可以知道，教育经费所占的比例比我们要高得多。国家有贫富，政府的开支有大小，教育经费的绝对数字不能比，所占百分比总可以比较吧！

另一种误解，是认为经济发展了，人民的生活水平提高了，人口素质自然会随之而提高。当然，人口素质的提高是需要一定的物质条件的，如：不配备电脑，就无法进行电脑操作的训练，更不能学习程序编制；要提高文化素养，就得有欣赏音乐舞蹈、文化艺术的机会。但不等于有了物质条件，人口的素质就会自然地得到提高，有了钱就有了文明。经济发展最快的地方并不一定教育也发展得快，最富裕的人也不见得就愿意在教育上花钱。有些富裕地区花数十万元修的豪华坟墓、寺庙祠堂比比皆是，中小学校依然破旧不堪，而贫穷的山村却集资盖起了新的校舍。这固然需要讲道理，作宣传，使大家提高认识，自觉尊师重教，但更应该通过法律措施和行政手段加以限制和引导。例如：征收赠与税、遗产税，免除与教育事业有关的税收，以便筹集教育经费，鼓励向教育捐资，就是不少发达国家采用过的有效办法。

这几年来，从上到下重视教育的话讲得已经够多，现在需要的是切实的行动，是国家法律和行政措施的保证，尤其需要政府各级官员的深刻反省：你们手中的权和钱究竟为教育和教师做了些什么？现在应该做什么？教育事关国家兴衰和中华民族的前途，千万不能再应付拖延了。

纳税人的义务和权利
——社会公正的基础

近年来，随着经济的发展和税制的改革，在中国要纳税的个人不断增加，一个人人都要纳税的社会大概为期不远了。但另一方面，企业和个人用各种方法偷税漏税、地方政府与上级和中央争夺税收的现象也越来越普遍。这当然有税制、税法不健全，公民和企业领导人缺乏法治观念，地方保护主义抬头等方面的原因，但我认为，纳税人在尽了纳税义务以后，却没有获得应有的权利，或者说纳税人还缺乏纳税人意识，却是问题的关键所在。更值得注意的是，国有资产（包括土地）的流失、权钱交易的盛行和分配的不公还在进一步剥夺纳税人的权利，对住房、教育、医疗、养老等领域社会保障体系的改革往往也没有充分保证纳税人的利益。

纳税人意识的基础当然是要自觉依法纳税，纳了税才能算纳税人。该纳的税不纳，或者少纳、迟纳，就违反了国家法律，也不能算一个合格的纳税人。强调这一点无疑是十分重要的，但绝不是说纳税人意识就只是尽纳税人的义务这一方面。

纳税人意识的另一面，就是每一个纳税的人都应该明白，无论是中央政府还是地方政府，所用的每一分钱都是纳税人交的，都有自己的一份；无论哪一级官员，他们的职责都是替纳税人管钱和花钱。所以政府的钱花在什么地方，花得是否合理，能不能使这些钱产生新的财富，并不是与自己无关，而是关系到每一个纳税人的切身利益，纳税人都有权、都应该表达意见，加以监督。

这本来是很清楚的道理，但实际上目前还相当模糊。例如：我们都习惯于把受教育、获得公共福利、增加工资、享受劳动保护、分配到住房、生活水平的提高等归功于党、政府。如果这是赞扬这些人民的公仆领导有方因而使生产发展，政府的税收得到正常增加，并把人民纳的税管理好，分配得合理，当然是合情合理的。但如果理解为这一切都是党、政府带来的或恩赐的，与自己的努力无关，或者是自己得到的分外好处，那就完全错了。须知任何一个政党、任何一届政府都从来没有直接给百姓带来物质财富，他们的正确、英明与否，就在于他们能不能替百姓管好、用好大家通过纳税集中起来的钱，并且使这些钱能不断增值。他们手里的钱是全体公民（当然也包括他们在内）共同创造的，每个公民都有一份。公民获得工资、住房、享受医疗、教育、劳保福利是应有的权利，是宪法所保证的，不是谁的恩赐，要说感谢的话，首先应该感谢全体纳税人，而不是征收和掌管税款的机构和个人。

在现实生活中，纳同样数量税的人不一定能得到同样的权利和福利，每个人所获得的权利或福利也不一定与他纳的税成正比，这是不是义务和权利的背离呢？从表面看似乎的确如此，如：有人读到大学毕业，有人只读到中学毕业，在没有完全自费的情况下，纳税人花在前者的钱当然要比后者的多。但在一个健全、公正的社会里，前者的一生对社会的贡献要比后者大，创造的财富要更多，纳的税也更多，纳税人的投入会得到更大的回报。所以对全体纳税人而言，这是一种合理的投资；对受益者而言，这是一种有偿还义务的预支，后者不是不愿意继续求学，就是在竞争中失败，在机会有限或有先后的情况下，这是完全正常的。所以一般来说，绝大多数人从各级政府获得的权益，与他一生所纳的税是相当的。通过累进税、遗产税等调节，收入高的人还要对公众作出更多的贡献，而智力、体力上的弱者可以得到人道的救助和补贴。

国人之所以会对公共财富缺乏纳税人应有的主人意识，是由于中国长期封建统治的影响。在封建时代，一切都属于君主所有，全国臣民都是君主的奴隶，百姓只有纳粮当差的义务，没有该有的权利。所谓"公""公家"（或称为"官家"）实际上只是君主或皇室的代名词。除了私有财产以外就都是君主所有的，可以由君主自由调用或赏赐，即使有一部分岁入由各级政府掌管，也只是代君主管理而已。在这样的社会里，百姓当然不会有什么纳税人意识。

有了纳税人意识，一方面固然可以心安理得地享受自己的权利，争取自己的权利；另一方面更应该维护公众的利益，使大家纳的税能更好地为大家谋得长远的幸福。对于贪污、挥霍税款的贪官污吏当然要绳之以法，就是不贪污、未挥霍一分钱但没有管好用好税款的官员，也应该追究他们的责任。代表纳税人的公共利益，对各级政府的收支实行有效的监督，应该是各级人民代表一项主要的、经常性的职责。各级政府的收支都应该是公开的、透明的，无论用之于内政、国防，还是用之于外交；无论用之于高层官员的待遇，还是用之于某项特殊开支。各级官员支配税款的职权和范围也应该是公开的、透明的，哪一级官员能支配哪一方面的开支，开支多少，需要什么手续，都要有法可依，也都应该接受纳税人的监督。不能以"国家机密"为由拒绝监督，隐瞒真相，极少数出于国家安全的需要必须暂时保密的开支应该由法律规定，不允许任意扩大。即使是政府首脑，也只能在规定的范围内，按照规定的程序批钱批物，并且同样要受到纳税人的监督。以前常听到某某项目是某某领导亲自批准的，某一笔钱是经过某领导才批到的，以后纳税人就得问一下，这样做是否合法，是否侵犯了纳税人的利益。

各级官员申报或公布他们的个人收入，比之以前完全保密当然是一项不小的进步。但官员们应该公开的绝不仅仅是他们的工资等直接收入，还应该包括他们和家属享受的补贴和待遇等间接收入，还应该公开他们使用的全部公款，因为这些也是取之于纳税人的。中国的高层官员中首先公布自己收入的是陈希同，但他谈的只是工资、津贴，却从来没有公开过自己与王宝森究竟花了纳税人多少钱。为什么不让纳税人知道用于一位高级官员及其家属非工资的开支（如住房、用车、旅行、服装、警卫、保健、休养等）究竟是多少？纳税人不仅有了解的必要，还有决定这些钱该不该花的权利。

现在一方面是国有资产大量流失，另一方面为之付出了终生血汗的纳税人到头来却得不到应有的回报。80年代以前实行的低工资政策，实际上已经替每个劳动者强制性地交了高额税款，他们所纳的税比今天获得相对高工资的人要多得多，因此在进行社会保障制度改革时应该充分考虑到这一点，采取切实的措施保障他们的权益。实行"新人新政策，老人老政策"，并根据领取低工资年代的长短确定合理的补贴率，这是完全必要的。国有资产属于全体纳税人，绝不容许被少数人侵吞，任何一级官员都没有权力私下交易，或者变相当作私产。国有资产被侵吞就像家里的钱财被抢夺一样，当然必须依法追回，作为主人的纳税人岂能麻木不仁、无动于衷？

纳税是每个公民的义务，更是行使民主权利的基础。我们现在的选民登记一般是在工作单位或居住地区，但有些人大代表与所在的选区毫无关系，要他们代表选民的利益实际上是一句空话。如果将纳税作为享受选举权和被选举权的前提，有偷税漏税行为又未纠正的人就应丧失这种权利。代表必须在自己纳税的选区当选，这样他们才有资格代表其他的纳税人监督政府，才会有自己的切身利益。

在中央与地方分税后，纳税人还要明确了解，各项开支应该由哪一级政府负责，遇到了问题也要知道该找谁。现在一些地方乱集资，乱摊派，搞得无法无天，但打着的旗号都是为公众办事或解决政府的资金不足。在税制健全的情况下，纳税人可以知道各级政府该征哪些税，要加税或开征新税种得通过什么手续，哪些是自己应纳的税。各级政府也可以明白哪些钱是应该上交的，哪些钱是归自己支配的，哪些项目应该由哪一级政府投资，哪些项目必须靠自己筹措经费。如果取之于民与用之于民是公开和公正的，并随时置于公众的监督之下，必定能得到民众的支持与配合。

纳税人的权利和义务是并存的，纳税人与政府间的配合与监督也是双向的。纳税人要按时纳税，迟交、漏交、拒交要受到应有的处罚。但政府也要按时向纳税人返回应退的税款，发放应发的各种款项，不能任意拖延。在税制健全的国家，个人所得税中一部分是预交或预扣的，在年度结算后，就必须在规定的时间将多收部分退回纳税人。如因特殊情况（如电脑故障），没有能将预交税的余款在规定期限内退还，政府除向纳税人道歉外，还会按退款在延迟期间的银行利息向纳税人作出补偿。我们现在增加工资或福利时，一般都要在政府规定的实行时间后的若干月，甚至一二年后才予以补发，各地、各单位也不统一，这是对纳税人权益的侵犯，是不合法的。试问，政府既然已经作出规定，肯定已经拨出专款，为什么不能准时发放呢？如果说时间来不及的话，为什么不早一些准备呢？如果认为只要发了就行，那么纳税人的税也只要交了就行，为什么迟交要付滞纳金或罚款呢？又如：各地拖欠教师工资甚多，报上只有补发，却从来没有听说过按银行利息或物价指数给教师应有的补偿的。那么以后教师交所得税时，能不能拖几年再按原额补交呢？

另外，纳税人交税的前提是依法，也就是说，该不该交，该交给谁，交多少，都必须按照有关法律规定，不是哪一个人或哪一个部门说了算。公民不必要也不应该多交税，政府不必要也不应该向公民多收税。公民如果要为国家或社会多作贡献，可以用其他方式，如投资、捐款、赞助等。政府如确有需要，也可以用开征新税种、调节税额等办法来增加岁入。西方国家有律师专门接受纳税人咨询，为纳税人在不违法的前提下选择最节省的纳税方式，一般称为"合法避税"。中国虽还没有出现这样的专业户，报刊上已见到了批评文章，我以为大可不必。既然避税的前提是合法，那就应该允许，与违法或非法就是截然不同的两回事。纳税人找律师合法避税，就像找律师辩护一样，难道律师非得替他找纳税最多的途径吗？如果税法有漏洞，合法避税就是提醒政府赶快修改法律加以弥补，总比不明不白流失税收强。如果律师曲解了法律，可以追究他的法律责任，也比暗底下偷税容易处理。相反，如果不容许合法避税，又如何能制止非法收税和乱摊派呢？在纳税人与税务部门发生争议的时候以什么为根据呢？岂不成了收得越多越合法吗？

常常有人指责中国人缺乏公德，似乎可以找到很多例子，明明是公民自己的钱财，有人却会当成别人的东西来糟蹋破坏，其他人也不感到自己的利益受到了损害，这里当然也有道德问题，但基本还是权利和义务长期模糊的后果。如果破坏者知道这是自己财产的一部分，其他人意识到这种破坏行为将导致自己多交税，结果就不会如此。从这一意义上说，公德的基础是真正的全民所有制，是全民的纳税人意识。

自觉的纳税人意识不仅是公民依法纳税的保证，也是民主政治和社会公正的基础，但在中国还没有形成，需要加以培植，政府和民众都应该努力。

原载《探索与争鸣》1996年第1期

正确认识国情

根据《汉语大词典》的解释，国情就是指"国家的社会性质、政治、经济、文化等方面的情况和特点"。国情是我们考虑一切问题的出发点，是制定一切政策、规划和具体措施的依据。近年来，对国情的调查和研究越来越受到各方面的重视，国情也成为对国民进行教育的重要内容，尤其是对青少年和学生。毫无疑问，不了解国情，误解国情或曲解国情，就不会有正确的国情教育，更不可能产生符合国情的政策、规划和措施，其后果之严重不言而喻。

要正确地了解和认识国情，必须有正确的手段和方法。例如：计算方法的不同会产生差距很大的结果，世界银行用购买力平价计算中国的人均国内生产总值，1992年达到1910美元，而用传统的汇率折算，只有470美元。按照前者，我国已属中下等收入国家，而如果按照后者，还属于低收入国家，在世界最低收入的37个国家排倒数第28位。技术手段的不足，也会限制我们对国情的认识。例如：不进行全面系统的勘探，就无法查清矿产储备量；缺乏先进的勘探和评估手段，也不能获得正确的结果。

但即使有了完整而准确的信息，也还有一个正确理解和认识的问题。

一、必须充分认识国情的地区差别

国情是由各个地区的具体情况构成的，各省、市、县、镇、乡、村或更小的单位的情况都是中国国情的一部分，但都不是中国国情的全部，只能代表某一个局部。从这一意义上说，对国情的宏观认识和微观认识是同样重要的。但更重要的是，必须充分认识中国的地区差别。

中国有近一千万平方公里的国土和辽阔的领海，内部的地形、地貌、资源千差万别，自然条件各异。中国有五十多个民族，各地的开发时间不同，发展程度不同，经济、社会、文化等人文地理因素的差异也很大。就是一个省、市、县，地理条件也不可能相同。今天的中国，无论是哪一方面的国情，都存在着不同程度的地区差别，有些方面的差别非常巨大，这是谁也不能否定的事实。本文不想讨论这种差别的发展趋势，只是要指出认识这种地区性差别的重要性。正因为如此，根据甲地的情况来制定乙地的对策固然会出现失误，就是拿全国的一般情况或平均数据来代表某一地区也未必正确。

近年来，大家普遍注意了人均数这一指标，比起以往只重视全国总量来，自然更科学和合理。但一味强调全国平均数或人均数，忽略了各地的具体情况，也会得出片面的、机械的结论。例如：前不久见到一篇文章，认为中国目前根本不存在建设信息高速公路的条件，理由之一就是中国每百户的电话拥有量只有3部，远低于世界平均水平。但如果我们把统计单位缩小到省级，就会发现不少省的拥有量远高于此数；而如果我们把单位进一步缩小，更能看到一些地区的拥有量与发达国家已相差无几。如：广州、上海等地，已经超过或即将达到每百户50部的水平，而这些地区所拥有的总量，并不比一个中小发达国家小。要是电话拥有量是建设信息高速公路的必要前提的话，这些地区不是已经具备了吗？再说，真要建设信息高速公路，不是要从经济最发达、通信设施最齐全的地区开始吗？反之，如果因为广州、上海等地已经达到这样的水平，就看不到有些地方连全国平均水平也达不到的事实，或者认为全国都有了实施条件，也会作出错误的决策。

在当今世界激烈的竞争中，不充分认识到已经具有的优势和有利条件，低估了自己的能力，就会丧失机遇和时间，导致被动和落后。很多事情本来是可以办成的，但决策者囿于"国情"，以条件不具备为由，不敢办或不愿办。而实际情况往往是，尽管全国的条件并不具备，决策者所在的地区或部门却已经绰绰有余。片面强调国情，也成为某些人拖延或抵制改革开放的堂而皇之的理由。在偌大的中国，要找出几条不适合某种措施的"国情"来，实在是轻而易举的事，至于这些是不是本地的实际情况，那就必须深究了。

中国曾经有过"一刀切"的教训：为了"大办钢铁"，根本不产铁的地方也要建起小高炉，甚至城市中也要炼钢铁；为了"大办农业"，牧区、渔乡、菜农也要粮食自给；搞政治运动时，连揪出来的阶级敌人也要有大致统一的比例。但有些人却非常欢迎"一刀切"，甚至在上级三令五申要求从各地实际出发的情况下，还不顾本地的现实，盲目攀比发达地区，或者钻全国性政策的空子，近年一哄而上的"开发区热""花园别墅热""出国考察（旅游）热"就是这样产生的。尤其是在涉及地方或个人利益时，某些地方官员对"国情"的运用实在令人震惊；在争贫困帽子和财政补贴时列举的是本单位的数据（且不说这些数据的真实性如何），在购置豪华轿车或建造高标准住宅时援引的却是富裕地区的例子，甚至是以与国际水平接轨为由的。不过这些人更多的是故意曲解国情，已经不是认识不清的问题。

二、必须充分认识国情的时间差异

国情既然是国家各方面的情况，当然是在不断地变化的。所以我们讲国情，一定要讲清楚是什么时候的国情，不能不问时间差异。

无论是政治、经济、社会、文化哪一方面，我们所见所闻所认为的国情都离不开特定的时间概念，是与非、适合与不适合都只限于这一时间之内。过去不合国情的事，不等于今天也不适应。今天还不是事实或只见端倪的事，未必不适应明天的国情。

就以服装为例。今天人们把旗袍、长衫、中山装、人民装一类称为"民族服装"，甚至称为"国服"，西装、牛仔裤一类当然属于"洋服"了。要说"民族"，旗袍、长衫本来只属于满族，三百多年前清军入关后才在全国强制推行，为此还不知道死了多少人。至于中山装和人民装，与中国绝大多数民族的传统服装更没有什么共同之处，不过是西装的改型。要在明朝或清朝，人们绝不会认为这些服装会适合国情，但到了中华人民共和国时却成了国情的一部分。曾几何时，西装和牛仔裤也是属于资产阶级生活方式的象征，自然不合社会主义中国的国情，当时人岂会想到，今天从党政首脑、各级官员、社会名流到百姓都会穿着呢？当年不合国情的西装不也成了"国服"吗？

其实，我们今天称为"民族"或"国×"的东西很多是来自其他民族或其他国家，传入时免不了因为不合"国情"而受到过抵制。民乐队使用的乐器，有几件是汉族固有的？如果一定要听纯的"国乐"，恐怕只能到博物馆去才行。如果一定要吃纯的"国菜"，黄瓜、菠菜、番茄、西瓜、洋葱、土豆、花生、玉米、胡椒等都上不了餐桌。就是我们的国货，要追根寻源的话，大多也曾经是不合"国情"的外国货。

中国历史上不仅接受过很多异族异国的文明，本族本国的文明也是因时而异的，物质文明如此，精神文明和制度文明也是如此。先秦、西汉时妇女改嫁和非法婚姻相当普遍，东汉时却提倡烈女节妇，北朝和唐朝鼓励甚至强制寡妇改嫁，宋朝又鼓吹妇女宁可饿死也要守节。女人缠小脚，男人留辫子，官员坐轿子，上司和长辈接受跪拜，犯人被打屁股、砍头或凌迟（千刀万剐），在清朝都是天经地义的事，自然是地道的国情，所以晚清时还被官方作为国粹而拿到外国去展览。

所以，讲国情而不顾时间差异，不承认国情必定随着时间的推移而改变，实际上就是否认历史发展的必然性。要是存在就是合理，一时的国情就不能改变，现实中还没有的东西就必定不适合国情,那么中国岂不应该永远停留在原始社会,或者连原始社会都不该有吗?当新生事物的优越性谁也无法否定时,反对它的最好办法莫过于"不合国情"。共和政体、民主制度、马克思主义、社会主义传入中国以后,都受到过"不合国情"的批评,一些好心人担心中国人愚昧无知,消受不了这些洋玩意。最近一二十年出现的新事物,小至彩电、冰箱、流行音乐、迪斯科,大到开发区、市场经济,又有哪一样是中国"古已有之",合过中国以往什么时候的国情呢?

三、讲国情必须有数量分析

国情离不开具体的数量,应该是常识。说到中国的人口多,要是不说有12亿(1995年数据),或者不知道有12亿,怎么称得上了解了中国国情?但实际上,一些人讲国情时却不注意或不愿意讲数量,而喜欢用典型。一旦被滥用,就毫无积极意义可言,而且会起误导作用,成为实用主义者的工具。

前面已经说过,中国存在着巨大的地区差异和时代差异。还应该看到,中国人口庞大,12亿人在思想、信仰、思维、行为方面也是千差万别的。任何时候,要在中国找到任何一种典型,都不是一个难题,更不用说典型是可以"培养"的。用典型来讲国情,常常使人眼花缭乱。不知所以然,或许这正是某些人的目的。

譬如:我们曾经看到过报道,说粮食已经多得吃不完,某主管官员呼吁要加速粮食的转化;某村某乡户户住上了花园洋房,家家购置了私人轿车;某地上万元的洋酒、名表供不应求,自费出国旅游者如何踊跃；由于收入大幅度提高，人们的消费观念已发生明显变化；等等。但差不多同时，我们也注意到有另一些报道，说中国还有多少万人没有解决温饱，农村里甚至有人穷得没有裤子穿，领导来慰问时下不了床；粮食供应的缺口如何大，得采取有力措施；城市中下岗工人与低收入家庭生活困难，急需社会救助；等等。这些报道都是事实，都是国情的一部分，所缺少的就是具体的数据和比例，粮食产量究竟是多少，余了多少，缺了多少？这类富裕乡村占全国乡村的百分之几？还不能温饱的农民又占百分之几？要是没有这些数字和比例，而只有一些极端的典型，我们又怎样了解真正的国情？

当一项新的决议或政策下达后，我们照例可以看到无数拥护的言论，接着就是大量证明其正确性的典型例子。而一旦政策改变或调整了，哪怕是与以前的政策截然不同了，照样会有不少配套的典型出现，有时用的甚至是同一个，这样的典型化，再加上"一个手指与九个手指""主流和支流"的辩证法，足以使某些人永远立于不败之地，但一项政策究竟是否正确，究竟得到了多少人的拥护，产生了多大的经济效益或社会效益，恐怕连政策的制定者都无法了解。本来可以得到及时纠正的偏差，就被证明其正确的典型掩盖了。错误的政策也因为得到"一致拥护"，而不得不等下一次的"一致拥护"才有可能改变，为此而付出的"学费"或许会是几十个亿的财富、一二十年的时间。

国情本来应该是制定政策的基础，但没有具体数字和比例的国情却可以作出任意的解释，成为迎合领导意图的材料，也可以根据领导的意图来制造。用这样的"国情"来对民众进行教育，只能是愚弄群众,制造思想混乱。特别是青少年学生,在接受了这样矛盾百出的"国情"教育后,往往越来越糊涂,不知道中国的实际情况究竟是怎样,甚至连真正的国情都不相信了。

四、讲国情更要讲"世情"

中国是世界的一部分,随着改革开放的深化,中国与世界的联系越来越密切。了解中国的国情固然重要,了解世界的情况更加重要。只有了解了"世情",才能真正认识到国情的意义或价值。例如:如果我们只知道有关中国的某项具体数据,而不知道世界各国相应的数据,就难以判断中国所处的地位是先进还是落后,与世界的差距究竟有多大。

不愿了解世情,不屑了解世情,曾经使中国吃了大亏。从郑和航海结束以后,中国关起门来当了四个世纪的天朝大国,以至对葡萄牙人占领澳门、西班牙人和荷兰人入侵台湾、英国的舰队远航到达天津、俄国侵略者沿着黑龙江而下都没有作出应有的反应,将完成了工业革命的西方列强视为"蕞尔小国"和只要赏些钱财的"夷狄"。甚至到了19世纪后期,还有忠诚的大臣上书皇帝,他发现西洋人的腿关节无法弯曲,所以可以用长竹竿武装中国士兵,只须在战场上将洋兵拨翻在地,他们就再也爬不起来,只能待毙了。在实行改革开放以前,由于主观和客观的原因,我们也没有认真了解世情。在宣传"苏联的今天就是我们的明天"时,有多少人了解了苏联的实际情况?在高呼"十五年赶上英国"的口号时,除了钢铁等不多的几项指标外，英国的国情又知道了多少？

在世情中认识国情，不仅是出于具体的、功利的考虑，也是精神的、战略的需要。了解了中国的长处，固然能使我们受到鼓舞，树立起信心；知道了中国的短处，也会激发起奋发图强的决心，并能采取切实可行的措施。例如我们已经知道我国在资源和人口方面所面临的严峻局面：人口数量和密度居世界前列，而人均资源占有量普遍却排在后面。要是只看到这一点，中国的落后似乎有了正当的理由，要赶上世界先进水平或许没有可能。但如果全面考察世界各国的情况，就可以发现，人均资源占有量普遍比中国更少的国家中就有日本，绝对人口密度和比较人口密度都大于中国的国家中也有日本。日本可以在如此困难的条件下建成现代化，跻身世界最富裕的国家之列，我们有什么理由妄自菲薄、丧失自信呢？

原载《浙江学刊》1995年第4期

中国人口：二十一世纪的忧思和希望

当1982年第三次全国人口普查的各项数据公布后，专家学者以此为根据对中国人口的发展趋势做了预测，《中国第三次人口普查资料分析》一书（中国财政经济出版社1987年版）中收录了蒋正华、兰曙辉的《中国人口发展预测》和张为民的《中国人口未来发展的预测》，对中国人口发展的前景做出了各自的估计。他们对1995年中国人口数量提出的目标方案（或中方案）分别是11.88亿和11.92亿，2000年分别为12.44亿和12.53亿。但去年（1990年）底官方公布的人口总数已经达到11.6亿，实际人口可能还略多些，看来都将突破他们的两种预测目标。当中国进入21世纪时，人口总数很可能达到12.8亿左右，虽然高于他们所预测的理想方案，但还是大大低于他们提出的警报方案（或高方案）13.54亿和13.49亿。这些数据一方面显示了中国人口政策在降低人口增长率方面取得的巨大成就，另一方面也说明要进一步控制人口数量的增加还存在现实的困难。

但21世纪的中国所面临的人口问题并不仅仅是数量这一方面，相比之下，其他一些方面更值得引起我们的注意。

第一，人口增长率不平衡产生的后果。这种不平衡的存在已经通过各种统计数据反映出来，人们甚至凭直觉也感觉得到。经济文化发达地区的人口自然增长率已经大大降低，有的已接近或低于发达国家的水平。如：上海市的总和生育率多年来已低于美国、日本等国，与联邦德国相近，也已低于人口更替生育水平，近年人口已开始负增长。但经济文化比较落后的地区的人口增长率却居高不下，这些地区的农村中妇女的生育率更高，生二胎的相当普遍，生多胎的也不少。由于漏报严重，实际增长率比官方统计数究竟要高多少还很难估计。在这些地区，文化技能水准较低的人口一般又比文化技能水准较高的人口有更高的增长率，前者的近亲通婚的比例、患先天性缺损的婴儿的出生率也比较高。在原籍和寄居地都不管或管不了的流动人口中，早育、多胎的现象相当严重。经济发展较快地区人口的性别比一般接近正常，但一些偏远地区和农村的性别比很高，有的甚至超过120。这些不平衡增长如果长期得不到调节，势必会出现这样的结果：经济文化发达地区、城市的文化技能水准较高人口、定居人口的增长率一直低于经济文化不发达地区、农村的文化技能水准较低人口、流动人口的增长率，前者在总人口中的比例会逐渐下降，而后者将日益增加。这必然导致我国人口总体素质的下降、地区间经济文化差距的扩大和继续推行计划生育政策的困难。

　　第二，人口年龄结构大幅度变动引起的问题。中国人口既不是静止人口，也不是稳定人口。由于政治和社会因素对人口发展的强烈干预，常常造成人口的剧增和剧减，各个岁数或年龄段间经常出现很大的差别。以1982年第三次人口普查的数据为例，如以当时九岁的人口数为100%，一岁的就只有69.27%，四岁的只有74.25%；

如以十九岁为100％，二十岁至二十三岁的（出生于1959年至1962年）都在57％以下，其中二十一岁的（出生于1961年）竟只有39％。这样大幅度的变化对社会生活的各方面，特别是教育、劳动就业、结婚生育、医疗保健、住宅等商品供应、公共设施的发展和维持带来很大的困难。如：当低出生年份的人口进入学龄时，小学可能会产生40％以上的富余；但等下一轮高出生年份人口进入学龄时，往往又得到全部恢复。小学至高中这种大幅度的起落至少要持续到20世纪末，而不同年龄段劳动力的变化无疑要影响21世纪，就业高峰与劳动力不足会交替出现，又会在不同地区间并存。一般操作人员和初中级科技人员还能依靠较长的年龄段之间的调节来保持大体均衡，需要特殊技艺的人员和高级科技人员间就会出现断层。"文化大革命"和新的弃学厌学风已经或者必将加剧这些断层，21世纪初将在高校和研究机构中造成严重影响。上海等地已经进入老龄化社会，按目前的增长速度，到21世纪初，六十五岁及以上人口将占全国总人口的7.5％左右，2020年将达到约12％，2050年将可能接近24％。无论是老龄化的速度，还是老龄人口的绝对数量，在全世界都是前所未有的，但我们在认识上和行动上似乎都缺乏应有的准备。

第三，一代一孩家庭的后遗症。70年代后期及以后的独生子女将在21世纪初进入结婚和生育阶段，他们必定会面临着两难选择。如果继续执行只生一个的政策，那么人们预言的"四二一"家庭模式——两对老夫妻、一对小夫妻和一个孩子——就成为事实。这种家庭模式的缺点是不言而喻的，除了对社会和家庭的物质生活方面有不利影响外，还会造成伦理道德、心理和人际关系等方面的问题。如果"兄弟姐妹"在这两代人中消失，对他们来说，兄弟、同胞、手足之情既不存在也无从体会。但如果改变政策，允许或鼓励他们生二胎，那又会在一段时间内出现一对夫妻既要抚养教育两个子女，又要照顾或赡养四位老人的局面。如：以二十七岁为平均代差的话，一对四十二岁的夫妻在抚育两个十五岁及更小的孩子的同时，必须照顾四位六十九岁的老人。在计划生育政策得到有效实施的地区，尤其是在那些独生子女家庭占90%以上的地区，这一矛盾是无法回避的。

但另一方面，中国的改革开放使我们也看到了解决人口问题的希望，只要我们坚持改革开放，21世纪将成为中国人口的一个重要转折点。要解决上面这些矛盾当然要有具体的措施，但首先需要全社会特别是政府的决策人确立正确的人口观，在此基础上才能制定出正确的、长期稳定的总政策，以往对控制中国人口增长的必要性所作的理论阐述基本是正确的，但存在着片面性，很大程度上影响了宏观决策。

五六十年代人口政策的失误固然给中国造成了严重的人口问题，但把一切困难都归咎于人口太多是不公正的。应该承认，我国的经济之所以发展不快，甚至出现徘徊倒退，人民的生活水平之所以不高，一部分人甚至还不能温饱，主要原因是路线和政策的失误。最明显的例证是：改革开放以来的有些年份的人口增长率高于70年代后期，但无论是经济的增长还是人民生活水平的提高都比那时快。同样，像珠江三角洲这样走在改革开放前面的地区的人口增长率并没有降低,但经济的高速发展和人民生活水平的迅速提高是有目共睹的。世界上比中国人口增长得更快的国家和地区取得了比中国更高的经济增长率的例子也不少。如根据联合国的统计资料,1987年至1990年间国民经济年平均增长率超过8%的亚洲国家和地区就有韩国、马来西亚、新加坡、泰国和中国的台湾,都高于中国大陆同期的7.7%;而这些国家或地区的人口年平均增长率大多比中国大陆高,其中韩国、中国台湾的人口密度分别为432和574,大大高于中国大陆的117。

长期以来,我国人口学界流行一种理论,要保持中国人民的消费水平不降低,人口增长与经济增长大致应维持1∶3的关系,即人口的年增长率如为1%,经济的年增长率至少要达到3%才能维持原有的生活水平。但实际上,这一比例关系是建立在我国原来计划经济的统计指标上的,这样的经济增长率往往带有很高的水分。如果是真正的国民经济增长率,与人口增长率之间就不必要保持如此高的比例关系。退一步说,即使按这样的比例,在人口年平均增长率达到1.8%(预测的最高方案)时,只要经济增长率保持在5.5%就能维持人民的生活水平不降低,高于此数就能使之不断提高。从改革开放以来的经济形势看,这样的增长率是完全可以超过的。当然要长期维持这样高的经济增长率是困难的,但这样高的人口增长率也只会在短期间内出现。

毛泽东的"只要有了人,什么人间的奇迹也可以造出来"的说法是有片面性的,但一味夸大人口的消极作用同样是不全面的。在现代科学技术的条件下,我们不仅应该看到人有一张嘴、两只手,还要强调人有一个脑袋，有体力更有智力。一个身体健全、受过良好教育培训的人一生中所创造的财富，完全可以大大超过社会对他的供给量。这类创造甚至可以在基本上不消耗物资和能量的条件下实现，如：软件和信息资源的开发、统筹优选方法的推广、实用遗传工程的运用等。据预测，即使是美国、日本和西欧等最发达的国家和地区，未来对高科技人员的需求也是非常大的。所以，如果"人"是指体力、智力都高又掌握了现代科学文化的人，那么对他们数量的增加是无须悲观的。当然，在中国这样庞大的人口中，高素质的人口所占比例毕竟有限，但我们如果能使这个比例不断提高，所起的作用至少不在控制人口数量之下。

我们强调国情，强调人均指标，使大家从"地大物博"的假象中清醒过来，认识到中国所面临的实际困难，自然有其必要。但因此而把责任都推给了地不大物不博，甚至对中国的前途悲观失望，就适得其反了。中国的人口密度高于世界平均水平，而人均资源占有量普遍低于世界平均水平，这是国情的一方面。另一方面，人口密度比中国高得多、人均资源占有量又比中国少得多的国家中，却不乏比中国发达富强或者高居世界前列的例子。如果用"比较人口密度"的概念，即单位农用土地上的平均人口数来统计的话，1978年的中国是551，同年比中国高的国家主要有：印尼（676），孟加拉国（910），日本（2219），埃及（1426），联邦德国（632），荷兰（1106）。可以肯定，目前中国的数字还大大低于日本、荷兰。

这里不妨把中国与日本作一个更全面的比较：据联合国和日本的统计资料，1990年日本的人口有1.23亿，农业用地占国土的

14.1%，森林覆盖率达到66.5%；农产品的自给率分别为：谷物30%（其中稻米100%），豆类8%，蔬菜91%，水果63%，肉类70%，鸡蛋98%，牛奶78%，水产品79%，脂肪油87%。同年中国（含台湾）的人口是11.4亿，农业用地占国土的43.2%，森林覆盖率为13.2%；如果中国的农业生产能达到日本的水平，那么就完全可以在适当减少耕地面积的条件下供养更多的人口，并且能大量出口农产品。日本几乎没有发展工业的自然资源，对进口的依赖率极高，1989年几项主要原料的进口依赖率分别为：能源85.5%，煤92.1%，石油99.6%，天然气95.6%，铁矿石100%，铜98.8%，铅93.0%，锌82.9%，锡100%，铝矾土100%，镍100%。除铅、锌两种外，都比美国、德国、法国、英国要高很多。而中国的工业资源尽管也需要一定量的进口，却远没有那么高的依赖率，有些还自给有余。

对于资源，当然首先要立足于本国，但也应该着眼于全球。人类生活在同一个地球，可以合理地共享资源，互通有无。日本基本没有石油和天然气，但不仅建立起了大量耗用石油的汽车和能源工业，而且还形成了世界上最发达的石油化工业，1991年仅化工产品出口额就达174亿美元，间接用于其他出口商品的更多。世界上类似的为"无米之炊"的例子还很多，中国为什么不能利用别国的资源发展自己同时也为全人类造福呢？如果我们发展了两头在外的工业或智力型的产业，或者进一步把产业办到国外去，扩大输出熟练劳工和智力人才，那就能在基本不消耗本国资源的情况下供养大量人口。或许有人担心这样做会缩短地球的供养极限，其实我们既不必杞人忧天，也不应在人类竞争面前做谦谦君子。地球的供养能力固然取决于客观存在，也取决于人类的利用方式和水平。超导技术一旦实现了工业化，现在用于发电的资源的利用效率就会大幅提升。随着科学技术的进步，资源的利用率必定会不断提高，人口的压力会转化为科技进步的动力。而且你不利用，别人照样在用，甚至在掠夺。已经用控制自己人口数量的实际行动为人类作出贡献的中国人民，为什么不能理直气壮地参与国际竞争呢？

所以我们有理由相信，在经济发展的前提下，适当调整人口政策，能使中国的人口得到更合理的控制。在人口适度增长的同时，中国人民的生活水平也能够有较快的提高。未来，中国人口将达到顶峰，然后逐渐有所下降，最终维持在一个比较理想的数量。21世纪将使我们对人口的忧思成为过去，而将希望变为现实。

在具体操作上，可以适当调整生育政策，逐步改为"鼓励一胎，容许二胎，杜绝三胎"，在推行中更多地采用经济手段，如税收、福利方面的优惠和限制；对一胎率高的地区更应该及时转变，以避免一孩家庭的后遗症；在本来就要鼓励人口迁入的边远地区或垦区还可更灵活些，以保持人口的稳定发展和合理分布；同时要采取切实措施提高人口的素质，制止目前人口素质"劣化"的趋势。尽管这样做会使中国人口达到顶峰的时间有所推迟，人口总量也会比原定目标多一些，但对中国人民有长远的利益，是值得的。

原载《世纪》1994年第4期

移民·移民文化·上海文化

这是一个很大的题目，完全可以分别写成一部或若干部专著。移民和移民文化并不是中国的特产，可以谈世界各国各地的情况。不过这些都不是这篇小文章和笔者目前的企图，所以现在要谈的只限于中国，并且只是漫谈，或者雅一点，称为散论。

一

首先得说一下移民。所谓移民，就是指从甲地迁到了乙地并且定居或居住了相当长时间的人。尽管各人对移民的理解不尽相同，辞典和工具书上的解释也有差异，但有两点是一致的：一是移民必须是以定居为目的的，或者实际上在相当长的时间内改变了居住地点；二是必须迁移了一定的距离，并改变了地理区域。

第一点正是移民与流动人口的区别所在。流动人口也是从甲地迁到乙地，或又迁到丙地，但他们的目的是公务、经商、打工、求学、服役、旅游、探亲等，定期或不定期地往返于原居住地，实际上没有定居下来。当然也会有些流动人口以后就定居在迁入地了，或者在迁入地住了很多年，那他们就由流动人口转变成了移民。以前来上海的人并不是都指望能定居下来的,或者并没有定居的愿望,但结果没有再迁出,自然就成了移民。

第二点则是区别于在同一个地理区域内的迁移。像现在上海人经常搬家,居住地点不能说不变动,搬到新居一般自然也是以定居为目的的,迁移的距离可能也有几十公里,这种在同一城市范围内的迁移就不能算移民。不过这个"地理区域"的概念既是宽泛的,也是模糊的,并不一定与实际距离一致。例如:国家之间、本国的不同政区之间、平原与山区之间、江南与江北之间、农村与城市之间,国家之间的距离可能还不如不同政区间的距离远,从农村到城市的距离也往往比同一城市间的距离更近。但就其性质而言,毕竟是地理区域的改变。因为政区的调整或城市的扩大而使居民的性质改变就不属于移民,如浦东新区的建立使原来的农村成了上海市区的一部分,当地居民虽由农民变为城市居民,但不能算移民。

文化是人类的专利,人是文化最活跃的载体。人类创造了文化,文化也得由人传播。在文明社会的初期,文化只能通过人的直接接触和实物来传播。文字的产生扩大了间接传播文化的途径,声音和图像传输技术的出现更使人类间的信息交流达到空前的广度,提供了大量间接传播文化的手段。但无论现代传输技术如何发达,音像如何逼真,形象如何惟妙惟肖,速度如何神速,在可以预见的未来,还是无法取代人本身的作用。歌星的演唱,名模的亮相,政治家的演讲,拳王的对垒,身临其境的感觉毕竟是最真实的。而对文化现象,无论是精神的还是物质的,最敏感的却正是人的感觉。

所以在中国历史上,文化的传播主要是通过人口的流动。原来只限于黄河中下游地区的华夏文化之所以成为中国文化的主体，遍及中国的绝大部分，是长期以来大批汉族移民不断迁往各地的结果。而发源于中亚、印度的文化、艺术、宗教能成为中国文化的组成部分，也应归功于来自那些地区的移民和来往于两地间的流动人口。两千多年前被中原人视为蛮夷之地的江南，12世纪后成了人间天堂，14世纪后更已是人文荟萃的财富之地。当时还是一片汪洋的上海滩，13世纪建起了县城，20世纪初就成了远东第一大城市和中国经济文化最发达的地方。这些巨变固然有多方面的原因，但移民是其中一个决定性的因素。

流动人口也能传播文化，像唐朝的高僧玄奘去印度取经就只是一次两地间的流动，但他对传播佛教文化的贡献是举世公认的。上海的黄道婆流落海南岛时也是流动人口，但她学会了黎族的纺织技术，返回上海后加以传播并做了革新，大大促进了棉纺织业的发展。但是总的说来，流动人口在传播文化方面的作用远不如移民。

首先，这是因为无论移民还是流动人口，尽管他们都在不自觉地传播着本身的文化，但其中自觉的传播者总是少数，像玄奘、黄道婆那样的人只是凤毛麟角。由于绝大多数人都是不自觉的，所以数量多、居留时间长、居住状况稳定的移民在保持和延续自身的文化以及对迁入地的影响方面，都会比流动人口有更大的作用。玄奘传经、译经的贡献固然很大，但佛教传入中国并能迅速扩大影响主要还得力于大批来到中原的印度和西域（泛指今新疆及中亚）高僧，很多人长期居留中国从事佛教的传播。佛教盛极一时的北魏，也正是印度和西域的移民大规模迁入中原的时期。

其次，移民一般是一个群体，能够形成保持一种文化的基础和氛围，而分散的、变化不定的流动人口就不可能有这样的条件。流动人口可能给一个地方带来一种新文化，却并不一定能使当地人接受，或许会受到当地人的抵制，或许只能如昙花一现。而移民传带的文化却有较强的生命力，只要确实先进并适用于当地，他们长期的示范行为就能使当地人逐渐接受。如汉人很早就见过"胡床"（椅子），如果要推广的话，无论是原材料还是生产技术都没有什么困难，但在两汉时期上至皇帝贵族、下至平民百姓还是席地而坐。到魏晋南北朝时期，使用胡床的胡人大量迁入中原，有的还成了汉人的主子，胡床也就成了汉人的椅子，今天早已是民族文化的一部分了。张骞通西域和郑和下西洋都是中国人走出国门的壮举，但张骞通西域为汉朝带来了葡萄、苜蓿、良马、杂技、音乐、舞蹈、服饰和地理知识，并且这些很快得到广泛传播，而郑和的远航结果却与社会无缘，原因就在于随张骞而来的是源源不断的西域人，其中不少人长期居留中国，而明朝的大门却在郑和船队返回的同时关闭了。

还有一点也是重要的，移民既然以定居为目的，就不得不作出文化上的选择，或者接受迁入地的文化，使自己融合于其中；或者坚持自己的文化，并且推行到当地人中去。由于他们最终会成为主人的一分子，所以在接受或传播一种文化时都会持比较积极的态度。这当然取决于移民的数量和他们的政治、经济、文化的能量，而且结果也不会如此简单，但除非双方相差过于悬殊，两种文化总会产生碰撞、冲突、互动和融合。流动人口则可以避免非此即彼的选择，往往游离于当地文化之外，他们的心态与移民完全不同，所起的作用当然也不能与移民相提并论。

二

移民传播文化的作用是可以肯定的，但其作用大小还得由以下三方面的条件来决定。

移民所传播的文化既然是从迁出地带去的，迁出地的文化水准和类型就有决定意义。来自文化先进地区的移民才有可能传播先进文化，而从落后地区迁来的移民，尽管其中也不乏优秀的个人，却不会给迁入地带来直接的进步。整体的先进与落后如此，具体某一方面的先进落后也是如此。

从战国至秦朝建立前，关东（今太行山、豫西山地以东，淮河以北地区）在经济文化上都遥遥领先，而地处关中（今陕西北部地区）的秦国比较落后，所以从关东迁往关中的移民具有整体的优势，对秦国的兴起起了举足轻重的作用。先后在秦国执政的大臣几乎都是关东移民：商鞅是卫国人，张仪是魏国人，甘茂是下蔡（今安徽凤台）人，穰侯魏冉是楚国人，范雎是魏国人，蔡泽是燕国人，吕不韦是卫国人，李斯是上蔡（今河南上蔡）人，蒙恬的祖父蒙骜是齐国人，赵高是赵国人。这就足以说明这些移民本身的素质。秦汉至唐末五代，黄河中下游地区基本处于经济文化最发达的地位，向各地输出的移民一般都起了传播先进文化的作用，尤其是东汉末年至三国前期、西晋永嘉之乱后至南北朝前期、唐朝安史之乱后至五代这三次大规模的人口南迁，对南方的开发和进步是至关重要的。

古代南方的越人尽管还处于刀耕火种的阶段，但却擅长种植水稻，所到之处只要条件合适，就被他们开发为水稻产区。西汉武帝时，十余万浙江南部和福建的越人被迁至江淮之间，使江淮平原成了主要的水稻产区。东汉后期东北边疆的乌桓族虽然在物质文化和制度、学术文化方面还无法与汉族相比，但精于骑射、骁勇善战又远胜汉人。东汉末年曹操征服乌桓，将十余万乌桓人迁入中原，将其中精锐编入军队，从此乌桓人成为"天下名骑"。乌桓人的骑术自然会传播给曹操的军队，提高汉人的骑兵战斗力。

西域的龟兹（今新疆库车一带）等国的音乐一直相当发达。前秦建元十九年（383年），苻坚命吕光远征西域，次年征服龟兹等国。吕光回师时，以两万头骆驼运载所得珍宝和歌舞艺人，带回大批龟兹和西域的乐工、乐器、乐谱。这批艺人定居在凉州（约相当今河西走廊），奠定了西凉乐的基础。以后这些乐工的后继者先后被迁至北魏的都城平城（今山西大同）和洛阳，加上其他来自西域疏勒、安国、康国等地和江南的音乐，到8世纪形成了壮丽辉煌的盛唐音乐。

第二个条件是移民本身的素质。任何一个地区的人口都会有不同的素质，先进地区如此，落后地区也是如此。

像秦汉时的关东固然是全国最发达的地区，但并不等于这一地区的人都具有很高的素质或某一方面的技艺，更不是说他们都能完成传播先进文化的任务。汉武帝时实施过几次大规模的移民，将总数超过一百万的关东贫民、罪犯、戍卒迁至西北和北方边疆，其中河西走廊地区的人口几乎完全由关东移民构成。由于移民中不是因家贫、受灾、无地而迁移，就是因服役、犯罪而不得不接受安置，个别获罪而被流放的官员又很少定居，所以移民的文化水平很低。尽管河西不久就成为粮食自给有余的农业区，文化却没有得到相应的发展，更无学术文化可言。直到一百多年后的东汉中期，整个河西地区还没有出现什么重要的文化人，之后几位有全国影响力的河西籍人物也是在中原受的教育。到了西晋末年中原大乱，一部分人因道路隔绝无法南迁，或因路程便利，迁至河西。移民中不乏学者士人，因获得前凉等割据政权的重视，境内又很少受到战乱影响，得以安心传授学问。河西学风大盛，学者的门徒往往多达千人，听讲的人超过两千。一百多年后，河西学者的造诣之高，已足以令中原学者瞠乎其后。北魏太延五年（439年）灭北凉，河西学者大多被东迁平城，成为北方儒家文化的主要来源，以后又随都城迁至洛阳。洛阳成为北方文化的中心，而北方文化最终成为南北统一后的主流。

第三个条件是移民在迁入地的地位。这当然与移民的数量有关，如果移民数量在迁入地人口中所占比例太低，发挥的作用会受影响，但主要还是依据他们所处的政治、社会和经济地位。

在历次人口南迁中，对南方文化影响最大的是永嘉之乱以后和北宋靖康之变以后这两次。移民的数量多是原因之一，永嘉后南迁人口及其后裔要占南方人口的八分之一以上，而靖康后南迁人口总数有数百万。更主要的还是因为这两次都是中原政权的转移，北方迁来的移民包括皇帝、宗室、文武官员、世家大族、富商巨贾、文人学者以及大批随员、官吏、士兵、奴仆。移民不仅在南方政权中占据统治地位，而且形成了从上到下的稳固的基础，占有大量土地和社会财富。如：东晋和南朝前期中央机构的主要职权基本由北方移民把持，南方土著豪族也始终低北方士族一等。北方移民运用政权权力和经济实力推行北方文化，使移民集中的城市和地区迅速"北方化"。南宋都城临安（杭州）是北方移民的聚居地，来自北宋首都东京（开封）的移民又居首位。开封的名店、名产都移植到了杭州，连寺庙也在杭州重建，难怪偏安的统治者要"直把杭州作汴州"了。开封话成为时尚，处于吴语区包围的杭州城区竟成了一个讲北方话的方言岛，甚至在七百多年后的今天，杭州市区的方言还带有明显的北方味。

明朝初年被朱元璋从苏州等地迁往京师和他老家安徽凤阳的"富户"移民就没有这样的福气了。朱元璋这次移民本来就出于对富户惩罚和控制的目的，所以将富户原来文化上的优势剥夺殆尽。他们虽来自全国最富庶的地区，本人又饶有家产，但原籍的土地房产不能搬走，还得承担原籍和迁入地双份赋役。他们在迁入地被编为"富户籍"，与军户、匠户一样是世袭的；如果在迁入地绝了后，还得从原籍去"勾补"。他们的身份不如普通居民，不能离开迁入地，连回乡探亲都不得不装成打花鼓行乞的，据说这就是流传至今的凤阳花鼓的来历。在这样的境遇下，富户们纵有再高的文化水准也已无法施展，怎么可能再促进迁入地的文化发展呢？

正因为如此，来自先进地区、本人具有优秀文化素质又担任了行政官员的移民，往往能给迁入地带来文化上的飞跃。西汉景帝末年，精通儒家典籍又有行政才干的庐江舒县（今安徽舒城）人文翁出任蜀郡太守。当时蜀地的经济已有了相当大的发展，出现了不少富人，但还缺乏文化风尚，"辟陋有蛮夷风"。文翁派遣了大批有培养前途的人员到京师求学，人数逐渐赶上了文化发达的齐鲁地区；还在成都办起了全国第一个郡级学校，从属县招生，规定入学者可以免除赋役，成绩优良者毕业后可补入官吏。在文翁的倡导下，百姓争着送子弟入学，富人甚至愿意付钱取得名额。文翁长期任职，终老于蜀地，他的努力使当地的文化取得长足的进步。当时蜀地只有一位司马相如闻名全国，而且游学在外；到了西汉后期，就出了王褒、扬雄等大学者，并且都是在本地成名后才被荐进京的；东汉时更是人才辈出，完全可以与发达地区并驾齐驱了。

三

　　移民传播文化最简单、最原始的形式，就是将迁出地的文化忠实地复制到迁入地。移民的衣食住行、诗画琴棋、言谈举止、风俗习惯、思想信仰，都会被他们带到迁入地，移民群体尤其是高度聚居的移民还能造成一种与迁出地相似的文化氛围。在自然景观无法迁移的情况下，年龄稍长的移民往往喜欢将故乡的人文景观尽可能地移植到迁入地，以满足自己对故乡的思念和眷恋。刘邦当了皇帝后，将他的父亲接到长安当了太上皇。这位老人家虽然锦衣玉食、富贵已极，却闷闷不乐，一心想回老家丰县（今江苏丰县）。刘邦只得下令将丰县的百姓迁到长安附近的丽邑（今陕西临潼），并将丽邑仿照丰县重建。为了使太上皇就像在家乡一样，把他熟悉的商人、屠夫、卖酒、煮饼的小贩统统迁来，连他们饲养的鸡猪犬羊也在迁移之列。由于这个被改名新丰的县城与丰县建得一模一样，据说将迁来的家畜放在路上后竟都能跑到自己主人家中去。

不过像这样的事只有皇帝才能办到，一般人既无可能也没有必要这样做。以前被称为"小北京""小扬州"或"小某某"的地方大多不过稍为相似而已，海外的唐人街建得再大再全也不能将中国文化百分之百地搬过去，台湾的不少庙宇里早已电气化，连诵经也用录音代替，不会再有古刹青灯的禅味了。其实，新丰这样完全的复制至多只能维持一时，从汉代留下的文献记载看，太上皇死后的新丰县与周围县城已经没有什么差别。且不说老移民与那些鸡猪犬羊都会离开世界，就是建筑物也不能持久，还会被改造。原因很简单，一种文化如果离开了产生它的物质条件，是不可能延续很久的。

所以移民传播的文化不可能是迁出地文化的简单复制，在这过程中必然发生变异。引起变异最基本的原因是地理条件，迁入地无法提供与迁出地相同的自然地理环境和物资，在生产力还不发达的时候尤其如此。历史上几次大规模的北人南迁都曾使小麦产区向南扩展，因为北方人希望在南方也能吃到面食，但迁到岭南的北方人就无能为力了。同样，南方人北迁后也曾想就地种植水稻。西汉时曾将越人北迁到今山西西南部去种稻，结果以失败告终。明清时多次在北方推广种稻，既想开发农业，又可满足南方籍移民的需要，但除了个别例子外都没有成功。北方游牧民族入主中原后，统治者主观上无不希望长期保持本民族的习俗，但几代以后，往往连宗室都不愿再回老家，将士骑不了马、拉不开弓，更不会狩猎放牧了。

另一个原因是迁入地原有的文化的影响。除非是迁入新开发区或无人区，移民传带的外来文化总要面对当地的本土文化，为了取得延续和扩大，往往必须作出调整和改变。移民在传播某种文化的同时，也使本身发生量或质的变化，都是经常存在的现象。即使由于移民太少，活动力有限，移民所传播、携带的文化因影响过小而被本土文化同化，但实际上还是可能使本土文化发生或多或少的变化。如：历史上随内迁的少数民族传入的文化似乎都已为汉族文化所淹没，其实却并没有都烟消云散，只是因为仅留下了痕迹，或者已经被披上了汉族文化的外衣，没有引起人们的注意。如：敦煌这个地名早在汉人迁入前就使用了，可能是吐火罗语，至少不是汉语，汉族移民迁入后产生了汉字的写法，并有人用汉语的含义作了解释，但读音基本没有改变。延安得名于奢延、奢延水，虽然在汉语中可以作出很吉利的解释，却是西汉后随着北方少数民族的内迁而传入的。对关羽的崇拜汉人早已有之，建州女真首领、以后的清太祖爱新觉罗·努尔哈赤通过读《三国演义》学习行军打仗，满族人把关羽当战神供奉，显然是受到汉族移民的影响。但清朝入关后，出于巩固统治的需要对关羽大加神化，封为"忠义神武关圣大帝"，不仅使关羽崇拜继续升级，而且使其地域范围扩大到满、蒙等少数民族地区和边疆地区。

一般说来，这类变化的过程是积极的，有利于文化的进步，因为这不仅是优胜劣汰也是互相融合、兼收并蓄的过程。特别是在本土文化与外来文化旗鼓相当或几种外来文化势均力敌的情况下，经过碰撞、冲突，最终可能产生一种或多种新的文化，这是移民文化的升华，也是最成功的移民文化。

西汉首都长安周围集中了关东各地移民后裔，在城市及郊外已超过了本地人的数量。西汉后期的学者就注意到了移民文化这一特点："其民有先王遗风，好稼穑，务本业""是故五方杂厝，风俗不纯。其世家则好礼文，富人则商贾为利，豪杰则游侠通奸。濒南山，近夏阳，多阻险轻薄，易为盗贼，常为天下剧。又郡国辐凑，浮食者多，民去本就末，列侯贵人，车服僭上，众庶放效，羞不相及。嫁娶尤崇侈靡，送死过度。"（见班固《汉书·地理志》）可见关东崇尚儒家学说与重商致富的风尚都已随移民而传入，当地的重农和节俭传统已受到外来文化的强烈冲击，"豪杰"既藐视官方的权威又往往与官僚贵族结为一体，作为封建秩序维护者的官僚贵族却带头违反礼仪制度，首都地区又常常成为全国最难治理的地方。透过这些光怪陆离的表象，我们所看到的却是一种与本地和移民迁出地都不同的新文化——真正的移民文化。

从古至今，凡"五方杂厝"、移民集中的地方，尤其是大城市，都存在着这样的移民文化。这种移民文化往往能兼有各地移民所带来的文化的优点，却在互相的冲突中淘汰了各自的弱点，也包容了种种缺点，就像海洋一样吸纳着大小河流，又把它们汇成一个整体。但海水已不是任何一条河里的水，移民文化并不是迁出地文化的复制或转移。

四

在近代，上海是中国最大的移民城市，也是当时世界上发展最快的城市之一。20世纪50年代前的上海文化是典型的移民文化，受益于移民最多，可谓得天独厚。

开埠以前的1852年，上海县只有五十四万人口（以下人口数据均据邹依仁《旧上海人口变迁的研究》，上海人民出版社1980年版），城区的人口更少，但到20世纪初已突破一百万，1915年超过二百万，1942年增加到近四百万，1949年新中国成立前夕的上海市在五百四十五万左右。在不到一百年的时间内，人口净增加了约四百九十万，主要靠的是外来移民，而不是本地人口的自然增长。1946年和1950年上海的非本地籍人口分别占总人口的79.3%和84.9%，可见上海人口中有四百余万人都是移民或移民后裔。常住上海的外国人开埠时只有二十六人，1915年超过二万人，1942年高达十五万人，1949年解放初还有二万八千人。国内移民来源极广，根据1950年初的统计，超过一百万的有江苏、浙江，超过十万的有安徽、山东、广东，超过一万的有湖北、湖南、福建、江西、河南和华北，遍及全国各地。外国人则来自英、美、法、德、日、俄、印、葡、意、越南、朝鲜等国家。这两项纪录在中国城市中是绝无仅有的。

国内移民中，来自江苏、浙江二省的又占了大多数，1950年初达总人口的79％。江、浙二省移民主要又来自长江三角洲的苏南和浙北，这是近千年来中国人口最稠密、经济最发达、文化水准最高的地区。在全国人均耕地最少的条件下，这一地区负担了全国最大份额的赋税，却维持着全国最高的生活水平，依靠的就是本地精耕细作的农业和发达的商业、服务业、手工业以及大量人口外出谋生或移居他乡。这也使这里的民风既不像岭南那样强悍，有强烈的乡土和宗族观念；也不如北方那样保守，不善于接受新文化。所以从总体上说，这里输出的移民素质最高。上海租界的特殊地位使它成为免遭战乱的庇护所，事实上，太平天国运动、辛亥革命、军阀混战、抗日战争都没有直接影响租界，所以每次战乱都为租界增加了大批移民，包括官僚、地主、富商、学者，带来了大量财富，为新兴的城市工商业增加了大量资本。在上海的外国移民中，虽然也有军警特务、娼妓游民、罪犯流氓，但相当大的部分是从事金融保险、工程技术、市政管理、医疗卫生、文化教育的专业人员，具有较强的传播文化的能力。如：流落上海的"白俄"中就有不少造诣很高的音乐家，对西方音乐在上海的传播起了重要作用。而一旦形成了相对发达的现代工商业，完善的市政服务体系，繁华舒适的都市生活，丰富多彩的文化，对上层人士、富裕阶层、科技文教艺术的专业人员就具有更大的吸引力。

上海不仅拥有全国素质最高的移民，而且引进了最多的资金、技术。尽管西方现代物质文明传入中国并不一定以上海为最早的城市，但最早形成商业规模、建成市政设施的则非上海莫属。上海市区（不包括以后划归上海的郊县）成陆于西汉以后，从未生产或出土过青铜器，历史上的全国性文化名人屈指可数，但旧上海集中了全国数量最多、质量最高的青铜器和大量珍贵书画文物，也汇聚了大批文化名人，引起全世界的注目，这些靠的都是移民。

由于移民数量大大超过了本地人口，从一开始就获得了与本地人平等的地位，政治地位高、经济实力雄厚、文化素质优良的移民很快成为政府各部门和各行各业的领袖，所以移民在保持及传播自身文化方面没有遇到什么阻力，只会面对其他移民文化的竞争。外国移民倚仗帝国主义的特权，拥有凌驾于中国人之上的特殊地位。这固然便于帝国主义国家的侵略掠夺，但客观上也有利于西方文化的传播和新事物的推行。

与其他地方作一比较，上海的优势就更加明显了。例如：天津也是一个以移民为主的新兴工商城市，但据1947年的统计（据《中国人口·天津分册》，中国财政经济出版社1987年版），天津本地人口占40%，河北籍移民占47%，山东籍移民占8%，江、浙、皖、粤及南方籍移民合计不过2%。可见其比例不如上海高，来源不如上海广，河北、山东二省的经济文化水准远低于江浙二省，输出移民的总体素质自然也不如后者。

东北是一个更极端的例子。东北大规模接受移民始于1860年，稍晚于上海开埠，但到清末已超过一千万，20世纪40年代初东北人口达到四千四百五十万，其中多数是移民及其后裔。东北的新兴城市（如：哈尔滨、沈阳、长春、大连、本溪、抚顺等）移民增加的速度和所占比例比上海还高，三四十年代东北的工业和经济实力在全国已占有很大的百分比。但是东北的文化却没有得到相应的发展，直到新中国成立后，东北在科技、学术、教育、文化方面的水平和拥有的人才与它的经济地位还是很不相称的。原因自然是多方面的，但移民无疑是一个主要因素。因为迁入东北的移民主要来自山东、河北及华北各地，基本上都是无地少地的农民、贫民和灾民，既无文化，又无资产。东北除辽宁南部有一定的文化基础外，其余大多是新开发区或军事据点，本地不具备文化传统。但东北从开禁开始，就受到以俄国和日本为主的外来文化的入侵和干预，外来文化在日本帝国主义占领期间更得到强制推行。迁入东北的外国移民主要来自俄国、日本和朝鲜，日占期间大规模迁入的日本、朝鲜移民还是日本侵略战略的一部分。国内移民在迁入后非但没有提高文化素质的机会，反而受到殖民主义文化的强制影响。所以东北与上海的不同结果绝不是偶然的。

五

新中国成立以后，移民上海的历史中止了。相反，上海向全国输出了上百万的熟练工人、技术人员、知识青年、专家学者，虽然因军政人员南下、求学、干部调动、国家分配而增加了一些外来人口，但数量有限，直到近年才因大规模经济建设而有所扩大。外国移民先后迁离，至"文革"结束时几乎绝迹。改革开放以来虽增加了不少外国常驻人员，但属于侨居性质者甚少。同样，国内流动人口虽经常有二百万之巨，但属移民的也不算多。

被称为"海派文化"的移民文化到1949年后再也没有获得新的来源，实际上经历了一个逐渐消亡的过程。今天上海以国际一流大都市为重建目标,但以什么作为重建上海文化的目标呢?从哪里去获得新的上海文化的源泉呢?大概谁也不能否认,上海需要丰富多彩的移民文化。但四十年沧桑,上一代移民走的走,老的老了,剩下的也早已上海化了;年轻一点的大多已是第二、三代移民,除了家庭的影响外,或许已与本地人无异了。当然本地人也完全可以创新,但移民文化离不开移民本身,所以未来的移民是上海无法回避的问题。

原载《上海文化》1994年第4期

从移民史看民工潮

去年曾与一位来自美国加州的教授闲聊,谈到当地部分居民对华人新移民的成就心存嫉妒,甚至想采取排挤手段。这位教授愤愤地说:"这些人不想靠自己的努力参与公平的竞争,却想用排挤移民的方法来保护自己。他们忘了自己的祖先是如何来到这里的,(自己的祖先)要是也被本地人排挤了,他们能有今天吗?"教授的话是正直的,也是符合历史事实的。了解美国历史的人都知道,当19世纪中叶西部发现金矿以后,大批移民从东部蜂拥而至。当时通往西部的大道上黄尘滚滚,车水马龙,昼夜不绝,旧金山等城市迅速崛起。今天除印第安人以外的西部居民,可以说全是移民或移民后裔,也包括今天那些企图排斥亚裔移民的白种人。

而今元旦已过,中国一年一度的民工潮又将来临。每当广州、上海等大城市的居民面对成千上万以至上百万的外地民工时,持同情态度的固然也有,但多数人却是冷漠、讨厌甚至敌视的。民工造成了交通拥挤、环境不良、治安恶化,更使大家希望当局采取堵截、疏导和遣送措施。有关当局也如临大敌,防范惟恐不及,可是大潮过后似乎就不再管它明年如何了。但是城里人是否想到过,他们自己的祖先当年可能也是如此涌入这个城市的,或者也曾经是历史上无数流民或移民中的一员。当局是否也知道,要没有当年的移民,就不会有今天这个城市。

　　类似美国人涌向西部的情况,在中国近代史上就出现过多次。如:19世纪后期清朝开放东北的禁地后,关内百姓如潮水般涌向各垦区。《白山黑水录》给我们提供了一幅生动的移民图:

　　　　由奉天(今辽宁沈阳)入兴京(今辽宁新宾),道上见夫拥独轮车者,妇女坐其上;有小孩哭者、眠者,夫以后推,弟自前挽,老媪拄杖,少女相依,跟跄道上……前后相望也。由奉天至吉林之日,旅途所共寝者,皆山东移民。

　　老一辈的上海人或许还记得,每当苏北发生水灾后,大批难民就会流入上海,街头到处可见。在帝国主义的租界存在时,一遇江浙沪战火燃起,租界内常常人满为患,于是房租飞涨,建筑业兴盛。其他大城市的老人大概也会有类似的记忆。不过四十多年来社会稳定,加上国家政策不容许随意迁居城市,所以城里人只记得干部下放、知青下乡,却没有见过乡下人大批进城。我们的历史教科书——从小学到高中——也没有专门讲过以往的移民及其对中国的贡献,所以除了有关的学者以外,一般人自然不会了解。

　　实际上移民对中国历史的影响是非常大的,远的不说,对近代中国也是如此。移居海外的华人华侨对中国作出了重要贡献,在国内迁移定居的移民的积极作用也是极其巨大的。

移民巩固、开发了中国的边疆

历代中原王朝的疆域都是随着汉（华夏）族移民的扩展而扩大巩固的，这方面有成功的经验，也有失败的教训。

18世纪中叶，清朝的疆域达到极盛，形成了一个西至巴尔喀什湖、帕米尔高原，东至萨哈林岛（库页岛）、日本海、台湾，北至外兴安岭、额尔古纳河、萨彦岭，南至南海诸岛的统一多民族国家。但当时的近四亿人口主要分布在中部和东部，边疆和西部、北部人口稀少，不少地方还荒无人烟，无军队驻守，地方行政机构也没有设立。清朝官方曾经组织过几次成功的移民，如：自康熙至乾隆年间在嘉峪关以西移民屯垦，定居移民成为新设置的安西府的主要居民；天山北路平定后采取多种方式向新疆移民，至乾隆末年移民已占当地人口一半以上，都大大促进了这些地区的稳定和农业经济的开发。但由于清朝统治者始终以天朝大国自居，陶醉于接受"四裔"的称臣纳贡，根本不了解也不愿了解世界，更不了解帝国主义国家的侵略意图，总以为本朝的边疆固若金汤，无人敢于觊觎；另一方面，对本国的百姓又无端防范，害怕他们迁入边远地区或海岛后会形成反抗势力，所以人为地制造了不少禁区，严格限制百姓自由迁入。

东北因为是清朝的"龙兴之地"，一直禁止汉人自由迁入，还沿着明朝辽东边墙旧址筑起一条被称为"柳条边"的警戒线，明确边外为封禁区。尽管有限的兵丁根本无法防守漫长的柳条边，在天灾年景下更挡不住蜂拥闯关的灾民，朝廷也多次变通放行，但毕竟限制了移民的规模和速度，而且由于移民没有合法的身份，也没有正式的管理机构，所以多数人从事掠夺性的挖掘、猎取、采集，定居开垦的比例不高，并且集中在南部，北部的黑龙江和吉林两个将军辖区内（包括今国境外地区）依然人口极少。康熙二十八年（1689年）中俄《尼布楚条约》订立以后，清朝以为沙俄侵略者已经"款服"，竟重申并加强了对东北的封禁，以致黑龙江流域人口极少，兵力不足，很多地方依然是无人区。而俄国势力却不断向东扩张，大批移民进入远东，到19世纪前期已经越过外兴安岭，到达中国的黑龙江以北、乌苏里江以东地区。所以在1858年的《瑷珲条约》和1860年的《中俄北京条约》签订之前，中国领土被俄国侵占已是既成事实。萨哈林岛（库页岛）虽然一直归属清朝，但清朝只满足于岛上的土著每年到三姓衙门（驻今黑龙江依兰县）纳贡，从来不加经营，更没有考虑向岛上移民。乾隆年间，俄国和日本就从南北两方侵入岛上，捕鱼、开矿、建教堂，争夺了多年。作为主人的清朝竟一无所知，因为岛上土著照旧每年过海纳贡。到1850年俄国单方面宣布萨哈林岛（库页岛）为俄国领土，清朝依然不闻不问。俄国对外蒙古的侵略也如入无人之境，山西巡抚岑春煊曾指出："中俄边境，防不胜防。俄人越境测探金矿，盖由于自科布多至喀尔喀四部地域皆无人烟之故。"

面对沙俄的步步进逼，在臣民的一致请求下，清朝终于在《中俄北京条约》订立后下令部分开禁，以后又陆续开放了其余禁区，内蒙古的土地也允许王公招垦。东北和内蒙放垦后，立即出现了一场持续的移民热潮，关内无地少地的农民和贫民、灾民从陆海两路涌向垦区，东北人口增势迅猛，行政区不断设置。光绪三十三年（1907年），奉天、吉林、黑龙江三省正式建立，标志着东北的开发进入了一个新阶段，也显示迁入的移民已经达到相当多的数量。1908年，迁入内蒙的移民已达一百六十余万。宣统三年（1911年），清朝制定了《东三省移民实边章程》。尽管清朝当年就被推翻，但章程的内容由民国政府继续实施。清末东三省与内蒙的约两千一百万人口中，三分之二是开禁后迁入的移民及其后代。以后，对东北的移民持续不断。

在数千万移民的辛勤垦殖下，东北从中国最大的一块荒地迅速变为最大的粮仓之一，东北产的粮食不仅供养了东北的全部居民，还有大量出口，其中大豆产量的飞速增长尤其令世人刮目。1900年东北大豆的产量估计还只有六十万吨，1909年增加到近二百万吨，到20世纪二三十年代已经完全垄断世界的大豆和豆油出口，1931年至1937年间的年平均产量高达四百三十万吨。铁矿、煤矿、森林资源的开发和铁路的建设，使东北跃居中国重工业基地的首位。这虽然与日本帝国主义的掠夺目的有关，但移民提供了最基本的人力，作出了最大的牺牲。

沙俄与日本帝国主义从来没有放弃过对东北的领土野心，日本侵略军更直接占领过东北，把它变为殖民地，但东北没有成为第二个萨哈林岛（库页岛）。一个重要的原因，就是侵略者在数量上占优势或者如入无人之境的日子已经一去不复返。数千万东北同胞与祖国血肉相连，共同捍卫着自己的领土。今天我们回顾这一段历史，不能不感谢当年千千万万筚路蓝缕的移民。尽管他们中的绝大多数只是出于求生或致富的目的，但客观上完成了一项重大的历史使命。我们也不能不感叹，像康熙这样有作为的君主毕竟也没有摆脱"天朝大国"的幻觉，如果他在中俄《尼布楚条约》订立以后立即移民实边，以清朝当时的实力而言，是不会有什么困难的，那么以后的中俄边界就绝不会是黑龙江和乌苏里江。而日本侵略者占领东北以后，曾制定了二十年内移居一百万户日本人的计划，倒从反面证明了移民的意义。

台湾的情况也是如此。如：康熙二十三年（1684年）台湾设为福建省所属的一个府以后，朝廷就下达了严禁大陆人民偷渡的命令，以后在康熙五十一年（1712年）、五十八年（1719年）和雍正七年（1729年）又三次重申严禁偷渡，直到雍正十年（1732年）才下令弛禁；但以后又屡经反复，到乾隆二十五年（1760年）才最后解除禁令。当然这些禁令并没有真正阻止东南沿海地区迫于生计的贫民冒险偷渡，但移民和开发的过程却被毫无意义地延长了，而且不少生命在偷渡中葬身大海。

19世纪70年代，为了对抗日本帝国主义的侵略，清政府开始鼓励大陆人民移居台湾。光绪十一年（1885年）刘铭传任台湾巡抚后，又采取了一系列措施，大力组织移民赴台垦荒。到光绪十三年（1887年）台湾建省时，大陆移民及其后裔已达三百二十万，今天台湾的本省籍人就是这些移民的后代。1949年前后，又有一百二十万大陆移民迁入台湾，这是今天台湾外省籍人的主要来源。一百多年来，台湾经历了日本帝国主义的侵占、外国势力的干涉和岛内极少数人的"台独"活动，但今天依然是中国领土神圣不可分割的一部分。台湾人民与大陆人民这一共识，根植于两岸人民共同的民族感情和文化基础，这正是大陆移民的辉煌成果。

移民为近代城市的发展提供了人力、智力和财力，是城市发展的基本动力

尽管到1953年中国的城镇人口只占全国总人口的13.3%，只相当于1900年世界的城镇人口比重，但在20世纪前半期中国城镇人口增长的速度和绝对数量都是很大的。1905年至1953年，中国城镇人口从两千四百万增加到七千八百万，有四千多万人口由农村迁入城镇。尤其是在一些沿海沿江开放城市、交通枢纽城市和工矿城市，移民所占的比例更高，有的几乎构成了全部城市人口。

旧中国最大的城市上海原来只是江南一个普通县城，1843年开埠后人口迅速增长，从1843年的二十三万增加到1865年的七十万，到20世纪初已突破一百万，1949年达到五百四十六万，近百年内净增五百万以上，在世界城市发展史上也是罕见的。1950年上海市人口中，外地籍的占85%，这表明历年迁入上海的移民及其后裔约有四百六十万人。其他一些沿江沿海的老城市也有大量移民涌入，因而人口激增，到20世纪30年代初，天津市人口达一百五十万人，广州达一百零五万，沈阳有五十五万，南京有七十五万，汉口有八十五万。

随着工矿业和交通运输业的发展，产生了一批新兴的大中城

市。唐山、焦作、萍乡、抚顺、本溪、大冶、鞍山等工矿城市，蚌埠、石家庄等交通枢纽城市，原来都只是一个小镇或小村，但很快都有了二三十万人口。如：蚌埠在1908年前只是一个五百户人家的小渔村，津浦铁路通车后成为交通枢纽，到1926年就成为拥有二十万人口的中等城市。移民是这些城市的基本人口，也是影响城市发展的主要因素。

东北由于是新开发区，一些移民来源广、资源丰富、交通便利地区的城市发展更快，如：沈阳、长春、哈尔滨、本溪、大连、抚顺六城市到20世纪30年代初合计有二百三十万人口，比1895年增加了十倍以上。

无论是主动迁移还是被迫迁移，与厮守在故乡不愿离开的人口相比，移民在总体素质上占有明显的优势。移民不仅给新兴城市带来了充足的人力资源，也给城市输入了智力资源和财力。上海之所以能迅速崛起，成为中国乃至亚洲的金融中心之一，一个主要原因就是它所吸收的移民具有数量大、素质高、范围广、财力强的特点。迁入上海的移民中，原籍江苏和浙江的为主，其中大部分又来自苏南和浙北——近代全国经济文化最发达的地区。至迟从明代中期以来，苏南、浙北就是人文荟萃之地，无论是总的文化水准，还是各类人才的数量都居全国前列。两地区的商业和手工业的发达程度也居全国前列，所以不仅积累了相当多的资本，也造就了大批经营人才和能工巧匠。来自江浙的资本和金融工商企业主在上海经常占有主要地位，就绝非偶然。其余的移民来源也很广，遍及安徽、山东、福建、湖北、湖南、河南、江西、广东、广西等地。广东移民居江浙之后占第三位，不少人从事洋行买办、进出口业务和百货经销，对上海的金融、外贸和商业发展贡献不小。其他地区的移民中，从事专业技术技艺的人也占相当大的比例。上海还有大量外侨，这些人中固然有很多直接、间接为帝国主义侵略政策服务的人员，但也不乏专家学者、教师、经营管理人才、艺术家。相比之下，天津人口中的外来移民比例就只有60%，其中79%来自河北，14%来自山东，来自浙江、江苏和广东的移民只占1.6%，其他地区的来源也没有上海广。河北、山东的经济实力和文化水准自非江浙二省可比，此两省移民的能量也逊于江浙移民是很正常的。天津的发展速度和所居地位不如上海虽然有多方面原因，但移民来源无疑也是一个主要因素。

移民的较高素质、多源和多元性，加上经济的相对发达、人口的高度密集，使城市理所当然地成为全国性或地区性的文化中心，起着先导作用，代表了历史的发展方向。中国近代的新思想首先在移民集中的大中城市形成和传播，先进的政党和团体在这些城市建立和活动；很多杰出的思想家、革命家、艺术家、学者尽管出生在农村或小城镇，但都形成并活动于大城市；都有其必然的规律。

移民缓解了局部地区的人口压力，有利于人口的合理分布

1935年，著名人口地理学家胡焕庸先生发表了我国第一张人口密度地图，提出了至今还基本适用的胡焕庸线，即以此线将中国划

为东南和西北两部分，东南部的人口密度明显高于西北部。

这一分布在很大程度上是两千多年来人口不断迁移的结果，也是移民作出的贡献。以1935年的人口分布与1世纪初的西汉末年相比：1世纪初人口最稠密的太行山以东地区的密度大致是70—100（人／平方公里，以下同），1935年该地区是150—400；而1世纪初只有10—50的长江三角洲以及不足1的福建沿海地区到1935年已经增加到400以上。这样的分布无疑比西汉末年要合理得多。而这条线的定位，也是庞大的移民迅速填补了东北的空白的直接结果；否则东南稠密区就绝对不可能包括东北的大部分，这条线只能划到辽河流域。

东北和内蒙古的数千万移民主要迁自华北，其中又以山东为主。山东省在1851年的人口密度已经达到225，是北方人口最稠密的地区，大量人口的输出缓和了人多地少的矛盾。由于耕地严重不足，江南地区在明朝中期就已有相当大一部分人脱离农业生产，或从事手工业、家庭副业，或进入城镇经营商业、服务业，或去外地谋生。17世纪后期至19世纪中叶的持续增长，使这一地区的人口压力日趋严重。如果说太平天国运动是以生命财产的巨大损失的消极手段达到了减少人口的客观效果的话，那么上海等大中城市的兴起就为周围农村的剩余劳动力找到了出路，提供了积极的调节途径。

广东、福建二省多山，沿海平原面积小，耕地早已开发殆尽，人口压力一直是向海外移民的主要内因。虽然平均每年输出十多万至多数十万移民对中国数亿人口来说是微不足道的，但对直接输出地的影响就非常大。从1841年至1930年的九十年中，估计广东、福建二省平均每年输出十万人。如以主要输出的五十县平均每县两千人计，大致可占全县人口的10‰，基本能抵消每年的自然增长率，对缓解人口压力起着决定性作用。

移民对近代中国的积极作用自然不止这三方面，如：对于中华民族大家庭的形成和巩固，促进落后地区的开发和受天灾人祸破坏地区的恢复，对先进文化的传播等方面，都可以举出大量事例或数据。移居海外的华人或华侨对祖国和所在国的杰出贡献更是人所共知的。

如果我们了解了这些，对今天中国数千万流动人口，包括那些如潮水般涌向大城市的民工们，就会多一分理解和同情，提供更加积极的建议和帮助。但如果当局要制定出积极而可行的政策，还应该认真总结经验和教训。

除了第一个五年计划期间曾经组织较多的农村人口迁入城市以外，政府的主要导向是由城市迁往农村，直到几年前主要的着眼点还是"离土不离乡"或发展小城镇。这里姑且不讨论中国是否应该发展大城市的问题，但中国无疑必须面对这样一个事实：数以亿计的流动人口进入大城市已是既成事实，流动人口已经成为大城市不可或缺的一部分，如果他们突然全部撤离就足以使城市生活部分或全部瘫痪，但他们中的大部分却并没有合法的身份，至今没有纳入城市的规划；流动人口的输出地将这作为经济起飞的手段、致富的门路，已经或即将鼓励更多的人口迁往大城市或沿海开发地区，但输入一方却并没有制定相应的措施。

由政府耗费大量人力物力组织的移民往往并不成功，甚至多年后移民还没有解决温饱，留下很大的财政包袱和社会问题。另外，最贫困地区的居民却没有迁移的热情，宁可守着贫瘠干涸的土地享受社会救济。但没有任何人组织、没有花国家一分钱的"盲流"却早已深入到边疆、山区、经济落后地区和少数民族地区，不但成功地落户定居，还得到当地民众的欢迎。中央或省市一级的禁令或驱逐令往往受到县或基层的抵制，这些"盲流"人口即使在动乱年代也能在当地合法居留，有的还被任命为干部，得到重用。而今在海外业绩卓著的华人，不少人当年也曾经无法顺利出境。

历年来迁往农村、边疆、经济文化落后地区而素质较高的知识分子的绝对数量并不少，但他们作为先进文化技术传播者的作用并没有得到应有的发挥，相当多的人却是作为接受"再教育"或劳动改造的对象，在艰苦的条件下从事原始繁重的体力劳动，受到歧视甚至迫害。直到最近，还有已经定居边疆和贫困落后地区的知识分子回归南方和东部发达地区，甚至土生土长的知识分子也在外流。

改革开放已经推动中国移民的新浪潮，这是中国历史上从未有过的机遇，也是一场异乎寻常的挑战，结果如何自然为世界所瞩目。作为中国移民历史的研究者，我持乐观态度。

1994年1月6日

我们应该怎样纪念"七七"

在"七七"卢沟桥事变六十周年即将来临的时候，我想起了一些往事。

我是在抗日战争胜利后出生的，但从小就见到故乡镇上的断垣残壁，知道这些房屋都是被日本兵烧毁的。稍懂事后，经常听到长者讲日本军队来时"逃难"的故事和日本兵抢"花姑娘"、杀人抢掠的暴行，还听到过一首民歌："孙中山活转来，东洋乌龟死脱哉。"陈年的蚕豆里长出虫子时，长辈们说这是东洋兵带来的，中国的蚕豆本来是不长虫的。大概在1956年，上海首次举办日本商品展览会，当一面太阳旗在中苏友好大厦（今上海展览中心）广场上挂出时，曾经引起不少日本侵略受害者的愤慨——他们并非不懂应该将侵略者与人民相区别的道理，但毕竟离这场战争结束才十几年！

进入中学以后，我几乎每年都看到这样的消息：8月6日前后，日本都要在广岛举行纪念仪式，召开禁止原子弹氢弹世界大会，中国经常派代表团参加，表示支持。我们的基调是：声讨美帝国主义的罪行，支持日本人民的正义斗争，强调中日友好。以后又增加了揭露修正主义的投降路线。至少给我这个中学生造成了这样的印象。我记得，1960年参加高中入学考试，语文试卷的作文题就是"给日本朋友的一封信"，当时正支持日本人民反对《日美共同合作和安全条约》的斗争。

今天我又翻阅了一本《日本史年表》（东京学艺大学日本史研究室编，东京堂出版），将日本纪念广岛遭受原子弹爆炸的有关活动排列出来，发现并不像我们当年所想象的那样简单：

1947年8月6日原子弹爆炸两周年之际，日本的广岛市举行了和平纪念仪式。

1950年5月3日，禁止原子弹协议会开始征集签名，至1950年10月5日，禁止原子弹氢弹签名数达一千二百万，1954年8月8日成立禁止原子弹氢弹全国协议会。

1955年8月6日，在广岛市举行首次禁止原子弹氢弹世界大会，此后基本上每年举行一次，9月19日成立禁止原子弹氢弹日本协议会。

1963年8月15日，日本政府主持第一次全国"战殁者"追悼仪式。

1964年4月1日，日本政府决定恢复对战殁者授勋，4月28日首次对战争生存者授勋。同年10月17日，内阁官房长官铃木善幸就中国首次核试验成功发表抗议谈话，社会党、民社党、公明党、工会总评议会也发表抗议声明。

1966年7月4日，广岛市议会通过永久保存原子弹爆炸遗迹的决议。

1971年4月16日，天皇和皇后首次参拜广岛市原子弹爆炸慰灵碑。同年8月1日，佐藤荣作首次以现任首相身份出席原子弹爆炸死者慰灵式。

311

1975年8月15日，三木武夫首相首次以"私人身份"参拜靖国神社。

1977年8月3日至4日，召开禁止原子弹氢弹统一世界大会国际会议。

1979年4月19日，东条英机等"甲级战犯"合祀于靖国神社。

1981年7月28日，执政的自民党总务委员会决定，首相和内阁成员正式参拜靖国神社，以每年8月15日为战殁者追悼日。

1983年8月1日至9日，禁止原子弹氢弹统一世界大会召开，中国在十八年后重新派代表团参加。

由于《年表》终止于1983年，没有包括此后的情况。

设身处地想一下，日本作为世界上唯一遭受原子弹爆炸的国家，数十万平民成为牺牲品，每年举行纪念活动，是完全正当的。正因为如此，中国人民尽管深受日本军方之害，对此还是予以理解和支持。如果日本政府和人民通过纪念活动，能够加深认识这场灾害的根源，牢记历史的教训，也是值得肯定的。但看一下这张大事表，我们不能不感到震惊和愤慨，原来在纪念受害者的同时，日本政府和一些政界人物已经将纪念对象扩大到了一切"战殁者"，不仅为生者、死者授勋，还将战犯东条英机等供进了靖国神社，接受首相和阁僚的正式参拜。可见，这些人纪念是假，为军国主义招魂是真。直到最近几年，包括日本天皇、首相、阁僚在内的一些人在承认战争罪行时"羞羞答答"，对中国和亚洲人民谢罪时不痛不痒，甚至有人出尔反尔，或者公然翻案挑衅，显然事出有因，并非偶然。

我们不能指望日本那些少数人会自动改弦更张，也不能指望通过我们的抗议和声明就能将他们制服。既然日本有人在通过纪念歪曲历史，洗刷罪行，我们就应该通过纪念使中国人永远记住这一段历史，使后人了解历史真相。

两年前，在纪念抗战胜利五十周年之际，我写过一篇《我们应有的反思》，认为我们"最应该做的还是要反思中国在这场战争中和战争前后的作用，考虑中国自己如何吸取这场战争的教训，如何自强，如何永远立于不败之地"。反思的前提，是正确了解和认识历史，否则就反思不出正确的结果。例如：我们一直说"落后就要挨打"，无疑是正确的；但中国和日本相比，究竟落后在哪些地方？为什么落后？是否完全研究清楚了呢？显然还没有。

所以，一方面我们的专家学者应该继续深入地研究历史，另一方面要通过纪念活动使历史扎根于全体人民。因此我希望，全国人大能将"九一八""七七"定为全国纪念日。

环境保护的人道原则和乐观精神

在即将进入21世纪时，人类对自己生存环境的关注与日俱增，不仅已有全球政要的聚会和政府间条约的问世，而且有绿色和平组织一类志愿组织的产生和公众越来越广泛的参与，这当然是人类文明的巨大进步。但是人们的忧虑也在逐渐加深，因为尽管保护环境的言论几乎每天出现在传媒上，无数专家学者正在为之出谋划策，各种法律、禁令、措施纷纷颁布实施，大量先进科技手段不断推广运用，可是生态环境遭受破坏的严峻局面似乎并没有明显的改变，在某些地区甚至有愈演愈烈之势。

原因何在呢？或以为是民众愚昧无知，或以为是企业追求短期效益，或以为是政府措施不力，或以为是国家财力有限，或以为是科技水准落后，如此等等，都不是没有道理的。但在这些个别的、具体的原因后面，是不是还有值得我们进一步思考的问题呢？

一

诺亚方舟的意义，在于它使诺亚一家和留种的动物免于洪水之难。要是没有这些人和动物，方舟的存在就会毫无意义，与洪水中飘荡着的一根树枝或一片树叶并无二致。如果方舟出现了损坏,船上的人自然要尽力维修;但如果一定要付出某种代价,人们就得权衡一下利弊得失,不会无条件地实行。例如:假如船的载重量必须减轻才能保证安全,可以扔掉一种或若干种动物,没有必要先考虑推哪个人下水;假如方舟确已无法维持,人们必定会弃舟求生,没有必要与船同归于尽,更不会牺牲自己以保全船只。

地球之所以可贵,就在于它是人类的方舟,是迄今为止人类赖以生存的基础。我们保护环境,就是为了使这艘船能更安全、有效、长久地负担日益增加的人口,是为了人类自身的根本利益。生态环境之所以值得珍惜,也是在于它对人类的直接或间接的作用,是与人类的命运息息相关的,所以,离开了人类的生存权利,离开了人类的根本利益来谈环境保护,不仅是毫无意义的,也是完全不可能实现的。当然这并不是说,某些时期、某些人的局部利益或眼前利益不能牺牲,但首先必须保证他们的生存。正如适度的人口数量只能通过人类自觉的控制,而不是用天灾人祸来实现一样,环境的保护不能以损害人类、哪怕是一小部分人的生存和幸福为代价。

的确有一些科学家或志士仁人,为了生态环境保护事业作出了巨大牺牲,甚至献出了自己的生命。这种崇高的行为是道德的典范,但不应该是对人类的普遍要求。而且他们的行为之所以崇高,绝不在于保护了一头猩猩或一个物种,也不在于发现了什么奥秘,而在于对人类长远利益的贡献。如果有一头濒危动物危及了一个人的生命,当然最好是在不伤害它的情况下保证人的安全;但如果只能在二者间作出选择的话,毫无疑问应该是人,而不是动物。同样,在一些人的最低生活水平还无法维持的情况下,即使他们的生产方式有害于环境,也只能容许,除非其他人能够在不损害他们尊严的前提下提供足够的帮助,使他们能摆脱困境。

我们曾经看到过这样的报道——一头东北虎伤了人,但受伤者的医药费却没有人管,他当然要问:"要是我打伤了老虎是犯法的,老虎咬伤了我就不犯法吗?为什么我不能得到赔偿呢?"珍稀野生植物禁止采挖后,以此为生的贫困山民问道:"国家保护野生植物,那么谁来保护我们呢?"我们难道不应该想一想,不发达国家和地区还有大批人挣扎在死亡线上,地球上总有一些人缺乏粮食或燃料,在这样的条件下,毁林开荒、乱捕滥猎、竭泽而渔的事禁止得了吗?要一个对自己能不能生活下去都没有信心的人,去考虑未来以至子孙后代或者其他人、其他地方的长远利益,究竟有多大可能?退一步说,依靠强制手段可以禁止这类行为,或者能够迫使他们顾及眼前以外的利益,但如果因此而影响了他们眼前的生计或生存,难道就符合人权和道德的准则吗?

脂肪积累过多的人必须减肥,营养过剩的人需要消耗以至排泄,但并不是世界上所有的人都有这样的必要,因为还有很多人没有吃饱饭,或者正苦于摄入的热量不够、营养不良,没有必要也不可能要求他们超前减肥。所以发达国家和地区可以对环境保护提出严格甚至苛刻的标准,可以因为保护环境而关闭工厂,停建工程,停止生产某些产品,但不发达国家和地区却会引进这些工厂,以解决更迫切的失业和资金问题。不发达国家和地区的人未必不知道这些工厂被引入的原因,但只能在两害之间择其轻。如果有一条在发达国家的海滩上搁浅的鲸鱼,被善良的人们千方百计救出,但却在非洲海滨被饥荒的难民们吃了,我们固然应该赞扬解救鲸鱼的人们,但也没有理由指责吃掉它的那些难民。

近年来在一些国家还出现了更极端的行为:以保护动物为名,反对使用一切皮毛;反对以动物做实验或药物试验,甚至破坏实验室,伤害科研人员。他们的行为实际上早已背离了人道的原则,因为他们奉行的是"狗道""猫道"或"动物道"。但如果真是这样,他们就应该首先不食用或不使用一切动物及其制品,将他们的宠物全部放归自然,为生活在寒冷地区而还不具备现代取暖设备的人提供皮毛的替代品,让实验室和科研人员用它们来代替动物做解剖或药物试验,否则恐怕连"动物道"也算不上,充其量只是伪君子或恶作剧而已。

二

或许有人会说:地球是一个整体,对环境保护提出共同的标准,要求大家采取同样的措施,难道不是公平合理的吗?

事实并非如此。这样的要求貌似公平,其实却不一定合理。

首先,我们今天不是从原始时代开始进行环境保护的,而是以各个国家、各个地区不同的发展水平为起点的。人类也不是来自另一个星球,而是生于斯、长于斯的主人,他们对地球的义务当然应该与他们曾经对地球的索取相一致。

地球严格意义上的自然环境,从人类产生之日起就不存在了,因为人要生存总得改变他周围的环境。最新的研究已经证明，活人排出的气体也会破坏臭氧层。但谁也不能否认，工业革命以来对环境的破坏比以往要大不知多少倍。今天的发达国家和发达地区都曾以破坏环境为发展的代价，除了直接破坏本国、本地的环境以外，还直接、间接地破坏了其他国家或地区的环境。它们依靠廉价的原材料和土地、未受污染的环境获得了高速发展，积累了巨额的财富，使它们今天有足够的财力来进行环境治理。而长期受到它们掠夺和破坏的不发达国家和地区，在工业化之初就面临着生存与环境、发展与污染的两难选择。

就以即将被禁用的制冷剂氟利昂为例，自发明之日至今，使用量最大的自然是那些最发达国家，但造成的污染和破坏却遍及全球和全人类。禁用自然能解决污染，问题是到目前为止，还没有一种与氟利昂有同样效率而价格又不高的制冷剂问世。发达国家固然有承受使用更贵的制冷剂的能力，而基本没有污染责任的不发达国家却从一开始就不得不为此付出更大的代价，这难道公平吗？

我绝无各国自行其是、环境任其破坏之意，像氟利昂这样造成环境污染的产品当然应当被禁用。但以前用得最多的国家必须拿出最多的钱来消除已经造成的污染，来帮助不发达国家克服改用其他制冷剂而带来的困难。曾经对环境造成更大破坏的国家和地区应该承担更大的责任，它们为消除全球环境的污染多出一些钱，包括对曾经深受其害的不发达国家和地区作出补偿，是不可推卸的义务，而不是什么恩施。

在国内也有这样的问题。实行"谁污染，谁治理"的原则是正确的，但不能绝对化和片面化。例如：有些污染严重的项目被从城市迁移到农村，从国有企业转移到乡镇企业，接受者在没有获得充分的利润前是不可能在治理上花钱的，结果往往是污染的转移和扩大。只有曾经以污染为代价获得好处的城市和企业也负起治理的责任，或者在转移前解决污染问题，或者投资于转移后的治理，这种污染搬家的局面才能根本改观。

其次，正如前面已经指出的，不同的地区、不同的发展阶段、不同的生活水准对环境的要求也是不同的。检验环境的技术指标可以是绝对的，决定某一数据是否合格的指标却往往是相对的。富国当然可以采取比穷国严格得多的环保措施，制定高得多的环保指标。但就是在一个富国，今天实施的措施也不是从来如此的，未来的措施更不是现在都已具备了的。各个国家完全有权制定自己的环境标准和措施，却没有资格强制其他国家也这样做。

而且，宏观的环境不仅有自然因素，还有复杂的人文因素。各国、各地区、各民族的历史、文化、宗教、社会背景不同，生产和生活方式各异，对自然环境就会有不同的要求，对同样的环境会作出不同的价值判断，这些都不能强求统一，无法勉强。

既然人们已经认识到地球是人类共同的方舟，那么最明智的办法，就莫过于共同承担起保护全球环境的责任来。发达国家和地区、富裕的人们承担更大的责任，说到底，也是为了自身的长远利益。要是真的出了什么问题，富国与富人固然有更多的钱和物，却不见得有比穷国与穷人更强的忍耐和适应能力。

不过令人忧虑的现实是，同舟共济的浅显道理并没有被普遍接受，在环境保护方面言行不一的大有人在，挂羊头卖狗肉的也不少。有的国家为了保护自己的森林和免受废水污染，早已关闭了全部纸浆工厂，却是世界上最大的纸张和木材消费国之一。有的国家严禁在本国倾倒化工废料，却不加处理就偷偷运往发展中国家；将污染大、有碍环境、危害工人健康的产业转移到其他国家和地区，把不符合本国环保指标的产品销往外国，甚至挂上"援助"的招牌；公然以邻为壑，将废气、废水、废物排向邻国或公海；以环保为借口，实行贸易歧视和保护主义。如此种种，在今天的世界上是屡见不鲜的事情。在国家还存在的情况下，首先考虑本国的利益是完全正常的。由于地球这艘方舟太大，乘客优先关注某一局部也是不足为奇的。但自己奉行国家至上和保护主义，却一定要别人实行世界主义和完全开放，岂不是典型的双重标准和霸权行径吗？

三

据说地球上空臭氧层的空洞有扩大的趋势，新的厄尔尼诺现象正在形成，每天都有物种在灭绝。去年夏季出现的全球性高温和随之而来的暖冬，似乎证实了地球正在变暖的预言。彗木相撞尽管有惊无险，却给一些人带来了世界末日的恐惧。随着环境污染的加剧，人们对地球的前途产生的忧虑与日俱增，这是完全可以理解的，但过分悲观却大可不必。

工业文明的发展固然带来了环境污染，但同时也大大提升了人们的物质生活和精神生活的质量，总的说来，还是得大于失。如果因为某一方面有失,就放弃其他更多方面的得,人类社会怎么会进步呢?原始社会绝没有工业文明,人类对环境的破坏肯定比今天要小得多,但那时的人能享受今天的文明生活吗?周口店的北京人生活得比今天的人们幸福吗?给现代社会提供能源的煤、石油、天然气、核能,无论是开采还是使用,都避免不了一定程度的污染。即使是号称清洁的水能,在开发过程中也免不了造成生态环境的失衡,甚至诱发地震等灾害。要是人类因为害怕被污染而不利用这些能源,今天的世界会是什么样子?仅仅从人类的平均寿命越来越长这一点,就足以证明人类完全能够克服环境污染的消极影响。因噎废食式的防止污染是最容易不过的,只要放弃一切现代文明,回到野处穴居、茹毛饮血的原始社会去就行了,可惜连对现代文明批评最激烈的人似乎也没有这样做过。

物种的灭绝并不都是人类活动造成的,在人类产生之前很多物种已经消失。从长远的观点看,一切生物的产生和灭绝都是不可避免的。人类活动固然会加速一些物种的灭绝,但同时也会促使一些物种的产生或延续。恐龙的灭绝固然被一些人引为遗憾,不过要是恐龙在地球上长期存在,或许就不会产生包括人类的前身在内的其他一些生物。还有些生物的灭绝是被更高级的物种所取代,本身就是进步,如从始祖马到现代的马,从野生稻到栽培稻。今天面临灭绝的物种虽然众多,但大多只具有纯科学的意义,真正对人类有影响的物种还是非常有限的。另外,害和益也是相对的。老虎太少了,成为珍稀动物,应该被保护,但太多了就是灾难。清朝初年,四川因饱受战乱,到处荒无人烟,老虎白天出没于城市,如:南充县新招移民五百零六人，不久就被老虎吃掉了二百二十九人。对人类并无危害的兔子，在澳大利亚却曾过度繁殖，成为当地的一大祸害，以至不得不大规模加以消灭。可见人类的适度干预还是必需的，不能都听其自然。

气候的变化是否已到了异常的地步，是否就是人类活动或环境污染的结果，似乎还不能遽下结论。根据我国确切的史料记载，我们可以断言，到目前为止的变化都还没有超过历史上曾经达到的范围，而且离极限甚远。据甲骨文记载，商代曾在今河南安阳一带猎到象，当时种稻的时间比现在早一个月。汉武帝时（前141年—前87年）在今河南淇县一带盛产竹子，秦岭的北坡长柑橘。可见当时黄河流域的年平均气温比今天要高2℃至3℃。就气候变冷而言，12世纪初太湖曾全部结冰，福州的荔枝曾全部冻死；14世纪时太湖积冰曾厚达数尺，山东黄河结冰时间比现在早一个月，云南大理点苍山的积雪终年不化；在最冷的17世纪，大运河的封冰期长达一百零七天，北京的冬季平均气温比现在要低2℃。中国的历史就是在这样冷暖变化的气候中发展过来的，我们的祖先在农业文明的条件下终于克服了气候变化的影响，到19世纪中叶帝国主义入侵前已经建成一个拥有一千多万平方公里领土、四亿多人口的统一国家，并且长期居于世界的前列。那么在科学技术日益发达的今天，即使气候变化的幅度超过了历史上的极限，人类也必定不会束手无策。

所以，尽管人类在消除污染、保护生态环境方面面临着非常严峻的形势，我们对人类和地球的前途仍然完全可以持乐观态度。

《天下泰山》序

《史记·封禅书》:"自古受命帝王,曷尝不封禅?""(舜)岁二月,东巡狩,至于岱宗。岱宗,泰山也……五月,巡狩至南岳。南岳,衡山也。八月,巡狩至西岳。西岳,华山也。十一月,巡狩至北岳。北岳,恒山也。皆如岱宗之礼。中岳,嵩高也。五载一巡狩。"以上显示出泰山在帝王心目中不可替代的重要性,以及泰山在"五岳"中的独尊地位,绝非偶然。

泰山脚下的泰安市岱岳区大汶口镇发现的文化遗址,是大汶口文化的命名根据和标本。大汶口文化分布在东至黄海之滨、西至鲁西平原东部、北至渤海北岸、南至江苏淮北一带,距今约6500年至4500年,延续约2000年,是山东龙山文化的源头。大汶口文化遗址中多见夹砂或泥质红陶,早期以红陶为主,晚期发展为轮制陶器,出现硬质白陶。中期以后已出现制作精美的玉器,能满足高级祭祀的需要。

龙山文化的发现地也离泰山不远,在山东省历城县龙山镇(今属济南市章丘区龙山街道)。龙山文化的年代为公元前2500年至公元前2000年,距今4000多年,分布于山东、河南、山西、陕西等省。

龙山村东北的城子崖遗址，可分为周代城址、岳石文化古城、龙山文化古城上中下3层。中层为岳石文化古城，即黑陶文化期城，其形制与下层龙山文化城一致，在层位上相互衔接，不存在间歇层，是一座时跨龙山、夏代两阶段的早期城址。下层为龙山文化城址，平面近方形，东、南、西三面的城垣比较规整，北面城垣弯曲并向北外凸，城垣拐角呈弧形，城内东西宽约430米，南北最长处530米，面积约22万平方米。

根据《竹书纪年》等古籍记载，夏朝的都城有过多次迁徙，其中最接近泰山的是第三个都城帝丘，在今河南省濮阳县西。商人进入黄河流域后，有过频繁的迁徙。离泰山最近的一次是相土迁于东都，就在泰山脚下。另两处较近的是亳（在今山东曹县南）、蕃（在今滕州市）。商朝建立后的迁徙中，离泰山最近的一次是南庚迁于奄（在今曲阜市）；比较近的是祖乙迁于庇（在今郓城县东北）。

了解这些史实，我们就不难理解，为什么"受命帝王"都要去泰山封禅。所谓封禅，按照唐人张守节《史记正义》的解释："此泰山上筑土为坛以祭天，报天之功，故曰封。此泰山下小山上除地，报地之功，故曰禅。"实际就是祭拜天地，答谢天地庇护的功德。之所以选择在泰山顶上建土坛祭天，是因为在这一带泰山最高，离天最近，最容易让天接受，并得到天的回应。而祭天、答谢天的前提，自然是帝王自认为已经"受命"，所以这不同于一般的祭祀，而是帝王已经获得天命（政治合法性）的象征。否则，就没有举行封禅的资格。

可以推断，封禅典礼的雏形出现在大汶口文化的后期。夏、商、周的统治范围不断扩大，统治者已经离开泰山，但他们还保持着这样的记忆。另一方面，在他们的统治范围内还找不到一座可以替代泰山的高山。

至迟在战国后期，五岳的概念已经得到确立。随着学者们地理知识的扩大，已经知道泰山并非五岳中最高的山，更不是天下最高的山。但泰山对"受天命"的重要性，直到清朝也没有改变。另一方面，在天下名山中的确找不到这样一座在平原上拔地而起、卓然不群、气势磅礴、庄严稳重而帝王不难到达又可能登临的山峰。

一种礼仪习俗一旦升华为崇拜和信仰，就会超越时空，产生永恒的价值观念和精神力量。自古以来，泰山就代表国家的形象和意志，就是天人合一的标志，就是国泰民安的象征。

孔子出生在曲阜（今曲阜市），周游列国后长期在曲阜教育弟子，编定《春秋》，研究《周易》，创立儒家学说。孔子"登泰山而小天下"，泰山的名称和形象因此而光大。孔门的颜回、曾参、仲由（子路）、孟轲等都出生在泰山附近，孔门弟子长期在曲阜一带求学问学，在洙泗之滨传习实践，泰山也成为儒家学说和儒学传统中的文化符号。临淄的稷下学宫曾汇聚诸子百家，是当时天下的学术中心，泰山成为学者心目中最显著的事物，它的实体和象征意义同样演变为各家各派的文化符号。随着儒家文化和其他各家文化的扩散和传播，泰山的形象、概念和内涵也随之扩大。

历代帝王的巡狩驻跸，封禅大典和祭祀的举办，宗教和民间信仰的传播，名人墨客的登临题咏，专家学者的鉴赏研究，众多游客的观赏，芸芸众生的生存，宫观寺庙的兴建，善男信女的膜拜，阶梯道路的开辟，树木花草的栽种，依托泰山累积成丰富的物质文化和多彩的精神文化，创造了多项纪录。

泰山文化与泰山本身一样伟岸挺拔，刚毅坚贞，卓尔不群，气象万千，是齐鲁文化不可或缺的部分，在中华文明中的地位与泰山同样重要。

大自然造就了壮丽秀美的泰山，先民的敬畏和呵护使泰山青春常驻，人与自然的和谐相处形成泰山独特而多样的景观，留住了绿水青山。

在泰山山脉426平方公里、玉皇顶以下1532.7米的空间之内，有高峰绝顶，峭壁深谷，峻岩巨石，险峡邃穴，绵延岗峦，蜿蜒径路，飞瀑流泉，苍松翠柏，奇花异草，飞禽走兽；有高门巍阙，梵宫道观，精舍秘境，学院书斋，法书名画，甘泉新茶，佳酿醴酒，茅庵草庐，村落民居；耕作樵采，乐天安命，仁人志士，蓄锐养精，硕彦名儒，授业传道；有帝王碑碣，名人题咏，前贤留痕，后人追慕，重器异宝，古迹文物，断垣残壁，荒烟蔓草；有春意秋肃，朔气薰风，旭日皓月，朝晖暮霭，银河星空，轻风淡云，轻霜薄雾，惊雷骤雨，狂飙大雪。

一座泰山就是一本博物志，一具万花筒，一曲交响乐，一座大花园，一部名人录，一卷历史书，一处文化和自然的世界遗产、人类瑰宝。

对泰山，前人已经留下卷帙浩繁的文献史料、公私记载。摄影技术传入后，又产生了大量照片。今天，专业摄影师和普通游人都会用摄影保留自己的泰山记忆，创作自己心目中的泰山形象。山东画报出版社从中精选了部分照片，还组织创作了一些摄影作品，汇编为这部《天下泰山》。有幸忝为主编，谨以我所知的泰山为序。

2001年10月

附

《天下泰山》分篇引言

五岳独尊

泰山并非最高，在五岳中也不居中，但"直通帝座"，离天最近。

帝王之所以不远千里而来，是因为泰山是天人合一的标志，是举行封禅大典和国家祭祀无可代替的合适场所。

泰山就是国家的形象和意志，就是国泰民安的象征。

造化神秀

泰山的峰，既有险峻壁立，也有雄奇多姿。

泰山的谷，既有深邃峭峙，也有平缓施展。

泰山的风，或作狂号怒吼，或作微拂轻飏。

泰山的云，或作锦鳞五色，或作浮光一片。

泰山的雪，时而晶玉厚积，时而柳絮飞舞。

泰山的水，时而飞瀑直下，时而清溪静流。

泰山的树，铁骨虬筋者有之，妩媚可人者有之。

泰山的花，瑰丽雍容者有之，淡雅清幽者有之。

造化神秀，气象万千。

大自然造就了泰山，泰山人守护着泰山。

国泰民安

"泰山岩岩，鲁邦所詹"，鲁国将泰山视为可靠的国界。

公元前201年，汉高祖刘邦封功臣列侯，发表誓文："使河如带，泰山若厉。国以永宁，爰及苗裔。"泰山，这块举世无双的砥石，与奔流浩荡的黄河，成为江山永固的象征。

泰山之石，坚实稳固，刚正辟邪，承载国家根基。

泰山之人，艰苦卓绝，矢志无贰，支撑民族脊梁。

天下之泰山，"泰山"遍天下。

国泰民安，中华民族千古的祈愿，曾经寄托于泰山。

今天，国泰民安已是中国的常态，但我们永远崇敬泰山。

绝顶一览

孔子"登泰山而小天下"，杜甫"会当凌绝顶，一览众山小"。

登上泰山顶，俯视众山，齐鲁大地无限风光。

升上更高处，祖国河山铺开壮丽图卷。

今天，中国人已经攀上珠峰，定位地球；行走太空，探望宇宙；世界尽收眼底，未来就在面前。

原载《天下泰山》山东画报出版社2022年版

文化自信与文明互鉴

文化自信的实质是文明自信。文明是指以往创造产生的全部物质财富和精神财富的总和，中华文明就是中华民族在以往创造的全部物质财富和精神财富的总和。文化自信就是对中华文明的自信，是就总体而言，而不仅是对某一种具体的文化的自信，也并不意味着中华文明中的每一种文化都应该或值得我们自信。

近年来的考古发掘和相应学科的研究成果已经充分证明，中华文明已经有五千多年的历史。中华文明发源于这片土地，植根于这片土地，最适合中国的地理环境和在这片土地上生活、生产和生存的人群。中华文明持续发展，不断更新，显示了强大的生命力。以华夏族为主体，融合众多其他民族，结成中华民族大家庭。中华民族善于向其他民族、其他文明学习，能够不断吸收其他民族、其他文明的长处。正因为如此，其他年代更久远、曾经更辉煌的文明古国都已成历史陈迹，而中华文明岿然独立，长盛不衰，中国的历史从未间断。特别是改革开放以来，中华民族以坚定的步伐走向世界，中华文明以崭新的面貌呈现于世界。中华文明、中国文化当然值得我们自信！

从历史唯物主义角度分析，由于世界各地的地理环境千差万别，利弊并存，由此孕育的文明不可能十全十美，也不可能在所有的方面都保持先进，更不一定具有普遍的适应性。总体上先进的文明、文化，都是不断自觉地吸取其他文明的精华、学习其他文化的长处的结果。

由于地理环境的阻隔，中华文明远离其他主要文明。在大航海时代和工业化以前，中华文明未受到其他文明的威胁和冲击，但相互之间缺乏了解、联系和交流。中国广阔的疆域提供了充足的土地和丰富的资源，中华民族完全没有扩张侵略的必要。但与此同时，形成了"天朝无所不有，无需仰赖外人"的观念，中国人逐渐丧失了探索和了解外界的兴趣，缺乏对外传播自己文化的积极性。即使在相对开放的时代，实际也是"开而不放，传而不播"，即大量接纳外来人口的同时，不允许本国人外出；只对来华学习的外国人传授，却从不主动对外传播中国文化或走出去展示自己的文化。到了今天，尽管人类之间的交往和信息传递已经不存在技术上的障碍，但我们必须清醒地认识到，中华文明与其他文明彼此的了解和理解还远远不够，相互之间的交流和学习任重道远。

2014年3月27日，习近平主席在联合国教科文组织总部发表演讲时指出，文明因交流而多彩，文明因互鉴而丰富。"文明互鉴"就是不同文明之间可以并且应该相互借鉴，其前提就是承认其他文明有值得借鉴、学习之处。正因为如此，在我们确立文化自信的同时，必须尊重、欣赏其他文明、其他文化，就像要求外国人尊重我们的文化一样。文明互鉴不应该停留在理念，更不能只是一句口号。我们应该认真了解、理解和研究其他文明——特别是世界上主要的文明——有哪些方面值得我们借鉴或学习，并且应该有借鉴或学习的具体行动、具体成果。即使是我们不能接受的价值观念、宗教信仰、社会制度，也要实事求是地承认或肯定它们的历史作用和现实影响，给予充分的理解和必要的尊重，避免无谓的争论。更不应将利益之争、某些具体的文化争议拔高到文明之争，诱发或激化文明之间的冲突。

文化自信与文明互鉴并行不悖，相得益彰。文化和文明之间，就应该像费孝通先生所说的那样，"各美其美，美人之美，美美与共，天下大同"。唯有如此，文化自信才不会变成文化自闭、文化自恋、文化自大。应该承认，在某些局部问题，在某些人身上，已经出现这样的倾向，值得警惕。另一方面，在文明互鉴方面还缺乏有力的措施和具体行动，同样需要我们重视。

全面正确地理解文化自信，真正确立了文化自信，中国才能进一步深化改革开放，走向世界。复兴中的中华文明必将在世界发挥更大的影响，为人类作出更大的贡献。

原载《世纪》2022年第2期

2018年版编后记

《往事和近事》编定于1995年8月，1996年11月由三联书店出版。承蒙读者厚爱，2003年重印了一次，2007年出了第二版，累计印了22000册。但近年来仍不断有友人索书，有读者求购，似仍有重印的必要。最近获梁由之兄热忱相助，商定由九州出版社出一新版。

这几年已有几种拙著重版，为不使读者误以为是新著，我都要求不改原名，并在编后记中写明与原版有何区别，此次也不能例外。

除改正了原书存在的错字外，有两篇文章增补了一些内容。《十一世纪初的天书封禅运动》此后收入我主编的《中国历代王朝兴衰启示录》时，曾补写了宋徽宗和北宋覆灭部分，《"开风气者"与"为师者"》一文也曾根据新获得的资料作过增补，都已补入。有的文章在原书结集后再发表时有过修订，这次均以最后修订稿为准。

梁由之兄建议我增收若干与此书主题相符的旧作，我选了三篇。其中两篇都写于1995年前，是当时因篇幅所限而未编入的。另一篇虽发表于1997年，但是发表于1995年的《我们应有的反思》的延续和补充,同样反映了我在这一阶段的想法和观点。所以这个新版依然是我1987年至1996年这十年间的真实记录。

在我年满七十时重新翻阅四五十岁时的旧作,感到有些文字还可写得更好,不无愧怍。但自问没有误导读者,所以二十年后还能再版,或者当时虽属超前,今天尚未过时,自然倍觉欣慰。

葛剑雄,2015年12月15日

新版编后记

本书于2016年2月由九州出版社出了精装本（总第3版第5次印刷），2018年12月出了平装本，承蒙湖南人民出版社和北京领读文化垂意，将再出一个新版。

既然属再版，原书从目录、序到正文一仍其旧，前一版加的新版编后记也保留。为答谢读者厚爱，在最后增加了两篇今年的新作。为此在书名《往事和近事》后面加了个括号，表明"增订本"，以示与旧版稍有区别。

增加的两篇，一篇是为我主编的画册《天下泰山》（山东画报出版社2022年版）写的序和分篇引言，一篇是我发表在《世纪》杂志上的时评《文化自信与文明互鉴》。前者属往事，后者属近事，往事和近事各增加一篇。

上一版增加的三篇文章，因为是原书所收文章同年代（1987年—1995年）间的旧作，所以按内容插入原书的目录。而这次补的两篇都是二十多年后的新作，所以放在原书最后。

有友人劝我，既然有再版机会，应将原书中某些不合时宜的地方作些删节，我认为没有必要。本书初版编定于1995年8月，是在27年前。其中有文章写于1987年，至今已有35年。当年的近事，如今已成往事。既是往事，怎么可能都合时宜呢？要是都合时宜，莫非相关的事都没有与时俱进？莫非我成了预言家？所以保留这些不合时宜之处非但无伤大雅，而且更显示相关事物的进步，对我自己则保留了真实的历史记忆。

上一个编后记写于2015年12月15日，我正好满70岁，而今天是2022年12月15日，我已满77岁。当年我曾写过一篇《七十而思》，现在得准备写《八十再思》了。

葛剑雄，2022年12月15日